CDRF 中国发展研究基金会
China Development Research Foundation

现代国家治理中的全面预算绩效管理

——广州市的探索与经验

中国发展研究基金会
广 州 市 财 政 局 课题组 ◎著

图书在版编目（CIP）数据

现代国家治理中的全面预算绩效管理——广州市的探索与经验 / 中国发展研究基金会，广州市财政局课题组著. —北京：中国发展出版社，2019.10

ISBN 978-7-5177-1064-6

Ⅰ. ①现… Ⅱ. ①中… ②广… Ⅲ. ①地方预算—经济绩效—财政管理—研究—广州 Ⅳ. ①F812.765.1

中国版本图书馆CIP数据核字（2019）第246531号

书　　　名：现代国家治理中的全面预算绩效管理——广州市的探索与经验
著作责任者：中国发展研究基金会、广州市财政局课题组
出 版 发 行：中国发展出版社
联 系 地 址：北京市西城区裕民东路3号9层　100029
标 准 书 号：ISBN 978-7-5177-1064-6
经　销　者：各地新华书店
印　刷　者：河北鑫兆源印刷有限公司
开　　　本：710mm × 1000mm　1/16
印　　　张：23.75
字　　　数：304千字
版　　　次：2019年12月第1版
印　　　次：2019年12月第1次印刷
定　　　价：89.00元

联 系 电 话：（010）68990630　68990692
购 书 热 线：（010）68990682　68990686
网 络 订 购：http://zgfzcbs. tmall. com//
网 购 电 话：（010）88333349　68990639
本 社 网 址：http://www.develpress. com. cn
电 子 邮 件：370118561@qq. com

现代国家治理中的全面预算绩效管理
——广州市的探索与经验
课题组

课题组组长

卢　迈　中国发展研究基金会副理事长

课题组副组长

方　晋　中国发展研究基金会秘书长

肖庆文　国务院发展研究中心办公厅副主任

课题协调人

都　静　中国发展研究基金会研究三部主任

朱美丽　中国发展研究基金会研究三部项目主任

课题组成员

肖　鹏　中央财经大学财政与税务学院副院长

李　燕　中央财经大学财税学院教授、全国预算研究会副会长

魏　朗　暨南大学经济学院财税系副教授

都　静　中国发展研究基金会研究三部主任

朱美丽　中国发展研究基金会研究三部项目主任

杨　沫　中国发展研究基金会研究三部项目主任

付前瑞　中国发展研究基金会人力资源与科研管理部项目主任

何沁芸　中央财经大学财税学院博士研究生

执笔

宋美丽　魏　朗　都　静　李　燕　肖　鹏

课题协作单位

广州市财政局

序言一

Preface

国家治理体系和治理能力，是一个国家制度建设和制度执行能力的集中体现。财政则是国家治理的基础和重要支柱。虽然世界各国的政治体制和管理环境不尽相同，但公共预算改革是各国推进改革必然选择的重要主题之一。社会需求和有限的财政资源之间的差距，构成了财政领域的基本矛盾。对处于迈向“两个一百年”目标关键阶段的中国而言，财政改革事关全局。构建现代财政制度，是回应人民不断变化的需求，切实增强人民群众的幸福感、获得感的关键所在，是有效实现国家治理体系和治理能力现代化的重要基础。

党的十九大提出，“要加快建立现代财政制度，建立权责清晰、财力协调、区域均衡的中央和地方财政关系。建立全面规范透明、标准科学、约束有力的预算制度，全面实施绩效管理。”2018年9月，《中共中央 国务院关于全面实施预算绩效管理的意见》为中国预算绩效管理改革的进一步深化指明了方向。从现阶段看，预算绩效管理是构建现代财政制度的关键突破口，也是中国做好内部结构性改革的重要一环。

当前，全球治理的复杂性、多变性、不确定性日益加剧，中国自身也面临着新挑战。中国经济进入新常态，经济增长从高速转为中高速，周期性、结构性问题叠加，政策抉择和工作推进的难度明显加大。财政方面，大规模减税降费举措降低财政收入增速的同时，财政支出规模逐年增加，导致财政收支压力凸显。1995年全国财政支出为6809.17亿元，2018年一般公共预算支出为220906.07亿元，增长约32倍。除一般公共预算支出以外，2018年，国有资本经营预算支出2159.26亿元、社会保险基金预算支出64586.45亿元、政府性基金预算支出80562.07亿元，全年四本预算支出相加总额达到368213.85亿元。随着国家“钱袋子”越来越沉，财政支出所要追求的绩效标准也越来越高。财政收入取之于民，用之于民，必须要重视对财政效果进行科学评价，确保全体人民在国家治理现代化的进程中持续获得幸福感。这是财政预算改革的根本目的和核心价值所在。

广州是改革开放的排头兵，在改革浪潮中敢为人先，务实进取，在公共财政领域也是如此，通过脚踏实地的先行先试，为财政预算改革摸索了新经验、探索了新路子。广州是全国最早设立绩效评价处的城市，是全国首个实现预决算全公开的城市，还积极推进了人大联网监督，强化财政法治建设。在此基础上，广州市以制度建设、目标管理、第三方评价、信息公开等工作为着力点，将绩效管理融入预算编制、执行、监督全过程，按照“试点、总结、完善、推广”思路，率先探索全过程预算绩效管理机制，在绩效评价指标体系建设、部门整体预算绩效管理等方面形成了成效显著的改革实践。

中国发展研究基金会（以下简称“基金会”）长期关注公共财政领域的研究和实践，也有幸参与了广州市预算绩效管理改革的部分工作。2016年，在市委、市政府主要领导的重视和支持下，基金会与广州市财政局签订了“推进预算绩效管理改革”三年合作计划。三年时间里，围绕这一主题，我们开展了改革实践、课题研究、培训考察、专题研讨等活动，在全面落实“预算编制有目标，预算执行有监控，预算完成有评价，评价结果有应用”的全过程预算绩效管理机制、专项资金绩效评价、深化预算公开透明等方面开展了深度合作，取得了良好的成效。对广州市这些改革进展和经验进行系统、及时的提炼总结，对于进一步深化广州公共财政领域的改革具有重要意义，同时，对于推进其他地方的改革实践也能起到积极的借鉴和示范作用。

本书是双方三年合作的成果之一，其缘起也是基于上述考虑。本书从广州市预算绩效管理发展概况、项目预算绩效管理、预算绩效指标体系、部门整体预算绩效管理等方面入手，全面分析广州市预算绩效管理实践，以“麻雀解剖”的方式，总结广州市预算绩效管理经验和不足，为进一步推进预算绩效管理的全面实施提供思路和建议。全书共分为七篇，第一篇在国家治理现代化的视角下，分析预算绩效管理的意义、要素和框架，介绍预算绩效管理的理论基础、国内外实践历程与发展特点。第二至六篇分别从发展历程、指标建设、支出项目、部门整体、工作特点等五个方面对广州市预算绩效管理做出实证分析，并运用制度分析方法总结了广州市预算绩效管理的基础制度、管理机制、监督机制。第七篇为全书总结部分，在现实难点剖析基础上，提出面向国家治理现代化推进全面预算绩效管理改革的前瞻与思考。

基金会以“支持政策研究、促进科学决策、服务中国发展”为宗旨，聚焦中国改革发展中的重大热点问题开展工作。财政改革是全面深化改革的重要基础，也是基金会的重点工作领域之一。自2003年开始，我们先后与无锡、哈尔滨、焦作、南海等地方政府合作，采取研究、培训、国际交流等多种方式，开展了“参与式预算社会试验项目”“公共预算与财政绩效管理项目”“资源枯竭城市转型专项资金重点绩效评价”和“公共预算改革专题研讨会”等一系列重大项目，服务于国内财政预算改革的具体实践。此外，我们还曾为各级人大代表组织编写了通俗易懂的公共预算参考书《公共预算读本》，并且正在组织编写一本《全面实施预算绩效管理读本》。

全面实施预算绩效管理是一项长期的系统性工程，是政府治理方式的深刻变革。面向国家治理现代化，当前推进预算绩效管理工作仍面临诸多困难，全面预算绩效管理还有很长的路要走。我们所开展的工作，以及这本与广州市财政局合作的书籍的出版，只是探索性和阶段性的，未来还有许多迫切的工作需要继续努力。因而，非常期待更多的专家学者、政府部门、行业企业及社会公众就这个领域的问题，进行更广泛、更深入的研究和讨论。

我们希望本书能够对其他地区推进预算绩效管理工作提供一些参考和借鉴，能够为中国全面实施预算绩效管理的推进贡献绵薄之力；同时，也期待以全面实施预算绩效管理为重要内容的中国财政体制改革不断取得新进展。

卢　迈

中国发展研究基金会副理事长

2019 年 9 月 16 日

序言二

Preface

党的十九大提出“建立全面规范透明、标准科学、约束有力的预算制度，全面实施绩效管理”的重要论述，将绩效管理提升到一个前所未有的政治高度，明确了新时代新发展理念下财政预算管理的核心和关键，凸显了预算绩效管理的必要性和紧迫性。2018年，《中共中央 国务院关于全面实施预算绩效管理的意见》对全面实施预算绩效管理作出重要部署，各地区各部门按照“全方位、全过程、全覆盖”的要求，着力推进预算绩效管理改革，积极探索适合本地区本部门实际的预算绩效管理机制。

广州市高度重视预算绩效管理工作，自2004年开始探索预算绩效管理以来，按照中央和广东省的政策精神，十几年持续探索、不断创新，历经起步、发展、提升、全面实施四个阶段，广州市预算绩效管理在管理对象、方式、范围、层级等方面得到了很大的提升：管理对象由支出项目拓展至部门整体，管理方式由事后评价延伸至预算管理全过程，管理范围由一般公共预算扩大至全口径四本预算，管理层级由市本级为主转变为市、区、镇同步发展。

2016年7月，在市主要领导的推动和见证下，广州市财政局与中国发展研究基金会签订《推进预算绩效管理合作协议》，三年来双方开展了多项富有成效的合作：邀请卢迈、肖鹏、何达基、李金珊等国内外知名专家来穗开展讲座，在清华大学举办三期广州市财政预算绩效管理培训班，开展“广州市绩效目标管理体系设计及应用研究”等六项课题研究，组织“新时代全面实施绩效管理的最新政策与实践研讨会”，等等。通过合作，广州市预算绩效管理工作取得了明显成效，在全国率先构建部门整体预算绩效管理机制，预算绩效信息透明度不断增强，推动广州市预算绩效管理持续走在全国前列。在此对中国发展研究基金会的支持和帮助表示衷心的感谢！

总体来看，广州市预算绩效管理以制度建设、指标基础、部门整体、信息公开为改革切入点，将绩效管理融入预算编制、执行、监督全过程，整体工作突出整体、规范、协同、公开的特点。

一是以部门整体为抓手，构建全方位预算绩效管理格局。部门整体预算绩效管理是连接政府预算绩效管理和项目预算绩效管理的关键枢纽，广州市于2016年启动了部门整体预算绩效管理试点工作，推动预算绩效管理由项目拓展至部门整体，建立“部门职责—工作任务—支出项目”的部门整体绩效目标体系，按照“部门整体＋重点项目＋关联项目”模式，开展部门整体绩效监控和绩效评价，至2019年将上述做法推广至全市所有预算部门，在全国率先构建起部门整体全过程预算绩效管理机制。上述做法也得到了财政部网站、《人民日报》《中国财经报》《财政科学》杂志等媒体的深度介绍。

二是以规范制度为重点，完善全过程预算绩效管理链条。2014年广州市财政局经市政府同意印发《广州市预算绩效管理办法》，此后进一步制定《广州市预算项目绩效目标管理办法》等5个配套办法，从而形成了以《广州市预算绩效管理办法》为核心，涵盖绩效目标、运行监控、绩效评价、结果应用及内部规程等内容的“1+5”预算绩效管理制度体系，为规范全过程预算绩效管理提供制度保障。2019年，广州市按照中央和广东省的政策精神，由市委、市政府印发了《广州市关于全面实施预算绩效管理的实施意见》，提出构建“全方位、全过程、全覆盖、全公开”的预算绩效管理模式，为今后深化预算绩效管理改革明确方向。

三是以区域协同为着力点，推动预算绩效管理全覆盖。广州市注重各区预算绩效管理的均衡发展。各区基本建立了以项目支出为主的预算绩效管理体系，并推出了签订绩效目标承诺书、开展政策性评价、评价结果与公用经费挂钩等一些特色做法。近两年，广州市加快构建市、区、镇三级联动机制，加强对区、镇预算绩效管理的指导和考核力度，督促各区抓关键、补短板，在部门整体预算绩效管理、绩效信息公开等方面取得突破，在预算绩效管理制度、管理方式等方面形成完整规范的机制。通过市、区、镇（街）预算绩效管理同步，推动全市预算绩效管理实现财政资金、预算部门、管理区域全覆盖。

四是以公开透明为手段，促进预算绩效管理提质增效。2009年，广州在全国首开部门预算公开之先河。秉承公开透明的理念，广州市全面推进预算绩效信息公开，通过主动接受社会监督，实现以公开促绩效、以公开促管理的目的。首先是公开绩效目标。2019年，广州市在政府预算层面公开一般公共预算、政府性基金等四本预算的绩效目标；在部门预算层面公开所有预算部门的部门整体和支出项目绩效目标，实现了绩效目标公开全覆盖。其次是公开评价结果。近年来广州市每年在市政府网站和市财政局网站同时公开市财政局组织的各项绩效评价结果，实现了绩效评价结果公开的常态化。最后是接受人大监督。市政府每年向市人大常委会报告年度财政支出绩效情况，经市人大常委会审议后，将审议意见反馈给各预算部门，各预算部门据此整改并将整改情况报告同级人大常委会，形成反馈、整改、提升水平的绩效管理良性循环。

在基金会的积极推动下，我们对近年来广州市预算绩效管理的实践探索进行了归纳和总结，编纂了本书，力求将广州市预算绩效管理的过程、做法、特点、问题以及展望做全景式的客观呈现。这一方面是对过去15年广州市开展预算绩效管理工作的回顾和梳理，破解面临的问题，推动进一步的提升；另一方面也是希望以广州市的实践探索为案例，以原汁原味的广州样本，为其他地区、部门开展预算绩效管理提供参考和借鉴。

总之，全面实施绩效管理是财政体制改革向纵深发展的必然选择，触及财政体制的深层次问题，因为它要解决的是从过去的“有没有”钱花，到现在的钱花得“好不好”的问题。通过预算绩效管理能够反映政府政策制定是否科学、部门花钱是否在“刀刃”上、预算执行效果如何等关键问题，这些均是现代财政制度的应有之义。从这个角度看，广州市预算绩效管理改革虽然取得了一定的进步，但仍任重道远。因此，我们期望以本书的出版抛砖引玉，推动预算绩效管理的参与者、实践者、研究者更多地关注和研究预算绩效管理体系建设，共同助力全面实施绩效管理的伟大事业。当然，绩效管理工作来源于财政预算管理，也会随着财政预算管理的变化而不断变化，鉴于我们的编撰时间较为有限，可能会出现一些错漏或表述不到位的情况，敬请各方面批评指正，不吝赐教，以便我们在今后的实践中不断完善预算绩效管理机制。

广州市财政局

2019年9月16日

目录

Contents

第一篇

现代国家治理中的全面预算绩效管理

全面实施预算绩效管理是推进国家治理体系和治理能力现代化的内在要求，是深化财税体制改革、建立现代财政制度的重要内容，也是优化财政资源配置、提升公共服务质量的关键举措。中共十八届三中全会将“完善和发展中国特色社会主义制度，推进国家治理体系和治理能力现代化”作为全面深化改革的总目标，并提出“财政是国家治理的基础和重要支柱”。党的十九大提出“建立全面规范透明、标准科学、约束有力的预算制度，全面实施绩效管理”的重要论述，将绩效管理提升到一个前所未有的政治高度，明确了新时代新发展理念下财政预算管理的核心和关键，凸显了绩效管理的必要性和紧迫性。

当前，我国经济已由高速增长阶段转向高质量发展阶段，正处在转变发展方式、优化经济结构、转换增长动力的攻关期，建设现代化经济体系是跨越关口的迫切要求和我国发展的战略目标。发挥好财政职能作用，必须按照全面深化改革的要求，加快建立现代财政制度，建立全面规范透明、标准科学、约束有力的预算制度，以全面实施预算绩效管理为关键点和突破口，解决好绩效管理中存在的突出问题，推动财政资金聚力增效，提高公共服务供给质量，增强政府公信力和执行力。

第一章

绪 论

第一节　全面预算绩效管理是国家治理体系和治理能力现代化的基础

国家治理体系和治理能力是一个国家的制度和制度执行能力的集中体现。国家治理体系是在党领导下管理国家的制度体系，包括经济、政治、文化、社会、生态文明和党的建设等各领域体制机制、法律法规安排，是一整套紧密相连、相互协调的国家制度；国家治理能力则是运用国家制度管理社会各方面事务的能力，包括改革发展稳定、内政外交国防、治党治国治军等各个方面①。在这样的国家治理体系现代化语境下，公共预算是现代国家公权力履行的重要职能之一。财政作为国家治理体系的重要组成部分，既是治理体系建设的重要支撑，又是治理能力的重要体现。

公共预算是国家治理的重要内容。虽然世界各国的政治体制和管理环境不尽相同，但公共预算改革是各国推进改革必然选择的主题。社会

---

① 习近平：“切实把思想统一到党的十八届三中全会精神上来”[J]，载于《求是》，2014（1）。

需求和有限的财政资源之间的差距，构成了财政领域的基本矛盾。对处于迈向“两个一百年”目标关键阶段的中国而言，财政改革事关全局，构建现代财政制度对于有效实现国家治理体系和治理能力现代化而言至关重要。

一、全面预算绩效管理是国家治理体系和治理能力现代化的内在要求

建设现代治理体系必须以财税体系的现代化为基础，而财税体系的现代化离不开绩效评价。从现代化本身的含义来看，建设高效、责任、透明的政府意味着政府应该是公开的、是能问责的、所有支出都有绩效的。国家治理体系构建的效果和治理能力的高低受财政资金绩效的直接影响，绩效管理是建设财税体系现代化的抓手，更是推动治理体系和治理能力现代化的抓手。推进绩效管理改革，对促进我国高效、责任、透明政府建设具有重大意义。

二、全面预算绩效管理是现代国家治理体系的重要维度

推动政府绩效管理是一项巨大、繁复的工程，涉及范围广泛，涉及内容多样；并且此项工作是一个连贯的过程，各个环节紧密相连。前端的工作环节同终端的环节息息相关。因此，推动政府绩效管理一定要有全局意识，要有计划地推进落实，这样才能使全面实施政府绩效管理扎实落地。全面实施预算绩效管理有利于制度完善，是国家治理现代化的基本要求，推动全面实施预算绩效管理是现代国家治理体系的重要维度。

三、全面预算绩效管理是经济新常态下缓解地方财政收支矛盾的有效途径

随着经济进入新常态阶段，财政运行也随之发生了很大的变化。第一，随着经济持续减速，我国一般公共预算收入的增速持续降低，2011年我国一般公共预算收入增速为24.8%，2012年为12.9%，2013年为10.2%，2014年为8.6%，2015年为8.4%，2016年为4.5%，2017年为7.4%，2018年为6.2%。第二，财政支出刚性增加，中长期支出压力越来越大。在财政收入减少的同时，民生支出需求并无减少，同时推动改革、防控风险等进一步加大支出需求。我国财政支出规模越来越大，2018年的财政支出超过30万亿元。财政收支矛盾的加剧将成为一段时期的常态，这无疑对预算绩效管理提出了更高的要求，也成为深化预算绩效管理改革的内在驱动力。开展以结果为导向的预算绩效管理，改变过去财政支出管理中那种“重收入轻支出、重分配轻管理、重使用轻绩效”的惯性思维，形成以支出绩效为核心的部门预算支出管理制度，不断提高财政支出效率与效果，最大限度地发挥财政支出的积极效应，对于提高财政资金分配科学性、公平性，缓解财政收支矛盾，具有十分重要的作用。

四、全面预算绩效管理是依法治国的必要组成部分

2014年修订的《预算法》，将提升公共支出绩效政策目标提到了新的高度，明确了在预算管理各个环节推进预算绩效管理的法律规定。在第12条关于预算管理总体原则中，提出“各级预算应当遵循统筹兼顾、勤俭节约、量力而行、讲求绩效和收支平衡的原则”，“讲求绩效”已成

为预算管理的五大原则之一。可以看出，新修改的《预算法》吸收了中国推进预算绩效管理的实践经验，从法律的高度确认了若干已有做法，并提出了一些新要求。随着新修订《预算法》的实施，以及“依法治国”的大力推进，提升预算支出绩效的理念将进一步渗透财政管理全领域。

五、全面预算绩效管理是一种治理创新，是提高政府公信力的有效途径

预算支出的合理性与科学性，直接关系到财政职能的基础作用和对经济调节的力度，影响地方治理水平和公信力。要提高政府在人民群众中的可信度，就要塑造一个责任政府，可以真正的对自己的收入、支出、以及他所服务的政策目标有清晰的交代，这离不开公共财政绩效的管理。以预算绩效管理为落脚点，推进地方财政的整体绩效管理变革是一种地方治理创新，是提高政府执行力和公信力的有效途径。

六、全面预算绩效管理是政务公开的有效抓手

政务公开是对现代政府的必然要求，预算绩效管理为政务公开提供了有效抓手。政务公开包括五大重点环节：决策、执行、管理、服务和结果。中央一直以来高度重视政务公开工作，2000 年以来已经陆续出台了多项重要文件和政策，在政务公开方面取得了巨大成就。但是政务公开也存在非常多的问题，如，重视不够、认识不足、内容深度不够、质量不高等。预算绩效管理提供了从政府战略规划到部门目标再到项目目标的整体框架，并强调了全流程中公众的参与和监督，强调参与中公众与政府的沟通和协同，能为政务公开向纵深发展提供有效的机制和方法。

第二节　预算绩效管理的基本要素

一、预算绩效管理的内涵

预算绩效管理，是重结果、讲成本、可问责的新型预算管理模式，其理念主要来自于现代企业管理制度，与市场经济发展规律高度契合，是现代公共财政管理的必由之路[①]。预算绩效管理最早出现于1949年的美国，称为Performance Budgeting，是政府部门按所完成的各项职能进行预算管理，将政府预算建立在可衡量的绩效基础上。它要求在开展预算管理的过程中，应充分利用关于政府活动产出与成果的数量化信息，把财政资金分配和政府部门的绩效更紧密地结合起来，是“为结果而预算”。

预算绩效管理要求政府每笔支出必须符合目标、预算、绩效三要素的要求。①“目标”是指请求财政拨款，是为了达到的某一具体目标或计划，即绩效目标。这些目标应当尽量量化或者指标化，以便编制预算并考核效果。②“预算”是指完成业绩所需的拨款额，或公共劳务成本，它包括人员工资和各种费用在内的全部成本。凡是能够直接量化的，政府都应当计算并公布标准成本。③“绩效”是指使用财政性资金所带来的产出和效果指标，对绩效的考核指标设计，包括量的考核指标和质的考核指标两部分。

① 齐小乎：“‘绩效’进入新时代”[N]，载于《中国财经报》，2017年第7期。

二、预算绩效管理的基本要素

从管理流程上来看，预算绩效管理是一个由绩效目标管理、绩效运行跟踪监控管理、绩效评价实施管理、绩效评价结果反馈和应用管理共同组成的综合系统。推进预算绩效管理，要将绩效理念融入预算管理全过程，使之与预算编制、预算执行、预算监督一起成为预算管理的有机组成部分，逐步建立“预算编制有目标、预算执行有监控、预算完成有评价、评价结果有反馈、反馈结果有应用”的预算绩效管理机制。完整的预算绩效管理过程一般可分为五个阶段。

一是政府确定预期要实现的施政目标，并细化分解为部门绩效目标和具体工作计划。绩效目标的内容要素主要应当包括：预期产出（提供公共产品的数量和水平）；预期效果（经济效益、社会效益、环境效益和可持续影响等）；服务对象和项目受益人的满意程度（即是否提供了满意的服务）；为达到预期产出所需要的详细成本，和将要进行的活动，即预算的安排情况；还有衡量产出、效果、服务对象满意度的绩效指标，和按照正常情况能够达到的标准。关于项目绩效目标的设定，也可从投入、产出、效果、影响力四个维度设定。同时可以根据往年类似项目的历史数据和行业标准，测算绩效指标的目标值，最终形成预算单位的绩效目标表。

二是为实现各部门的绩效目标和工作计划配置资源，也就是根据评定的绩效目标安排财政预算。

三是各部门分别围绕绩效目标实施工作计划并报告绩效目标完成情况，也就是绩效运行监控环节。绩效运行监控是确保预算按绩效目标正常执行的关键环节。目前主要包括执行进度监控与绩效目标监控双要素。预算执行进度主要监控资金支出进度与计划相符程度。绩效目标监控则将总体绩效目标与预算管理流程结合起来，结合资金支出进度衡量绩效目标完成程度，以此衡量总体支出是否能实现预期目标。

四是由评价方按照确定的标准和方法，对绩效目标的实现情况进行评价，并向社会公布评价结果。

五是应用评价结果，调整政府及部门的施政目标和计划，并据以确定以后年度的预算。

三、预算绩效管理的基本特征

（一）预算绩效管理是一种参与的、民主的、自我控制的管理方式

绩效目标不是工作命令，而应成为政府和预算单位向纳税人做出的双向承诺。这就要求在部门支出绩效目标或项目绩效目标定位上，财政与预算单位要充分考虑保证目标实现的主动性、共同参与性和结果导向性的差异定位要求。如部门整体支出绩效目标定位应优先考量目标实现的主动性和可控性，而项目支出绩效目标定位则应突出共同参与性和结果导向性。

（二）预算绩效管理与中期财政规划、跨年度预算平衡机制相匹配

2016 年，财政部开始研究编制“2016—2018 年全国财政规划”，并在水利投资运营、义务教育等五个领域开展三年滚动规划试点。中期支出框架是与政府战略管理相适应的财政管理方式，具有全局性、长远性等特点。根据政府制订的国民经济与社会发展规划和方针政策，以及部门（单位）的职能职责、中长期发展规划及年度工作计划，参考相关支出的历史数据及相关行业政策、行业标准和专业技术规范，可以为绩效目标设定一个相对合理的区间。预算绩效管理与中期财政规划、跨年度

预算平衡机制相匹配。

（三）预算绩效管理是一种问责机制和部门提升管理能力的学习过程，而不是惩罚性措施

绩效预算和绩效管理是战略规划工具，帮助政策制定者监管政策执行过程和政策目标的实现情况，并帮助部门提高自身的能力和水平。如果有违法违规，有关部门和负责人员理应受到处罚。但很多绩效的问题，并不是法规上的失误，而是资源分配时的优先序选择或没有充分考虑外部环境的不确定因素等造成的。因此，预算绩效管理是以提高组织学习能力为目标，从激励的角度出发，而不是一种惩罚性措施。

第三节　全面实施预算绩效管理的框架与实现路径

2018 年出台的《中共中央 国务院关于全面实施预算绩效管理的意见》(以下简称《意见》)，为全面实施预算绩效管理指明了基本框架与实现路径。《意见》最核心的概念是“全面”，而落实“全面”这一目标，必须推动全方位管理格局的构建、全过程管理链条的建立、全覆盖管理体系的完善以及相关管理制度的健全和约束体系的硬化。

一、全面实施预算绩效管理要构建全方位格局：政府、部门、项目（政策）

按照《意见》要求，要实施政府、部门和单位、政策和项目等三级的预算绩效管理，构建全方位管理格局。其中：政府预算绩效管理要求

各级政府预算收入要实事求是、积极稳妥、讲求质量，支出要统筹兼顾、突出重点、量力而行，支持国家重大发展战略和重点领域改革，提高保障和改善民生水平；部门和单位预算绩效管理要求将部门和单位预算收支全面纳入绩效管理，赋予部门和资金使用单位更多的管理自主权，围绕部门和单位职责、行业发展规划，以预算资金管理为主线，统筹考虑资产和业务活动；政策和项目预算绩效管理要求从数量、质量、时效、成本、效益等方面，综合衡量政策和项目预算资金使用效果。

这为今后预算绩效管理改革和创新指明了新方向，各地需要从现有的以项目（政策）为主的绩效管理体系，逐步拓展到部门整体预算绩效管理，再进一步提升到政府预算绩效管理。这三个层级的预算绩效管理都需要从管理全过程、资金全覆盖的实施来推进全方位格局的实现。

二、全面实施预算绩效管理要实现全过程管理：事前、事中、事后

（一）事前绩效管理

要保障财政资金能够分配好，要做好目标制定工作，绩效目标的制定要遵循“可评价、可比较、可检测、可公开”的原则，即绩效目标不仅要明确清晰，还必须分解为可考核的量化指标，绩效目标通常是与经济增长、环境保护、社会发展相关的统计指数，从而做到“编制有依据”。同时还要从定性层面分析“是否应该做、应该如何做、能不能做好、安排实不实、能否产生预期效果”等方面，对申报的绩效目标进行深度审核，将事前评估工作做到位，根据评估结果决定如何分配有限的财政资金，做到“分配有原则”。

（二）事中绩效管理

事中要保障在预算执行过程中必须以绩效目标为导向，政府所有的活动必须围绕已设定的绩效目标展开，做到“实施有方案”，同时，加强绩效目标执行的动态监控，以绩效目标为导向，监督政府行为。预算监督伴随预算执行的全过程，做到“资金有控制”，以绩效目标的导向性作用保障绩效资金的管理。

（三）事后绩效管理

在项目完成之后应该对绩效目标进行考核，评估绩效目标的完成情况，做到“结果有考核”。评价过程中要做好不同评价主体的结合，例如部门自评、财政部门抽评、人大参与评价等，保障评价主体的全面性。要保障评价结果使用好，评价结果及时向社会公众公开，保障公众的知情权；建立全面信息反馈机制；将评价结果反馈给相应部门，并作为下一年绩效目标制定、财政资金分配的参考；将评价结果作为推进政府绩效管理改革的工具，切实做到“评价有应用”。

三、全面实施预算绩效管理要做到全覆盖：广度、宽度、深度、力度、高度

（一）预算绩效管理广度要扩大

全面实施预算绩效管理要求所有财政资金都要纳入预算管理体系，因此绩效管理应该不断提高需要填报绩效目标的资金申请和使用比例，并达至目标申报全比例。

（二）预算绩效管理的宽度要延伸

即充分发挥绩效在预算编制、执行、监督中的导向作用，将绩效融

入预算管理全流程。

（三）预算绩效管理的深度要拓展

即中央、省、市、县（区）、镇（街）五级政府财政资金都要根据绩效目标安排使用，并建立上下层级联动机制，将绩效管理覆盖所有层级政府预算。

（四）预算绩效管理的公开透明力度要加强

即预算目标制定、执行情况和评价结果应该及时公开，主动接受社会监督，并最终实现绩效管理全公开。

（五）预算绩效目标管理的目标编制高度要提升

即绩效目标的制定要与国家战略目标、财政政策目标和部门规划目标相联系，不能背离国家重大方针政策，达到目标管理全新高度。

第四节　研究设计与本书结构

2019 年是贯彻落实党的十九大“全面实施绩效管理”战略部署的关键之年。2018 年 9 月，《中共中央 国务院关于全面实施预算绩效管理的意见》出台，标志着国内全面实施预算绩效管理进入新的发展阶段。预算绩效管理是全球范围内财政改革的重点和前沿。自我国提出全面预算绩效管理概念以来，国内学者对其内涵界定、特征、框架、实施路径等开展了一些研究，并取得了一定的进展。这为预算绩效管理的全面实施提供了良好的理论基础。同时，国内各地方政府陆续出台本地实施意见，抓住贯彻落实“全面实施绩效管理”中央精神的先机，积极探索符合自身特点的改革路径和方案，取得了一系列突破性进展。

本书坚持理论联系实践，选取国内最早开展预算绩效管理改革的城市之一——广州市的实践探索作为研究对象，对广州市探索逐步建立“全方位、全过程、全覆盖、全公开”的预算绩效管理模式进行系统深入的研究。具体来说，从理论层面和实践层面探讨国家治理现代化视野下预算绩效管理的理论基础，分析预算绩效管理改革的国内外实践历程，并对广州市预算绩效管理改革的历程、具体做法与体系、取得的成效开展了研究，重点总结了广州市在项目绩效、部门整体绩效、绩效指标与标准体系建设、预算全公开等方面的创新探索与经验，最后对全面预算绩效管理的实施进行了思考与瞻望。

一、现有研究基础

要落实“全面”实施的目标，必须推动全方位管理格局的建立、全过程管理链条的建立、全覆盖管理体系的完善以及相关管理制度的健全和约束体系的硬化。国内学者对如何全面实施预算绩效管理进行了研究探索。如刘尚希（2019）、苟燕楠（2018）、李靖（2018）、李燕（2018）等分别从不同层面对预算绩效管理如何全面实施提出了分析与研究。这些研究为理解国家治理现代化视野下预算绩效管理全面实施的框架与路径提供了诸多启发与思考。但当前关于地方政府预算绩效管理创新的系统性研究，特别是在治理现代化视角下的地方预算绩效管理改革成效的实证研究不太多见。预算绩效管理是实践导向的改革，运用系统研究方法对走在改革前沿的地方实践及经验进行总结与提炼，对于全面实施预算绩效管理具有重要的现实意义。

二、广州市的实践探索

广州是改革开放的排头兵，在改革浪潮中敢为人先，务实进取，在公共财政领域也是如此。广州是全国最早设立绩效评价处的城市之一，广州是全国首个实现预决算全公开的城市；市一级的财政透明度上，广州历年均位列全国前三。广州市着力将绩效理念融入到预算管理全过程，率先建立全过程预算绩效管理机制，并按照“试点、总结、完善、推广”思路，逐步形成可供推广借鉴的“全方位、全过程、全覆盖、全公开”预算绩效管理模式。

三、本书章节安排

本书共分七篇，第一篇为全书的导论与理论基础，在分析探讨国家治理现代化与预算绩效管理关系基础上，对广州市的实践探索进行简要介绍，并分析了预算绩效管理改革的理论基础，总结了预算绩效管理的国内外实践历程与发展特点，提出研究广州实践的研究方法和研究设计。

第二篇为对广州市预算绩效管理改革发展历程的回顾，并运用制度分析方法总结了广州市预算绩效管理的基础制度与管理机制机监督机制。

第三篇至第五篇为在充分考虑广州市改革现实情境复杂性基础上，运用渐进主义分析方法，对广州市预算绩效管理改革逐步推进的关键组成部分进行剖析与总结。其中，第三篇为对广州市积累十几年形成的适合改革需要的绩效指标与标准体系的总结与提炼，着重突出形成适应改革与发展需要的指标体系的方法与机制，并呈现出可供全国其他地方政府借鉴的指标体系；第四篇为对广州市开展十几年的项目预算绩效管理改革实践的总结与分析，着重突出项目绩效管理的基础性与广州市实际推动项目绩效管理逐步完善的有效做法；第五篇为对广州市自 2013 年以来逐步形成的部门全闭环预算绩效管理体系的分析与归纳，着重突出广州市从项目跨越到部门，逐步实现“全方位、全过程、全覆盖、全公开”预算绩效管理体系的路径选择。

第六篇为运用制度、决策、技术分析框架对广州市推进预算绩效管理改革的经验总结，力图为全国推进预算绩效管理全面实施提供一些可供借鉴的经验。

第七篇为全书总结部分，基于对现实中存在的难点剖析，提出面向国家治理现代化推进全面预算绩效管理改革的前瞻与思考。

本书整体框架与章节安排如图 1–1 所示。

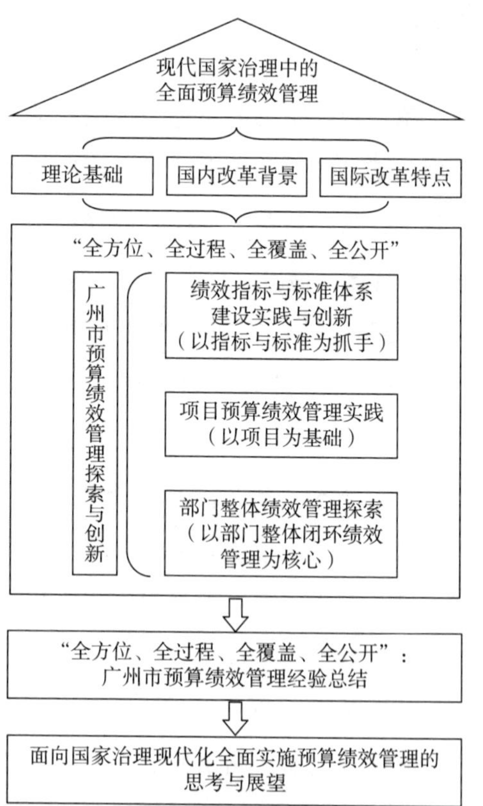

图 1-1 全书整体框架与章节安排示意图

第二章

全面实施预算绩效管理的理论基础

财政收支是公共权力运行的过程，人们期望通过公共权力的运行实现自身目的，建立一种合法的途径对政府收支进行监督，这要求政府通过预算的形式向人民说明各项资金使用的恰当性。传统的年度预算按照一年一度来编制财政收支，基于年度预算而设置的绩效目标，容易出现在短期内看起来合理，但是在中长期实施中不能化解的矛盾。预算的多功能性使得在不同视角下研究预算绩效管理具有不同的重点。传统理论对预算绩效管理的研究主要从法学视角、政治学视角、新公共管理视角、经济学视角出发。法学视角体现的是公众对绩效预算目标管理的参与和控制，政治学视角体现了绩效预算目标管理基于现实的“择优选择”过程，管理学视角下政府责任的改变要求实施绩效预算目标管理，经济学视角下绩效预算目标管理，解决了市场失灵情况下政府公共产品如何有效供给的问题。

第一节　法学视角下的预算绩效管理

市场经济条件下的政府预算本质上具有法律属性，预算来源于纳税人缴纳的资金。从法律意义上来讲，预算是纳税人和市场通过立法机关对政府行政权力的约束和限制。因此，政府履行的是立法机关委托和授权的预算职能。政府履行预算职能的全过程必须受到法律及立法机关的严格制约。市场经济和法治环境是公共财政的两个潜在条件。其中，法治环境要求政府对市场缺陷的弥补只能在“授权”的范围内进行，政府干预经济过多会带来“政府失灵”的问题。因此，必须以完善的法制环境约束公共财政的实施，政府的所有财政活动必须在法律授权的情况下进行，树立“法无授权即禁止”的理念。

人民对政府授权必然是基于政府可以更好的完成市场无法完成任务的假设，因此，授权即要求政府行为必须做到高效。在年度预算下，政府对财政收入与支出的估计和实际经济情况如果出现偏差，政府没有权限对预算资金的安排进行及时调整，可能会出现盲目支出行为，从而导致政府资金使用的低效。而在中期财政规划下，人民代表大会有更充分的时间收集关于不合理的低效支出行为信息，并据此进行责任追查，杜绝低效支出。同时，政府对绩效目标的设置从长远的角度出发，其成本和收益是通过中期维度计算得到的，每一年的支出行为都会对以后年度带来影响。中期财政视野下实施预算绩效目标管理，将人们对政府收支信息收集时间延长，增加对政府行为的监督力度，更愿意相信政府财政安排，使得授权与问责机制的建立更加容易，保障了财政支出的绩效。法学视角下，预算的编制、执行、评价、应用全过程都需要经过合法的程序，经过立法机关的通过和授权。同时，政府执行预算的目标是为全体公众提供符合公众需求的公共服务。

第二节　政治学视角下的预算绩效管理

预算本质上就是政治权力运行的过程。公共选择理论认为，由于人类社会包含各种复杂的关系，这些关系会相互交织、相互渗透及相互影响，最终产生国家和法律，进而出现了集体选择和集体行动。在市场经济条件下，具有相互排斥属性的物品可以由私人在市场上进行交换而得到满足，而公共物品由于不具备这样的性质，必须由政府提供。政府领导者由公民代表投票选取，应该以为公民提供合意的公共产品为己任。公共选择就是指人们通过民主决策的政治过程来决定公共物品的需求、供给和产量，是把私人的个人选择转化为集体选择的一种过程，公共选择在本质上，实际上就是一种政治过程。公共预算决策需要结合能够具备的条件（财政资源）和需要解决的问题（预算目标）考虑，提出若干个可供选择支出方案，根据不同方案的有效性、经济性和效率性来安排财政支出，以求政府活动能够带来最大的回报。从政治学角度来看，政府并不是要求预算必须实现“绝对有效”，而是在可行的方案中选出一个最优方案，即“择优机制”。

基于政治学的角度看预算绩效目标管理是在可供选择的范围内选择最优支出方案，即预算目标的设置决定了可供选择的实施方案，而可选方案决定了决策者的选择范围，选择范围的大小必定影响实施效果。因此，仅从年度预算的角度寻找政府需要解决的社会问题，就从源头上限制了财政支出的绩效。中期财政规划可以从三年的时间跨度提出需要政府解决社会问题，政府从一个跨年的时期提出解决方案，进一步从绩效的角度对所需支出的成本和收益进行估算，根据“择优机制”确定这些支出在不同年份间的先后支出顺序，建立年度预算间的联动机制，保证财政支出的绩效。中期财政规划可以从待解决问题提出的源头注入前瞻性，增加选择方案的多样性，从而提高实现预算目标的财政支出绩效。

第三节　管理学视角下的预算绩效管理

20 世纪 70 年代，西方发达国家掀起了一场将市场化理念应用于政府管理，探寻能解决传统官僚制行政效率低下、不注重结果的问题，也就是著名的“新公共管理”运动。这一模式将社会公众看做政府部门的顾客，主张将企业管理的理念引入公共部门，核心在于运用企业理念对政府部门进行改进，即政府在提供公共服务时，应当以顾客为导向，以实现“顾客利益”（即公共利益）为目标，同时，提倡在公共管理中引入市场竞争机制，以提高公共部门的效率，政府职能由“掌舵”转变为“划桨”。

新公共管理理论主张建立以顾客为导向的企业型政府，企业行政必须对收支行为绩效高度重视。因此，在新公共管理思想指导下，预算绩效目标管理提倡从目标和结果出发“花钱买服务、花钱买效果”的预算观，注重公共服务的产出。同时，新公共管理理论主张在某些公共领域，引进私人部门，增加竞争，以提高效率，这就意味着政府需要选择性的从某些领域退出。这样的退出机制设计需要长期财政支持，年度预算只会对短期内投资收益最多的方面进行倾斜性支出安排。值得注意的是，一方面，新公共管理运动强调公共性，认为市场可以主导公共服务的供给，但这并不意味着政府对于公共服务“甩包袱”，对于某些会出现的“市场失灵”的领域，政府仍需承担相应的规划、监督责任。因此，在制定财政规划时，政府需要从中长期角度对可能存在的“市场失灵”问题，做出风险预测和风险控制，进行相应的财政“兜底”安排。另一方面，通过引入私人部门、准公共部门，作为公共产品的生产者和供给者，政府转变为公共事务管理者，有利于政府集中精力解决公共支出低效问题，进而提高公共管理的有效性和实现社会可持续发展。

第四节　经济学视角下的预算绩效管理

经济学视角研究预算绩效管理代表性的理论包括公共产品理论、委托代理理论和交易费用理论等。

一、公共产品理论

公共产品理论是以区分公共产品与非公共产品为核心，主张公共财政的核心职能是提供公共产品，也就是公共产品的范围界定了公共财政的职能范围。公共产品的理论为公共财政提供了理论基础。在市场经济条件下，政府与营利性的市场经营主体有本质性差别，原则上属于市场分配的财政不能越俎代庖，凡是属于财政分配的，财政应尽其职，即不能参与市场的盈利性竞争，只能在市场“缺位”的公共产品领域活动。实行绩效预算目标管理可以从源头控制政府活动范围，政府行为必须与绩效目标的实现相联系，因此，公共产品理论从公共产品供给的角度，界定了政府绩效目标，限制了政府支出范围，有利于政府绩效目标的制定和实现。

“公共财政”是指为市场或私人部门提供公共服务或公共产品的政府财政，存在的两个潜在条件为市场经济和法治环境。公共财政的根本目标是弥补市场失灵，首先要保证市场经济的自由、高效运行，其次，政府应当通过提供市场经济条件下短缺的公共产品来矫正市场经济失灵，从而保障经济稳定、实现收入分配和资源配置职能。公共财政理论的基本假设，在市场失灵和市场缺陷的领域，政府效率一定高于市场。

二、委托代理理论

该理论的中心任务是在利益冲突和信息不对称的环境下，委托人如何有效激励代理人。政府提供公共物品的过程中存在多重委托代理关系：政府与社会公众之间、上级政府与下级政府之间、政府不同部门之间。委托代理链条越长，存在于委托方和代理方之间的信息不透明、信息不完全和信息不对称问题就越严重，委托人控制代理人的能力就越弱，中间的委托代理者也就更加容易产生“败德”问题，出现“寻租”“设租”现象，增加政府提供公共产品和服务的成本。因此，政府可以通过建立预算安排与绩效目标、资金使用效果挂钩的激励约束机制，以绩效目标为切入点，强化绩效评价，完善预算管理方式，使预算绩效目标管理成为提高财政资金使用效率的有效管理模式。

三、交易费用理论

该理论认为市场机制的运行并非尽善尽美，其自身存在着难以克服的“外部性”，对市场效率的分析必须结合制度环境。交易费用理论认为在交易费用为零的情况下，初始禀赋的分配不影响最后分配结果；当交易费用不为零时，不同的制度安排会产生不同的结果。通常社会交易成本大于零，政府制度会影响最终市场能达到的最优状态。财政预算就是政府意志的体现，预算绩效管理可以降低政府提供公共服务和公共管理中的交易费用，绩效目标管理通过对绩效评价、绩效预算等手段，促使政府信息公开透明，从而降低了公民获得政府信息的机会成本，同时上下级政府间、不同部门间预算信息的共享，减少政府间纵向、横向的交易费用。

第五节
现代国家治理体系中的全面实施预算绩效管理

党的十九大报告中提出:“建立全面规范透明、标准科学、约束有力的预算制度，全面实施绩效管理。”在构建现代预算制度的情况下，“全面实施绩效管理”是深化预算改革的灵魂。绩效管理近年来一直是我国财政管理改革的重点，经历了绩效评价到绩效管理，再到党的十九大报告提出的“全面实施绩效管理”，实现了以财政部门、各部门及其所属单位以绩效目标为对象，以绩效目标的设定、审核、批复等为主要内容，由事后评价改革为贯穿预算事前、事中、事后全过程，将预算管理拓展到全部财政资金的范畴的预算绩效管理活动，将绩效管理工作提升到新高度，绩效预算进入了新时代。

第三章

我国预算绩效管理的发展历程及进展

预算绩效管理在我国已推行了十余年。财政部在 2000 年左右，便开始在部分地区启动财政支出绩效评价的试点工作。湖北、河北、湖南、广西、福建等相继于 2001 ~ 2002 年间对高校、医院等财政支出的绩效评价开展小规模试点。其后，在中共十六届三中全会提出“建立预算绩效评价体系”的要求之后，广东省与浙江省开始了更大规模的试点，制度体系和组织结构更为健全。如表 3–1 所示，财政部也于 2005 年制定了《中央部门预算支出绩效考评管理办法（试行）》（已废止）。其后，各地的财政支出绩效评价工作得到进一步的推动。

表3-1　中国预算绩效管理政策演变

	重要事项	相关文件
“财政支出绩效评价”阶段	2003 年中共十六届三中全会提出“建立预算绩效评价体系” 2010 年财政部预算司成立“预算绩效管理处”	《中央部门预算支出绩效考评管理办法（试行）》（财预〔2005〕86 号，已废止） 《财政支出绩效评价管理暂行办法》（财预〔2009〕76 号，已废止） 《财政部关于进一步推进中央部门预算项目支出绩效评价试点工作的通知》（财预〔2009〕390 号） 《财政支出绩效评价管理暂行办法》（财预〔2011〕285 号，对财预〔2009〕76 号文的修订）

续表

	重要事项	相关文件
“预算绩效管理”至“全过程预算绩效管理”阶段	2011 年，国务院召开了第一次政府绩效管理工作部际联席会议，确定了中国绩效管理两大体系：以监察部为主的政府绩效管理和以财政部为主的预算绩效管理 2011 年 4 月召开第一次全国预算绩效管理工作会议，提出全过程预算绩效管理理念 2012 年年中全国财政厅（局）长座谈会，做进一步部署 2012 年，财政部成立预算绩效管理工作领导小组 财政部预算司、其他司局，中央各部委，各地方纷纷出台相关管理文件	《关于推进预算绩效管理的指导意见》（财预〔2011〕416 号） 《预算绩效管理工作规划（2012—2015 年）》（财预〔2012〕396 号） 关于印发《预算绩效评价共性指标体系框架》的通知（财预〔2013〕53 号） 关于印发《地方财政管理绩效综合评价方案》的通知（财预〔2014〕45 号）
全面实施预算绩效管理阶段	十九大明确提出加快建立现代财政制度，特别明确建立全面规范透明、标准科学、约束有力的预算制度，全面实施绩效管理 李克强总理在 2018 年的《政府工作报告》中也对实施绩效管理作出了具体部署	《关于人大预算审查监督重点向支出预算和政策拓展的指导意见》（中办发〔2018〕15 号） 《中共中央 国务院关于全面实施预算绩效管理的意见》（中发〔2018〕34 号）

资料来源：作者根据财政部预算司相关材料整理。

回顾过去十几年的预算绩效管理改革实践，我国预算绩效管理的发展历程可以简要划分为三个阶段。

第一节　财政支出绩效评价阶段

这一阶段可以粗略地界定为自 2003 年到 2010 年的发展阶段。自 2003 年财政部将绩效评价列为预算改革的主要内容开始，财政支出绩效评价试点逐步建立。2004年财政部预算司组织召开了绩效预算国际研讨会，2005年出台了指导中央部门预算支出绩效评价的管理办法。2009年印发进一步推进中央部门预算项目支出绩效评价试点工作的通知，从规范所有中央部门的预算项目支出绩效评价开始逐步推进。2009年出台了《财政支出绩效评价管理暂行办法》，对地方政府开展财政绩效评价的工作规范做出了指导。2010年，在各地不断探索，逐渐出台了许多地方的绩效评价办法、指标体系后，财政部制订了全国统一的财政支出绩效评价管理办法。但此时还主要基于项目财政支出为主体，以支出事后绩效评价为重点开展实践探索工作。

第二节　确立预算绩效管理阶段

这一阶段以2011年为标志性转折点，2011年3月，国务院建立政府绩效管理联席会议制度，成员包括中组部、发展改革委、财政部、监察部、人力资源与社会保障部、审计署等部门，推进政府绩效管理的试点工作，由财政部牵头负责整个财政资金的绩效管理。2011年4月，召开了第一次全国预算绩效管理工作会议，提出全过程预算绩效管理理念，标志着中国已从财政支出绩效评价阶段进入预算绩效管理阶段。在组织结构上，财政部也在预算司下专门设立预算绩效管理处，专门负责推动预算绩效管理改革工作。

在2011年第一次全国预算绩效管理工作会议后，财政部下发了《关于推进预算绩效管理的指导意见》，并随后制定公布了配套的发展规划与相关管理制度。2012年财政部制定并发布了《预算绩效管理工作规划（2012—2015年）》。其中包括“县级财政支出管理绩效综合评价方案”“县级财政支出管理绩效综合评价内容表”“部门支出管理绩效综合评价方案”和“部门支出管理绩效综合评价指标体系”等更具指导意义的预算绩效管理操作规范。至此，财政支出绩效评价实践开始引入部门整体支出领域，事后绩效评价覆盖了我国公共财政支出全领域。自 2011 年开始，自上而下开始扭转仅关注项目支出绩效评价和事后绩效评价的理念，2012 年财政部一系列制度文件的出台，确立了完整的预算绩效管理概念。

第三节　整体推进全过程预算绩效管理阶段

全过程预算绩效管理的概念虽然自 2011 年已被提出来，但在随后的两三年内，各地都处在从单纯关注项目和事后评价的财政支出绩效评价模式向预算绩效管理模式转变的阶段。这一阶段各地的实践多数以扩大项目评价范围，尝试建立事前绩效目标管理体系为主。实质上并没有真正落实和完善全过程预算绩效管理机制。到 2014 年，财政部印发《地方财政管理绩效综合评价方案》的通知，各地才开始试点，真正落实全过程预算绩效管理。因此，预算绩效管理发展的第三个阶段是自 2014 年至 2016 年的阶段。在这一阶段，各地的预算绩效管理改革中多数都已经在探索或建立绩效目标管理、预算执行绩效监控管理、绩效评价管理等环节的制度。但各个环节之间尚未建立起有机的联系。全面推进全过程预算绩效管理，就是探索打通各个环节之间的壁垒，真正落实将绩效管理融入预算管理全过程。

第四节　全面实施预算绩效管理阶段

在全过程预算绩效管理基础上，党的十九大明确提出，要建立全面规范透明、标准科学、约束有力的预算制度，全面实施绩效管理。首次将全面实施绩效管理，提高到习近平新时代中国特色社会主义思想在财政领域的具体要求的高度。全面实施绩效管理在2018年政府工作报告中得到更进一步具体的安排部署。2018年9月，《中共中央 国务院关于全面实施预算绩效管理的意见》明确提出全面实施预算绩效管理，力争用3～5年建成全方位、全过程、全覆盖的预算绩效管理体系。这一系列政策的出台，将预算绩效管理改革带入新的发展阶段，对于改革的推动作用是显而易见的。自出台《意见》后，各地方政府迅速响应，大力推动预算绩效管理全面实施。

从具体内容上看，全面实施绩效管理的全过程、全覆盖对预算绩效管理的“量、质、效”提出了新要求[①]，要实现预算绩效管理“量、质、效”的提升，必须将预算绩效目标制定放在中长期视野下，以克服由于年度预算的短视性带来的“碎片化”问题，从而实现预算管理的“全面”发展。

一、扩展预算绩效管理至全覆盖

这不仅意味着将更多的财政资金纳入预算绩效目标管理体系中，更重要的是绩效目标、绩效监督、绩效评价也要做到全覆盖。

（一）预算绩效管理的目标全覆盖

即绩效目标编制应当包含经济效益、社会效益和生态环境效益，只

① 万新全：“抓住‘量、质、效’全面实施绩效管理”[N]，载于《中国财经报》，2017年第7版。

有目标的全方位设定，才能保证财政资金支出的精确性。而财政支出对经济、社会、生态环境的影响并不能在短期内全部体现，因此，在中期财政规划下，设定的绩效目标能够将更多的未知因素纳入目标体系，有效减少目标制定与目标完成之间的偏差。

（二）预算绩效管理的监控全覆盖

要对绩效执行情况进行动态监控，实现预算执行与预算监督的“如影随形”，充分发挥绩效目标的导向作用，及时纠正和废止不符合绩效目标的支出行为。中期财政规划下部门对财政资金的安排调整权限大于年度预算下的权限，因此，在中期财政规划下实施绩效预算目标管理，能够增加预算支出的灵活性，对绩效监控中发现的不当支出行为，能够进行及时纠正或废止，提高财政资金使用效率。

（三）预算绩效管理的评价全覆盖

绩效评价要提质扩围，不能就结果论结果，还要考虑到现存结果对经济、社会和生态环境的后续影响，即财政支出的绩效评价中应该加入“时间”因素，一方面考虑财政政策效果对经济、社会等的影响能够持续的时间，即结果的持续性；另一方面考虑现有结果的“蝴蝶效应”，经过时间“发酵”之后可能产生的其他副效应，即结果的衍生性。中期财政规划下的绩效目标管理能够占位更高、视野更广，因此对绩效结果“时间乘数效应”把控性更强，能够有效的避免短期产生巨大正效益、长期带来负效应的支出项目上马。

二、提升预算绩效管理质量

即提升绩效管理工作的质量，这体现在指标体系科学合理、预算信息真实完整和评价主体全面多样三个方面。

（一）指标体系是绩效目标的具体体现

即指标体系的构建是绩效目标的细化，要保证绩效指标与绩效目标的匹配。在中期视野下的绩效指标选择范围大于年度预算的选择范围，更容易找到与绩效目标相匹配的绩效指标，提高了绩效目标与绩效指标之间的匹配度。科学合理的指标体系保持与绩效目标高度相关，通过定性定量的指标测算所作出的资金安排，能够更有效的实现绩效目标。

（二）预算信息真实完整是绩效目标编制的基础

绩效目标编制要借鉴过去的绩效目标制定和完成情况，并结合对未来的预测而作出，因此，可掌握的预算数据信息越真实、越完整，意味着未来预测越细致、越准确。全面实施绩效预算将预算管理提升至一个新高度，意味着预算绩效目标的编制必须基于国家战略目标、财政政策目标和部门规划目标。这三大目标的制定都是在中长期视野下编制的，因此预算绩效目标的编制也应该基于中长期视野，真实完整的数据信息有助于制定出科学合理的中期预算绩效目标。反过来，中期视野下制定绩效目标，能够发挥预算数据的价值，促进预算数据信息的收集、整理和运用。

（三）全面多样的评价主体是预算绩效目标管理改进的关键，能够减少利益联盟的形成，保障绩效评价的客观公正

党的十九大报告提出要“提高人民的满意度”，意味着绩效评价的主体不应该局限于政府部门、预算专家等团体，还应该让人民作为评价主体，对政府行为进行绩效评价，此举能够有效提升评价的真实性、公正性。但是，公众对于绩效信息的获取途径较为单一，时间比较滞后，因此，一方面要发挥人大代表的作用，另一方面中期财政视野下实施绩

效预算目标管理，延长了公众对政府预算的反映时间，保障公民能够读到且读懂政府预算报告，从而参与到预算目标管理中。

三、提高预算绩效管理的效率

提高财政资金使用效率，是绩效管理的终极目标，也是建立现代财政制度的终极目标。提高绩效目标管理效率，要做好三个层次的管理工作。

（一）补齐基层政府绩效管理的“短板”

全面实施绩效管理，意味着所有层级的政府都需要根据绩效目标安排财政支出，补齐基层政府绩效管理能力的“短板”，是全面实施绩效管理改革的关键。针对基层政府绩效管理能力薄弱的问题，应该先实行绩效目标管理，培养基层政府“建立预算安排与绩效目标、资金使用绩效挂钩的激励机制”，将基层政府支出的权限限制在实现绩效目标的范围内，有效减少财政资金使用的“零碎化、无效化”问题，提高基层政府财政资金管理能力。因此，在基层政府的预算绩效目标管理中，绩效目标设定的科学合理，关系着整个政府支出绩效管理水平。中期视野下制定的绩效目标，保障了绩效目标的长远性和科学性，使政府支出方向保持一致，进而使财政支出形成合力效果，提高绩效管理水平。

（二）建立问责机制是强化绩效目标导向作用的保障

建立目标责任制，将放权和问责相结合，把部门绩效目标与部门负责人考核目标挂钩，实现个人绩效目标、部门绩效目标和政府绩效目标的统一，提高绩效目标对预算资金安排的约束力。中期财政规划更吻合个人升迁周期，通常情况下个人目标即职位升迁，因此，在上任后必定第一时间根据政府绩效目标调整个人目标实现途径，使个人目标服务于整体目标，从而保障政府绩效目标的顺利实现。

（三）完善预算绩效目标管理制度体系，加强预算管理的法制化

“全面依法治国是中国特色社会主义的本质要求和重要保障”，在预算法框架下，逐步建立和完善绩效管理制度及相关实施细则，保证绩效实施有法可依。管理制度及实施细则的制定不仅要规定现行管理办法，还要涉及新规定颁布后可能出现问题的处理方法。另外管理制度及实施细则的颁布必须相对成熟，避免朝令夕改、漏洞百出现象的发生，强化绩效管理的严肃性。预算管理的法制化要求管理制度及实施细则的制定必须具有前瞻性，因此相比于年度预算，在中期财政规划视野下制定和颁布的绩效管理制度及实施细则，更符合预算管理法制化的要求。

第五节　目前已取得的进展及成效

一、预算绩效管理改革全面铺开

党的十八大以来，预算绩效管理改革在财政部与地方政府“自上而下”与“自下而上”合力推动下，向纵深发展。31个省（自治区、直辖市）都在官方网站上公布了当地的预算绩效管理实施意见或管理规范。各地改革推进机制因基础不同而有所差异，先试点后推广是较有效的方式。

二、以绩效管理促进政府职能转变取得实效

预算绩效管理改革起到了倒逼各部门梳理与明确职能、再造流程的

作用。例如，河北省自2014年起，建立“部门职责—工作活动—预算项目”三层级的预算管理结构。解决了两个问题：第一，部门需要通过履行职责来编写活动事项，申请财政经费，有效避免了直接申请经费带来的乱花钱现象；第二，不能直接确定经费的项目，可以通过职责和活动来评审金额。

三、绩效结果的应用力度逐步加强

绩效信息正逐渐被应用到预算管理的各个环节，特别是完善科学决策、改进部门管理方面。如2019年，浙江省推出重大政策和项目事前绩效评估负面清单，减少了因决策随意造成的资金浪费。

四、绩效信息公开深度和广度不断延展

2019年预算公开的中央部门达到102个。各地方政府也在逐步公开预算绩效信息，如广州市2019年部门预算公开市本级全部8390个预算支出项目和18个专项资金的绩效目标，公开所有市直部门整体绩效目标，实现了四本预算绩效目标全公开。

五、预算绩效改革活力逐渐增强

2018年参与预算绩效评价的第三方评估机构约有2000 ~ 3000家。其中，会计师事务所超过50%。专家、公众参与力度也在逐步加大，如杭州市运用互联网技术，拓宽公众有序参与渠道，2018年市直单位社会评价意见总量14847条，其中网上社会评价意见11488条，占77.38%。

预算绩效管理的国际实践与经验

绩效预算在全球范围内已经逐渐成为预算改革的标配。国外推进绩效预算改革的历程基本与发展阶段相适应，各国采取绩效预算改革，多数起因是为解决财政赤字、收支矛盾压力。在许多国家，绩效预算在缓解财政收支压力、提升政府工作效率与公众满意度方面发挥了有效的作用。这一定程度反映了我国当前全面实施预算绩效管理的必要性与现实意义。

20 世纪 70 年代末期，为了改进公共部门资源配置和使用的效率，发达国家开始重新构建公共预算和财政管理体制。1982 年，英国启动了被称为“财政改革创新”的改革，1983 年澳大利亚启动了“财政管理改进项目”与“项目管理和预算”改革，1989 年新西兰颁布了《公共财政法案》，1993 年美国制定了《联邦政府绩效和结果法案》，发起了类似的预算改革。

在所有这些改革创新中，美国绩效预算改革动作最大，第一次以立法的形式将绩效管理制度固定下来，绩效预算推行的制度基础相对完备，且构建了目前世界上较为先进和完善的政府绩效评估体系。新西兰的预算改革则开展得最彻底，也最有代表性。澳大利亚近年来在政府债务风险控制方面表现出色，被认为在绩效预算改革方面取得的效果超越了美国。从美、英、澳等国的绩效预算改革推进历程及最新进展看，绩效预算有效地提升了政府工作绩效，提高了公共资金使用效率和公众满意度。

第一节 主要国家绩效预算改革进展

一、美国绩效预算改革历程与进展

美国自20世纪50年代开始推动绩效预算改革，经过几个不同的改革阶段，20世纪90年代，绩效预算再次兴起，直到1993年《政府绩效与结果法案》的通过，绩效预算的概念和实际操作才在美国渐趋完善，并成为政府公共管理改革的重要内容。美国通过立法推动绩效预算改革，并逐步建立起涵盖项目绩效、部门绩效与跨部门绩效的预算绩效管理体系，有效地提高了财政资金使用效率与公众满意度。

美国在不同的改革阶段均出台了相应的法律作为支撑。

一是《政府绩效与结果法案》。该法案规定，所有联邦政府机构必须根据部门使命提交战略规划，编制年度绩效计划，设立明确的绩效目标，使各部门预算安排与绩效目标相对应，提供相关绩效信息，并制定一套能综合反映部门业绩、便于考评的绩效指标，以解决“项目目标表述不充分和项目的绩效信息不足”的问题。

二是2002年8月，针对联邦政府各部门普遍面临的管理问题，小布什总统发布了《总统管理议程》和“预算与绩效一体化”倡议，将整合预算与绩效作为重点，要求提高项目绩效，对成功的项目给予更多资金支持。该管理日程等确立了五项改革新动议，包括：整合预算与绩效、加强人力资本方面的战略投资、在政府承担的某些工作中引进私人部门的竞争、提高财务绩效以及加强电子政务建设。在这五个方面的改革中，整合预算与绩效是关键的部分，美国政府为这部分设置了六个方面的评估标准，要求部门的绩效评估要与部门的任务、目标和结果相联系，要有效区分不同层次的绩效并提供以绩效为基础的结果报告等，并强调了预算决策以绩效为导向。

三是奥巴马政府在总结绩效管理得失的基础上提出了“优先绩效目标工具”，并载入《政府绩效和结果现代化法案》（GPRAM 法案），要求联邦机构对项目进行绩效规划，确立优先绩效目标，并在年度绩效计划书中体现[①]。

表4-1 美国绩效预算的法律演变

时间	法律	具体规定
1993 年	《政府绩效与结果法案》（Government Performance and Results Act，GRPA）	要求政府各部门每年向国会提交年度战略规划、绩效计划和绩效报告 战略计划：要求每个机构的负责人应当向管理及预算局局长和国会递交项目活动的战略计划书。该计划应包括总体目标以及描述目标实现的方式，并要求战略计划的总目标与绩效计划的绩效目标相联系 绩效计划：要求每个机构编制年度绩效计划，并要求建立执行目标，将绩效目标表述为有形的、可衡量的，使之能与实际实现的业绩进行比较；还要建立用来衡量或评估每一项目活动的相关产出、服务水平和结果的业绩指标 项目绩效报告：要求每个机构的负责人编制并向总统和国会提交项目绩效报告，每份项目绩效报告应阐述业绩指标以及实际完成的业绩与财政年度计划中表述的执行目标的比较，此外，还需解释并说明哪些项目的执行目标没有实现，给出应对措施

① 齐小乎：“美国英国绩效预算管理改革及启示”[N]，载于《中国财经报》，2017-1-19（2）。

续表

时间	法律	具体规定
2001 年	《总统管理议程》（President's Management Agenda，PMA）	包括 5 项政府动议和 9 项特别动议，5 项动议分别是人力资本战略管理（Strategic Investment in Human Capital）、竞争性采购（Competitive Sourcing）、财务绩效（Improved Financial Performance）、电子政务（E-Government）及预算与绩效一体化（Budget and Performance Integration）。联邦政府预算局（OMB）为 5 项政府动议的每一项动议分别制定了“成功标准”和“管理记分卡”，并根据它们对各机构的各项管理议程现状，采取“红绿灯（Traffic Light）”标志进行追踪评估，“绿灯”“黄灯”“红灯”依次代表“成功”“一般”和“不成功”
2003 年	项目评级工具（Program Assessment Rating Tool，PART）	项目评级工具（Program Assessment Rating Tool，PART）由管理和预算办公室（OMB）引入，旨在对联邦政府行为和机构项目是否成功实现其最初制定的目标进行绩效评价。该工具以项目为分析单元，要求机构就“项目目标和设计”（检验项目的目标和设计是否清晰并可靠，占 20%）、“战略计划”（检验项目是否有长期有效的、年度的成效及目标，占 10%）、“项目管理”（评定项目的管理，包括财政分析和项目提高努力，占 20%）以及“项目结果”（基于目标和成效等上述内容的复审，评定程序的表现能力，占 50%）四个指标在线填写问卷，对项目绩效进行考评。评分以 100 分为满分，最终根据得分将项目分为四个等级：“绩效良好”（100 ~ 85）、“绩效改善明显”（84 ~ 70）、“绩效改善”（69 ~ 50）和未证明绩效改善”（49 ~ 0）
2004 年	《项目评估与结果法案（2004）》（Program Assessment and Results Act，PAR）	要求 OMB 每五年至少对所有政府项目进行一次评价，评价内容为项目的目的、设计、策略规划、管理、结果等

续表

时间	法律	具体规定
2010 年	《政府绩效与结果现代化法案》（Government Performance and Results Modernization Act of 2010，GPRAM）	《政府绩效与结果现代化法案》中，优先绩效目标工具被写入法案，成为奥巴马政府的核心绩效工具 机构优先绩效目标：GPRAM 法案要求《首席财务官法案》所涉及的 24 个美国联邦机构必须使用优先绩效目标工具，在每一财政年度设定优先绩效目标。优先绩效目标工具将绩效目标分为优先绩效目标与非优先绩效目标两个层次，任务优先性是该层次划分的依据。通过编制年度绩效计划书，对机构项目活动进行绩效规划，联邦机构的优先绩效目标必须在年度绩效计划书中得到确认 联邦优先绩效目标：联邦优先绩效目标分为跨机构优先绩效目标和优先管理绩效目标两种，由预算管理办公室制定并负责目标的实现。联邦机构在年度绩效计划中制定目标、设计方案时，需要保证联邦优先绩效目标的实现，但并不意味着联邦优先绩效目标的地位凌驾于机构优先绩效目标之上，机构优先绩效目标的完成始终是各个联邦机构最为核心的绩效任务

资料来源：本研究归纳。

2010 年通过的《政府绩效与结果现代化法案》引入了优先绩效目标管理工具。目前美国的绩效目标管理流程如表 4-2（以 2018 ~ 2019 财年为例），该流程简单概述为：编制机构战略计划书——编制年度绩效计划书——按照计划书围绕各类绩效目标开展工作——编订年度绩效报告并公开发布。

表4-2　　美国绩效预算管理流程

时间	预算程序
2017 年 3 ~ 5 月	各联邦机构提交 2016 年度绩效报告和 2018 年度绩效计划定稿
2017 年 5 月	联邦机构提交 2016 ~ 2017 财年第二季度战略计划和跨机构优先绩效目标更新

续表

时间	预算程序
2017 年 6 月 2 日	联邦机构向 OMB 提交： ①基于 2017 年战略评估结果的战略目标总结； ② 2018 ~ 2022 年战略计划初始草案； ③ 2018 ~ 2019 财年机构优先目标草案
2017 年 8 月	联邦机构提交 2016 ~ 2017 财年第三季度 APGs 和 CAP 绩效目标更新
2017 年 9 月	联邦机构向 OMB 提交年度预算，同时提交： ①战略目标进度更新总结草案（作为 2017 年绩效报告的一部分）； ② 2018 ~ 2022 财年战略计划草案； ③ 2019 年度绩效计划草案； ④ 2018 ~ 2019 财年机构优先目标全面行动计划草案； ⑤ 2018 ~ 2019 财年机构非优先项目
2017 年 10 月	各联邦机构 2017 年度财务报告、绩效与责任报告
2017 年 11 月	联邦机构提交 2016 ~ 2017 财年第三季度战略计划和跨机构优先绩效目标更新
2017 年 12 月 22 日	联邦机构向 OMB 提交最终 2018 ~ 2022 年战略计划书
2018 年 1 月	联邦机构提交 2018 ~ 2019 财年第一季度 APGs 和 CAP 绩效目标更新
2018 年 1 月 12 日	联邦机构向 OMB 提交： ① 2019 年度绩效计划定稿； ② 2018 ~ 2019 财年机构优先目标全面行动计划定稿
2018 年 3 月	发布战略目标进度更新
2018 年 5 月	联邦机构提交 2018 ~ 2019 财年第二季度 APGs 和 CAP 绩效目标更新

资料来源：作者根据OMB Circular A-11：section 200——Overview of the Federal Performance Framework整理。

美国绩效预算改革中突出的一个特点是，重视绩效信息公开与应用。美国政府开通了 Expectmore.gov 网站，向美国公众提供项目绩效信息。网站涵盖了所有受到 PART 评估的项目的评估摘要。评估摘要所包含的内容主要有：项目目的、总体评级、绩效重点和未来改进措施等。

借助网站提供网络链接，有兴趣的美国公民还可以获得项目评估的详细内容，具体如 PART 各项问题的答案、绩效改善行动的后续信息更新等。Expectmore.gov 网站的开通，在以下几方面发挥了显著作用：提升了公众对绩效及结果的关注度，使公众得以更加深入细致地监督各政府部门，增加了各部门改进项目管理措施的透明度，引导各政府部门更加清晰地表述项目目标和成果。

二、新西兰绩效预算改革历程与特点

新西兰在 20 世纪 80 年代经济增长进入低谷，公共部门不断亏损，政府支出却在不断增长。到 1989 年底，政府净债务达到 GDP 的 50% 左右，新西兰政府进行了大刀阔斧的改革，开始实施绩效预算。新西兰的绩效预算改革一向被认为是成功且具有代表性的，其改革成功的一个重要特点是立法推动①。新西兰的绩效预算改革大致划分为四个阶段，每一个阶段都有相对应的法律推动。从 1986 年的《国有企业法案》，到 1988 年的《国家部门法案》和 1989 年的《公共财政法案》，再到 1994 年的《财政责任法案》，其中《公共财政法案》将公共部门管理重点由投入转向产出，提高机构的责任感；要求政府制定明确的目标，部门设计“产出”，财政支出必须和产出挂钩。在此基础之上，《财政责任法案》通过细化一系列的财政管理责任提高绩效报告质量，其内容包括政府必须制定部门战略计划，根据战略优先顺序来指导预算的编制，将长期规划和关键领域的年度绩效目标联系起来，同时部门向议会提出拨款请求时必须提交期望的目标。见表 4-3。

① 牛美丽、马骏：“新西兰的预算改革”[J]. 载于《武汉大学学报（哲学社会科学版）》，2006（6）。

表4-3　新西兰绩效预算的法律演变

时间	法律	具体规定
1986 年	《国有企业法案》	改革国有企业，推行私有化政策，建立激励机制，促使公共部门管理者注重和改进业绩
1988 年	《国家部门法案》	改革核心政府部门，推动新西兰政府迈向权责发生制会计
1989 年	《公共财政法案》	为衡量政府部门的绩效，发布《公共财政法案》，以配合《国家部门法案》的实施
1993 年	《财务报告法案》	强化公共部门对一般公认会计原则即权责发生制的应用，并将财务报告分为“部门报表”和“整个政府报表”两个层次，准确反映政府财政状况
1994 年	《财政责任法案》（Fiscal Responsibility Act）	提出了一系列细化财政管理责任的原则和绩效报告质量规范，确定建立财政目标和进行定期的财政报告，要求实行中长期的财政框架，说明政府广泛的战略优先顺序，对政府部门实行国际会计准则，在政府会计和预算中引入权责发生制，提出财政政策制定原则，明确财政部长对与产出相关的财政管理目标负责，通过加强财政风险管理，推行信息公开

资料来源：本研究归纳。

新西兰的绩效预算改革比其他任何国家都彻底，所有政府公共服务部门都已经推行了绩效预算和绩效评价，主要内容包括责任管理、战略管理、结果管理、财务管理几个方面，具体如下。

（一）区分产出和结果不同的预算责任

新西兰绩效预算的一个重要内容是围绕产出和结果进行的，并将产出和结果进行清晰界定，区分二者的预算责任，即新西兰的预算改革，要求决策层即部长对预算的结果（产出对公众的影响）负责，要求管理层即对预算资源的分配和预算产出（公共产品和服务）负责。由部长决定支出的目标和结果，只对产出的生产和供给负责，即他们只对生产的公共产品和服务的数量、质量、成本、及时性，以及供给的服务是否在地理上方便消费者负责。这是因为无法控制政策效果，结果是政策自身的问题，而非产出所能解决的问题。

（二）紧密联接部门支出决策与战略规划

从1994年开始，新西兰的预算改革要求政府设立最高层面的结果目标，而且这些结果目标要求与长远的战略目标相一致。1994年的《财政责任法案》（Fiscal Responsibility Act）要求政府说明广泛的战略优先顺序（Strategic Priorities），作为政府准备预算的指导性文件。战略优先顺序具体包括了战略结果领域（Strategic Result Areas）、战略优先顺序和宏观目标（Strategic Priorities and Overarching Goals）、指导公共部门政策和绩效的关键性政府目标（Key Government Goals to Guide Public Sector Policy and Performance）。这些战略优先顺序的指导性文件主要用来说明政府政策的大致方向而不是具体的目标。它们被看做是引导预算过程的“优先顺序工具”（Prioritization Tool）。在这些策略的指导下，新西兰紧紧围绕着部门的战略计划来推行预算改革。绩效预算结合政府的战略优先顺序和部门的工作规划，将政府战略规划进一步细化为部门工作规划，加强预算支出与结果的联系，实现以结果引导预算。

（三）将预算绩效结果整合进决策与管理

新西兰对绩效信息提出三项要求：①改进绩效信息的质量；②在决策过程中使用关于结果的信息；③对结果造成的影响进行评估，并通过状态指标、效果指标和风险指标衡量产出和实现程度，帮助政府及各部门更好地衡量以结果为主的预算。新西兰政府通过将状态指标（state indicator）、效果指标（effectiveness indicator）、风险指标（risk indicator）三类指标体现在绩效结果信息中，以提升绩效信息的质量。此外，财政部和国家服务委员会建立了路径探索项目（Pathfinder Project），鼓励各个部门改进绩效信息质量，并将绩效信息实际运用到决策过程中，并互相分享经验。

（四）同步推进财务管理改革

新西兰将以投入控制、现金制会计和年度报告为核心工作的预算管理，转向一个以产出为基础的、战略计划和资源配置相结合的财务管理体系，并同步推进权责发生制会计改革。通过对财务管理体系的改革，为各部门建立一种有效的竞争激励机制，各部门需要提高资金使用的效率，降低供给成本，以证明自己是比其他供给者更合适的公共服务提供者。

三、英国绩效预算改革历程与进展

在英国绩效预算改革中，法律也起到了很强的推动作用。1997 年颁布的《支出综合审查法案》，提出全面审查概念，规定各政府部门必须对部门整体的预算支出开展全面审查。同时，提出著名的《公共服务协议》（Service Delivery Agreement），由各政府部门与财政部签订，同时提出每年政府部门应向议会提交《秋季绩效评价报告》（Autumn Performance Report），对本部门的绩效目标实现程度进行自评并作出报告。

1999 年英国政府颁布了《政府现代化白皮书》，强调政府追求三个目标：确保政策的高度协调性和战略性，强调结果导向和公众的广泛参与；以公共服务的使用者为中心，确保公共服务更符合人民需要；确保公共服务具有高效率和高质量等。同时，在地方政府层面引入最佳评价制度，倡导通过最佳评价体系提高地方服务质量。见表 4-4。

表4-4　英国绩效预算的法律演变

时间	法律	具体规定
1997 年	《财政稳定法案》（Code for Fiscal Stability）	宣示了以下三项政策目标：①确立财政管理原则与详述财政政策的目标；②设立年度报告；③采用最好的会计原则
1997 年	《支出综合审查法案》	要求各部门必须对本部门的预算和支出进行全面的审查

续表

时间	法律	具体规定
1997 年	《公共服务协定》(Public Service Agreement，PSAs)	在 PSAs 的规范下，各部门被要求在其可支配的预算支出项目之下，建立可以具体衡量的政策指标，用来评判政策目标是否达成
1997 年	《公共服务协议》(Service Delivery Agreement)	首先要明确部门的战略目标，然后根据战略目标确定绩效目标和指标。战略目标、绩效目标和具体的绩效指标在政府和各部门签订的公共服务协议中作了明确的规定。各部门的战略目标由财政部与各部门协商决定，其他内容主要由各部门负责制定，财政部对如何起草公共服务协议进行指导
1998 年	《综合开支审查白皮书》(Comprehensive Spending Review，CSR)	这是英国政府有史以来推出的第一个全面、系统针对政府各个部门所制定的目标体系的财政预算方案。而后，各部门根据 CSR 确定的政府整体战略目标制定绩效计划，开展各项工作
1999 年	《政府现代化白皮书》(Modernizing Government)	强调政府追求三个目标：确保政策的高度协调性和战略性，强调结果导向和公众的广泛参与；以公共服务的使用者为中心，确保公共服务更符合人民需要；确保公共服务具有高效率和高质量等。同时，在地方政府层面引入最佳评价制度，倡导通过最佳评价体系提高地方服务质量

英国下议院的审查小组（The House of Commons' Scrutiny Unit）通过帮助各委员会分析支出模式和绩效、督促政府改进现有绩效信息质量、促进议会追究行政部门的责任，在审查政府的支出和绩效方面给予特别委员会（Select committees）支持。审查小组有以下做法。

①为财务审查委员会（Better Financial Scrutiny）编写了一份指南，鼓励在项目的整个生命周期内审查支出和结果，并给出了良好的实践做法。

②向委员会提供财务和绩效材料，包括简报、问题、报告和影响评估分析。

③在委员会与部长就政府部门年度报告和账目举行听证会时，利用公布的指标，分析并向委员会简要介绍支出和绩效趋势。

④跟进委员会关于政府部门编制年度中期报告的建议。

⑤与政府合作，为议会用户制定改进和简化政府会计的建议。

四、澳大利亚绩效预算改革历程与进展

澳大利亚的绩效预算改革始于20世纪80年代，较有代表性的改革措施是1998年颁布的《预算诚信章程法》(以下简称《诚信章程》)。2007 ~ 2010年陆克文政府执政期间，继续遵从并坚持贯彻1998年颁布的《诚信章程》，并更加强调预算透明度。在这一时期，预算改革主要包含五方面内容：一是更加强调产出概念；二是要求政府提供项目层面的详细信息；三是要求相关预算报告或者评估更加清晰；四是要求特殊拨款项目的内容更加清晰；五是提高“代际报告”的透明度，此类报告是指包括当前预算、中期预算和长期预算在内的跨度不同政府执政期间的预算报告，时间跨度可能长达40 ~ 50年。陆克文政府之后，吉拉德和阿博特两任政府都遵从1998年《诚信章程》，实施更加严格的财政规则，推动中期经济和预算框架的不断完善。2013年，通过《公共治理、绩效和责任法案(2013)》(简称PGPA)PGPA代替了1999年公布的《财政管理及问责法》，进一步强调组织绩效管理，同时强调绩效预算产出的绩效信息与财政预算系统对接。通过不断完善法律制度体系，为推进绩效预算改革提供强大的法律基础。在澳大利亚推进绩效预算的法律规定中，绩效目标也是一个较为关键的内容。通过在预算编制中制定明确的支出绩效目标，将预算资金分配、政府部门的战略目标与支出绩效目标关联起来。见表4–5。

表4-5　澳大利亚绩效预算的法律演变

时间	法律	具体规定
1992年	《基于绩效的支付协议法案》	将公共财政支付协议的出发点确定为项目可能达到的绩效，关注公共财政支出的成果
1997年	《联邦机构和联邦企业法》 重新修订《审计长法》	对澳大利亚联邦机构和联邦政府企业的财务报告和财务责任进行了明确而细致的规定；重新修订的《审计长法》明确规定了审计署的绩效审计职责和内容

续表

时间	法律	具体规定
1998 年	《预算诚信章程法》	确定了合理财政的原则，规定了政府财政和经济展望报告的形式和内容，正式将权责发生制作为政府会计制度的基本准则
1999 年	《财政管理及问责法》《公共服务法》	《财政管理及问责法》从财务管理方面对部门和政府公务人员的绩效职责进行了规定 《公共服务法》在公共部门引入公司管理方法和竞争机制，重视公共服务的产出和结果，关心行政效率，倡导实行更加灵活的政府内部运行机制。此外，澳大利亚还逐步建立起了财政信息公开制度、绩效责任制和规范的政府财务会计核算体系，为全面开展绩效管理工作奠定了良好的法律基础。其预算绩效管理作为行政管理改革的核心内容之一，以结果为导向，通过制定公共支出的绩效目标，把预算资金的分配、政府部门的战略目标和绩效紧密联系起来
2013 年	《公共治理、绩效和责任法案（2013）》（简称 PGPA）	PGPA 代替了此前的澳大利亚《财政管理及问责法》，主要内容涉及组织绩效管理，以及绩效管理系统与财政预算系统关联

资料来源：本研究归纳。

澳大利亚持续 30 年的财政预算改革，其精华体现在两个方面。

（一）绩效预算管理制度框架

澳大利亚是一个高度分权的联邦制国家。政府主要分三级，分别负责各自层面的事务。在澳大利亚，虽然健康、教育、公用设施与社区服务等事业的资金主要来自联邦政府的转移支付，但服务的提供者主要是州（专区）和当地的政府。所以，绩效管理（包括绩效测量和项目评估）主要是各支出部门的事务。

澳大利亚政府要求每个政府机构都要确定全面的、详尽的产出和结果目标，明确衡量政府活动数量、质量以及政府活动有效性的方法，并在预算和决算报告中报告相关事宜。财政部通过发布绩效管理政策指引，来引导各机构准备并提交高质量的绩效报告，推动预算绩效管理工作。

财政部还就政府支出的总体优先顺序向政府提出建议。议会里负责审查预算、监督预算执行的机构主要是公共账户与审计联合委员会和参议院财政与公共管理委员会，他们负责审查、通过相关规定，对各部门年度报告中所应包含的绩效信息提出要求。所有的联邦机构和企业都必须遵守联邦机构和联邦企业法所确立的业绩报告要求。审计长有权对机构和项目发起财务和绩效审计，并向国会报告。

澳大利亚绩效预算管理要素为：目标、成本、产出和结果。考核重点放在两个领域：一是公共服务部门的成本和产出，部门成本即部门的“运营成本”，部门产出主要指政府部门依据工作目标所生产的公共产品和服务。二是政府项目的成本和结果，项目成本通常指为实现某项目标而支付的资金，结果是指与政府机构的政策目标以及工作重点相对应的产出的结果。

（二）充分利用绩效信息的金字塔结构

澳大利亚财政部总结了不同层次的层次结构，在这个层次上，绩效信息将有助于政府决定如何分配公共资源。四个层次分别包括对议会和公众负责的信息；对部长、内阁和理事会作出战略决策的信息；基于策略或能力决策的信息以及管理 / 运营决策的信息。如图 4–1 所示。

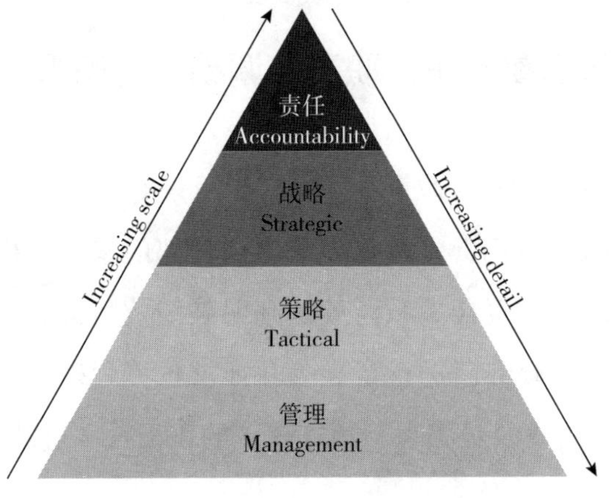

图 4-1　绩效信息的金字塔结构

第二节　国外预算绩效管理的特点与经验

从国外实践来看，各国绩效目标管理具有完备的法律制度基础，高效的组织管理框架，以及完整的绩效目标设定、跟踪、评价和运用体系，这使得资金使用透明度得以提高，支出效率大幅提升。

一、更准确衡量政策绩效结果，强调预算公共价值最大化

绩效结果是否准确决定了绩效管理是否有效，各国都在不断更新评估框架，以更准确的衡量绩效结果。如英国2019年在预算中全面采用公共价值框架，通过让用户回答“追求目标”“管理投入”“用户及公民参与”“开发系统能力”四个维度的35个问题，评估将公共资金转化成政策成果的流程，发现能够改进政策效果的领域，使纳税人资金所交付的价值最大化。美国2019年“基于证据的政策制定法案”也同样强调为政策建立结果证据。

二、明确改革各参与主体职责，调动部门积极性

新西兰通过《公共财政法》，规定部门只对产出负责，而部长则要对产出所实现的结果负责，财政部采用和各部门签订产出合同的方式来确定与各部门之间的责任关系。英国则明确绩效目标、评价指标的制定以部门为主，由财政部门进行指导，并征求预算管理部门和技术专家的意见，提高部门主管及员工参与预算改革的积极性和遵从性。

三、通过培训为部门绩效管理赋能，提高绩效管理质量

绩效管理的有效推进倚靠强有力的行政管理能力和评估能力。OECD 国家普遍对部委高层官员及财政立法审计等部门和机构的绩效预算参与者开展培训，并对实现绩效提高或提升机构能力建设的州或单位给予财务奖金。如英国地方政府如果实现了 60% 的目标，就可以从中央能力建设中获得补助金。

四、增强预算信息透明度，减少预算部门与财政部门之间的博弈

政府透明有助于减少部门与财政部门之间的博弈，保证绩效数据的质量。例如，美国《复苏与再投资法案》明确规定，透明度要在提高资金使用绩效方面发挥核心作用，网站 USAspending.gov 上公布有关联邦奖励（如合同和拨款）的所有数据信息，确保公众可以实时获取、总结与分析政府预算数据。

五、同步或逐步推进配套改革，为预算绩效管理改革创造基础

传统绩效预算失败的重要原因之一是政府会计改革滞后。新绩效预算改革中，多数国家都重视同步推进与绩效管理相关的配套改革。例如，加拿大通过落实支出审查制度，有力地削减了财政支出，在 2014 ~ 2015 年期间实现至少 40 亿加元的持续结余。韩国同步推进中期支出管理框架和自上而下预算决策机制，为各部门设定年度支出上限，同时把较低层次的预算决策权下放给各部门。

六、完善绩效评价指标设计，促进绩效信息应用于预算决策

盲目追求庞大的绩效评价指标体系，容易使绩效报告信息超载，决策者难以较快把握报告重点。近年来多数国家都致力于精简绩效指标。例如，法国 2015 ~ 2017 年绩效指标减少了 24%；英国“首相实施工作组”，每年协同财政部从 160 个绩效指标中挑选最重要的 24 个指标，采用信号灯方式报告关键绩效信息。

第二篇

广州市预算绩效管理改革的背景与实践发展

全面实施预算绩效管理是推进国家治理体系和治理能力现代化的内在要求，是深化财税体制改革、建立现代财政制度的重要内容，是优化财政资源配置、提升公共服务质量的关键举措。预算绩效管理是牵一发而动全身的改革，对于提高财政资金使用效率、提升公共服务质量、改善政府治理水平，都具有重要而基础性的作用。特别是伴随着各项改革不断深化，财政收入增速放缓，财政支出压力不断增加，将绩效理念融入预算管理全过程，全面提升财政资金的绩效水平显得尤为重要。在这样的宏观背景下，从中央到地方政府都在大力推进预算绩效管理改革，并不断延伸预算绩效管理改革内涵，全力构建“全方位、全过程、全覆盖”预算绩效管理体系。作为预算绩效管理改革的典型代表，广州市2004年以来，在预算绩效管理框架与部门整体性预算绩效管理的理论和实践方面，进行了探索和突破，取得了显著的成效。特别是在预算公开与部门整体绩效管理两个方面探索出了一条可复制、可推广的改革路径，逐步形成了走在全国前列的“全方位、全过程、全覆盖、全公开”预算绩效管理体系，在全国产生了一定影响。本书以“麻雀解剖”的方式，选择广州市作为全面预算绩效管理案例分析的研究对象，具有较强的可操作性、可复制性和可借鉴性。可操作性是指广州市预算绩效管理改革真实、丰富、有内涵，能够反映地方政府在预算绩效管理方面的生动实践；可复制性是指广州市预算绩效管理改革实践有基础、有创新，能够总结出可推广的一般经验；可借鉴性是指广州市预算绩效管理改革探索，在反映广州市十几年实践积累的基础上，对下一步优化预算绩效管理改革路径、推动预算绩效管理全面实施有借鉴和启示作用。

本篇从广州市预算绩效管理的起步阶段开始分析，勾勒描绘出广州市预算绩效管理改革的背景与实践发展概况。

发展历程

第一节　起步阶段（2004 ~ 2007 年）

一、成立绩效评价处

2004 年，广州市积极响应中共十六届三中全会关于“建立预算绩效评价体系”的要求，将统计评价处改设为绩效评价处，负责绩效评价工作的组织实施，向各部门各区（县级市）推广绩效管理做法，积极探索提高财政资金使用效益的新方式和新途径，构建了广州市预算绩效管理的雏形，为预算绩效管理逐步向纵深发展奠定基础。

二、初步搭建财政支出项目绩效评价体系和框架

按照“先简后繁，先易后难，由点及面”原则，逐步试点财政支出项目绩效自评、重点评价、部门整体评价等工作。从制度供给入手，2006 年市财政局相继印发了《广州市政府部门财政支出绩效评价办法（试行）》《广州市财政支出项目绩效评价试行办法》等文件，初步规定绩

效评价的实施主体、内容、方法等，用于规范广州市的绩效评价工作开展，初步搭建起财政支出项目绩效评价体系和框架。这一阶段的主要特点是建立了预算绩效评价制度和方法，初步提出绩效评价的形式，并对绩效评价工作进行规范。

三、起步阶段的成效及其局限性

广州市在实施绩效评价探索的起步阶段，取得了一定成效，积累了一些经验，标志着以绩效评价为主要内容的预算绩效管理工作得以确立，并对树立绩效理念、增强部门责任意识、提高财政资金使用效益起到积极作用，为进一步深化绩效评价改革奠定了基础。但起步阶段的绩效评价整体上仍然存在比较大的局限性。比如在起步阶段实行的绩效评价基本上都属于事后评价，即财政资金支出完毕并形成结果以后，还不知道设立此项资金的目的，这项资金要干什么、达到什么目标。事后评价使绩效评价失去标的，影响财政资金的使用绩效。

第二节　发展阶段（2008 ~ 2013 年）

一、初步构建预算绩效管理工作体系

为进一步完善绩效评价工作，广州市财政局在 2009 年制定、2011 年修订了《财政支出绩效评价管理暂行办法》，规范了财政支出绩效评价工作行为，为加强和规范财政资金的使用提供了有力保障。

二、积极探索部门绩效评价

广州市在部门绩效评价方面进行了积极探索。自 2009 年开始，每年都会对上年度市人民代表大会专题审议的部门预算或项目预算进行绩效评价。通过绩效评价，促进了各部门形成自我约束、内部规范的项目管理机制，有利于减少政府的自我利益偏向行为，提高项目管理水平和用财水平。

三、初步形成全过程预算绩效管理机制

这一时期，广州市不仅进一步规范了绩效评价工作，更重要的突破是将预算绩效管理工作从事后评价逐步向目标申报、过程监督等工作环节延伸，初步形成全过程预算绩效管理机制。

（一）试点绩效目标事前申报

2008 年选取部分项目开展绩效目标事前申报试点工作，要求试点部门在编列项目支出预算时，必须报送预算资金要达到的绩效目标、检验绩效实现情况的个性指标、上一年度项目资金使用自评等级以及财政部门出具的评价意见等，这有助于提高预算决策的科学性、保障预算的质量和效果。

（二）绩效目标全面纳入预算编制环节

2008 年以后，绩效目标事前申报试点项目数量逐年扩大，至 2012 年全面将绩效目标纳入预算编制环节，实现预算项目不分金额大小均申报绩效目标，逐步推进项目绩效目标随部门预算一并批复、公开，并且逐步提高项目绩效目标申报的完整性、准确性，有效实现了绩效管理窗

口前移。

（三）加强绩效监督

2008 年广州市在全国首创向市人大常委会做年度财政支出绩效专题报告，接受人大的监督，并逐步将其列为年度固定议题。2009 年广州市在全国率先公开部门预算，接受社会公众的监督，财政透明度不断增强。外部影响不断加强了对政府部门使用财政资金的约束和监督，有力推进了广州市预算绩效管理工作向纵深发展。

（四）引入第三方机构实施绩效评价

2012 年探索针对人大审议的重点项目，通过公开招标方式，引入独立第三方机构实施绩效评价。第三方机构根据项目实施范围和特点，制定评价方案，独立、客观地评价专项资金的使用效率和效益，有助于提升绩效评价的专业性、客观性和公正性。

第三节　提升阶段（2014 ~ 2017 年）

一、构建预算绩效管理框架

从 2014 年起，预算绩效管理制度建设和工作机制逐步完善。2014 年市财政局经市政府同意制定印发《广州市预算绩效管理办法》，并逐步形成以该办法为主体，以绩效目标、运行监控、绩效评价、结果应用及内部规程五个配套办法为补充的“1+5”预算绩效管理制度体系，将绩效管理融入预算编制执行的各个环节，加强了财政资金预算的科学化、精细化管理，使财政资金的使用效益不断提高。

二、强化预算绩效信息公开

将绩效信息公开作为加强预算绩效管理的切入点。2014年起逐步公开第三方绩效评价报告、绩效目标、项目自评复核结果等信息，公开力度不断加大。市人大常委会在审议财政支出绩效情况之前，会举行新闻“通气”会回应媒体关切的热点，并将审议过程向新闻媒体公开。通过公开预算绩效管理信息，主动接受社会监督，新闻媒体、社会公众对预算绩效管理的关注度和参与度不断提高，逐步形成公开透明的社会监督氛围，有利于进一步深化预算绩效管理改革。

三、启动部门整体预算绩效管理试点工作

2016年，广州市启动部门整体预算绩效管理试点工作，印发《广州市本级试行部门全过程预算绩效管理工作总体方案》，探索全过程绩效管理路径，将预算绩效管理由项目拓展至部门整体。由广州市财政局研究制定的《广州市本级2017年度部门全过程预算绩效目标管理实施方案》，对试点部门的部门整体绩效目标实施具体的编审管理，明确部门整体绩效目标的指标框架；制定《广州市本级2017年度部门全过程预算绩效跟踪监控管理实施方案》，细化项目绩效运行跟踪内容，尝试第三方监控、部门整体监控等新举措，强化部门预算执行中的绩效管理；制定《广州市本级2017年度部门整体支出绩效评价方案》，明晰整体绩效评价的方法、流程、规范及其评价指标体系等，指导具体开展部门整体绩效评价工作。

部门整体绩效管理试点范围不断扩大。2016年对两个试点部门（市

残疾人联合会、市知识产权局）实施绩效目标管理；编制 2018 年部门预算时，将市教育局、市发展改革委等 12 个部门纳入部门全过程绩效管理范围；2019 年度部门预算全面实施部门整体绩效管理，所有市直部门均编制部门整体绩效目标，深入推进全过程预算绩效管理。

四、建立全过程预算绩效管理机制

在这一阶段，广州市预算绩效管理取得了明显进展，基本上形成了“预算编制有目标，预算执行有监控，预算完成有评价，评价结果有反馈，反馈结果有应用”的全过程预算绩效管理体系。绩效信息的公开度和透明度增强，绩效评价范围进一步扩大，制度建设渐成体系，各项基础工作得到加强，成果逐渐显现。

第四节　全面实施阶段（2018 年起）

一、加强全面实施预算绩效管理顶层设计

为贯彻党的十九大精神和《中共中央 国务院关于全面实施预算绩效管理的意见》，广州市积极深化预算绩效管理改革，着力提高财政资源配置效率和使用绩效，不断增强政府公信力和执行力。广州市财政局在总结分析广州市预算绩效管理做法、成效及问题的基础上，通过借鉴先进地区的经验，研究起草了《广州市关于全面实施预算绩效管理的实施意见》，以推进预算绩效管理规范化、整体化、公开化建设，构建“全方位、全过程、全覆盖、全公开”的预算绩效管理模式，为今后深化预算

绩效管理改革明确方向。市委、市政府于 2019 年 3 月联合印发了该实施意见。

2019 年 5 月，广州市财政局印发《关于贯彻落实市委市政府关于全面实施预算绩效管理的实施意见的通知》，细化各项工作安排和时间节点，明确部门职责分工和完成时限，并提出按以下步骤，推进全面实施预算绩效管理工作：2019 年市级基本实现上述目标并不断完善，2020 年区级基本实现上述目标并不断完善，2021 年镇级基本实现上述目标并不断完善。市财政局从 2020 年起将市直各部门的实施情况纳入日常监管范围；在 2022 年初对各区、镇进行考核验收，确保在 2022 年完成市委市政府部署的任务。

2018 年市财政局出台《关于进一步加强各区预算绩效管理工作的通知》，2019 年 3 月市财政局召开全市推进区、镇全面实施预算绩效管理经验交流现场会，针对各区、镇预算绩效管理工作开展不均衡、不协调、不同步，大部分区的工作力度和工作水平均有待提高，镇（街道）一级的预算绩效管理刚刚起步的问题，督促各区、镇工作全面提速、统一步调，建立市、区、镇三级联动机制，推动全市预算绩效管理深度覆盖、不留死角，不断增强政府的公信力和执行力，为广州市经济社会发展提供有力保障。

二、继续推进预算绩效管理工作深化改革

总体而言，广州市预算绩效管理工作已取得显著成效，但仍存在预算绩效管理各环节有待加强、机制有待完善、配套改革需要推进、基础工作需要强化等问题。预算绩效管理改革只有起点，没有终点。因此，随着深入贯彻党的十九大精神，广州市将继续推进预算绩效管理工作深化改革，促进绩效管理水平的提升，切实提高财政资金的使用效益。

预算绩效管理工作发展概况

第一节　基础建设

一、制度建设

经过十多年的实践，预算绩效管理制度建设和工作机制逐步规范，并形成了以《广州市预算绩效管理办法》为主体，涵盖目标管理、运行监控、绩效评价、结果应用四个环节及内部管理的“1+5”预算绩效管理制度体系，为推进全过程预算绩效管理提供制度保障。

（一）一个主体：《广州市预算绩效管理办法》

为了全面推进预算绩效管理改革，2014 年市财政局经市政府同意，制定印发的《广州市预算绩效管理办法》，规定了预算绩效管理的工作环节和保障措施，明确了各部门绩效管理职责。按规范性文件管理规定，该办法于 2019 年 10 月有效期届满。因此市财政局提早谋划、及时启动办法修订工作，精准找差距、对标先进做法、加强调查研究，将中央、省、市关于全面实施预算绩效管理的政策精神，及广州市近年来的实践做法，融入办法修订过程，增加了构建“全方位、全过程、全覆盖、全公开”的预算绩效管理模式、开展部门整体预算绩效管理、建立事前绩效评估机制等内容，于 2019 年 7 月 1 日修订印发了新的《广州市预算绩效管理办法》。修订后的办法更加适应全面实施预算绩效管理的要求，为广州市全面实施预算绩效管理提供制度保障。见图 2-1。

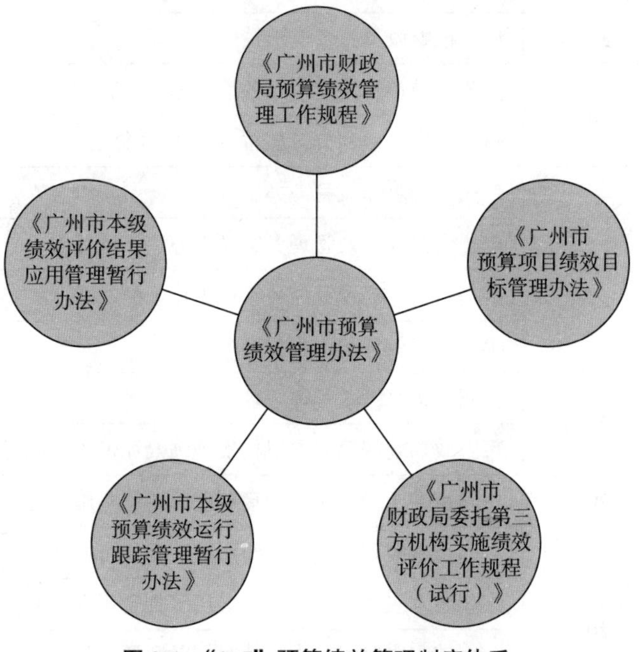

图 2-1　“1+5”预算绩效管理制度体系

（二）五个配置规程

《广州市财政局预算绩效管理工作规程》，进一步明确了市财政局内部处室之间的职责分工，理顺了预算绩效管理工作流程。《广州市预算项目绩效目标管理办法》《广州市财政局委托第三方机构实施绩效评价工作规程（试行）》《广州市本级预算绩效运行跟踪管理暂行办法》和《广州市本级绩效评价结果应用管理暂行办法》，以进一步规范广州市预算绩效管理各环节基础工作，强化预算绩效管理制度体系建设。见表 2-1。

表2-1　广州市预算绩效管理制度建设进程

发展阶段	制定年度	文件名称
起步阶段	2006	《广州市政府部门财政支出绩效评价办法（试行）》
发展阶段	2008	《广州市财政支出项目绩效评价试行办法》
		《广州市部门财政支出绩效评价试行办法》
	2009	《财政支出绩效评价管理暂行办法》
	2010	《广州市财政局财政支出绩效管理规程》
	2011	《广州市城市社区卫生服务绩效考评办法》
		《财政支出绩效评价管理暂行办法》（修订版）
提升阶段	2014	《广州市预算绩效管理办法》
		《广州市财政绩效管理专家管理办法（试行）》
		《广州市财政局预算绩效管理工作规程》
		《第三方绩效评价工作指引》
	2015	《广州市预算绩效目标管理办法》
		《市财政局委托第三方机构实施绩效评价工作规程（试行）》
	2016	《广州市关于深化预算管理制度改革的实施意见》
	2017	《广州市本级预算绩效运行跟踪管理暂行办法》
		《广州市本级绩效评价结果应用管理暂行办法》
		《广州市市本级财政支出项目绩效自评工作规范》
		《广州市市本级财政支出项目绩效自评第三方复核工作指引》
全面阶段	2018	《广州市关于全面实施预算绩效管理的意见》
	2019	《广州市预算绩效管理办法》（修订版）

二、指标库

从预算绩效改革之初，广州市财政绩效指标分类从当初模仿上级财政部门的做法，随着实践的深入，不断引入更多的过程要素，将评价指标细分为投入、过程、产出、效率、效益，2009年初步形成绩效指标体系，印发了《广州市财政支出绩效评价资料汇编》《绩效评价指标汇编》，至市直各部门及区、县级市财政局。

2010年之后，打破原有机械按“3E”原则，即经济性（Economy）、效率性（Efficiency）和效益性（Effectiveness）分类指标的方式，改按在原有业务处室分类绩效指标的基础上，再细划分财务性指标、业务性指标和效益性指标，逐渐摸索出适合市本级部门使用、易于理解和操作的指标分类方法。

在10年的绩效管理实践摸索过程中，广州市逐步建立了一套部门与类别相结合、定性与定量相结合、共性与个性相结合的绩效指标体系。2015年，对该体系中的2200余个个性指标按照业务性和效益性进行了细化分类。2017年，市财政局修订了《广州市财政支出绩效评价指标汇编》，并对绩效指标实行动态管理，不断吸纳在预算绩效管理实践中出现的新指标。至2018年底，指标库中已有2800余个个性指标，涵盖通用、购置、信息化等20个类别。

2019年，广州市财政局根据，《中共中央 国务院关于全面实施预算绩效管理的意见》中“各级财政部门要建立健全定量和定性相结合的共性绩效指标框架，各行业主管部门要加快构建分行业、分领域、分层次的核心绩效指标和标准体系”的要求，对近年来财政收支管理的特点进行归纳总结，建立定量和定性相结合的共性绩效指标框架，全方位设立政府预算、部门预算和项目（政策）预算等三个层级的共性绩效指标体系。其中一般公共预算等四本政府预算设置一般公共预算收入增长率等40个指标，反映政府预算收支及债务情况；部门预算设置预算完成率等21个指标，反映预算部门的整体运行成本及履职效能情况；项目预算设置运行保障类项目指标190个，反映该类项目产出和效益。通过搭建三级共性绩效指标框架，使绩效指标体系层次分明、更加系统化。同时，广州市财政局还牵头组织市直各预算部门、各专业机构进行深入调研分析整理，建立分行业、分领域、分层次的核心绩效指标和标准体系，按“一个部门一套指标体系”，建立部门绩效指标和标准体系，一方面设置部门整体指标 2260 个；另一方面在整合项目的基础上，设置部门经济和社会发展类项目指标 8826 个。各部门的绩效指标体系清晰明了，能够突出反映本部门特点。在此基础上编印了《广州市预算绩效指标体系汇编（2019）》。本书所收集的绩效指标提炼于各业务部门、单位的基础业务工作，综合了各部门业务的行业标准、历史数据等方面因素，且大都经历过预算公开、运行监控、绩效评价以及评价结果公开等环节的考验，绩效指标更加符合部门实际情况、便于实践运用。

市财政局同时将财政部、省财政厅、市财政局指标库中现有绩效指标，通过信息化管理系统，推送给市直各部门和各区财政局使用，便于全市各预算单位在申报项目入库时，从中获取相关指标作为参考，以提高绩效目标编制质量。

三、机构库

2012 年，根据经市政府同意印发的《广州市财政部分专项资金实施第三方绩效评价试点工作方案》，广州市财政局通过公开招标方式选定 5 家机构尝试开展第三方评价试点。2014 年将招标规模和招标方式进行了修改，第三方机构规模扩大到 20 家，公开招标由市、区分别招标改为市局统一招标，由面向广州招标扩展为面向全国招标。2016 年、2018 年持续扩大招标规模，优化招标需求，不断更新优化机构库。

2018 年 9 月，市财政局完成最新一轮公开招标，经过严格筛选，28 家机构中标，成为广州市 2019 ~ 2021 年度市本级预算绩效管理定点服务单位，其中，会计师事务所 6 家；咨询类公司 13 家；大专院校、科研院所、事业单位4家；社会组织5家。这28家机构构成了最新的广州市绩效管理机构库成员，为市、区两级财政局提供第三方绩效管理服务。这些机构具有以下特点。

（1）诚信度高。投标要求近3年经营活动中没有违法记录的除了自然人以外的所有单位。

（2）投标机构的绩效管理经验丰富。投标要求注重投标机构人绩效管理经验值，特别看重是否承接过中央、省、副省级城市以上政府部门委托的绩效管理业务；或是否承担过县（区）级或以上政府部门委托的财政管理或公共管理方面的课题研究等；以及要求项目总负责人、项目经理、相关专家必须具备中级以上职称，并有较长的从业经验或相关的学术成果等。

为了规范第三方机构的行为，市财政局先后制订了《广州市财政局委托第三方机构实施绩效评价工作规程（试行）》《广州市市本级财政支出项目绩效自评第三方复核工作指引》以及《广州市财政局委托第三方机构开展预算绩效管理工作考核规范》等制度，以确保第三方机构的评审结果客观、公正、专业。

四、专家库

从2004年广州市财政局绩效评价处成立，到后期的逐步试点、自评价范围扩大、重点评价与全过程绩效管理制度的建立，广州市绩效管理工作一直非常注重专家的参与和专家库的建设。2014年，制定了《广州市财政绩效管理专家管理办法（试行）》，并于2018年重新修订印发了《广州市财政绩效管理专家管理办法》，规范专家聘用选用行为，不断扩大专家库规模和完善专家库管理，加强专家的评价考核机制，建立专家退出机制。

目前，广州市绩效管理专家库有300多名绩效管理专家，涵盖基建工程、电子政务、设备购置、宣传培训、环保、城市管理、经济产业、民政医疗、教育、农林水利、行政管理、公检法、社会服务等13个类别。专家库成员名单同时提供给全市各区财政局，实现资源共享。

五、信息系统

广州市财政局绩效信息管理系统以财政数据中心为核心，与政府预算管理一体化系统协同工作，以多个信息库（指标库、项目库、专家库、资料档案库、政策法规库、宏观经济资料库）为基础，横向覆盖三大类财政支出（部门预算支出、专项资金支出、财政综合支出），纵向覆盖预算绩效管理的全过程（事前绩效目标，事中绩效监督，事后绩效评价，绩效管理结果应用），利用网络通讯技术将有关的所有绩效信息、数据和对象有机联系起来。

广州市财政绩效信息管理系统从2013年11月4日正式上线以来，不断完善，使绩效管理部门、业务主管部门、预算单位和评审专家（第三方机构），在绩效管理过程中以无纸化方式，在统一的信息化工作平台上，进行项目绩效管理情况报送、材料上传、提出意见、反馈意见等工作。根据绩效业务的发展，目前主要使用的功能模块有以下四个。

（1）基础库管理。包括：项目库、中介库、专家库、指标库等基础库。其中，中介库、专家库、指标库实现市、区两级财政共享。

（2）绩效目标管理。通过预算一体化系统，完成项目绩效编审流程。在申报项目入库阶段，由单位填制项目绩效目标及指标，财政部门审核进入财政项目库。在年度预算编审阶段，从财政项目库把项目绩效目标及其指标导入，实施财政审核（含专家评审部分）及回退单位修改流程。预算金额确定后（预算封库），通过系统将绩效目标及其指标反馈单位，再次确认、整理、修改，并随预算一并报送人大审议。人大审议预算通过后，项目绩效目标及其指标随部门预算一并批复，并由预算部门导出和公开。

（3）运行跟踪监控管理。采集项目绩效运行信息，预测绩效预期完成情况。截至2018年底，已通过系统完成了3000多个500万元以上的项目开展绩效运行跟踪监控，涉及市本级财政资金约2500亿元。

（4）绩效评价。包括：导入、维护绩效评价项目，部门（单位）填报、确认和报送项目自评表，专家或第三方机构复核自评项目以及按流程开展项目重点评价。截至2018年底，已通过系统实现项目全面自评报送，完成了近600多个财政组织自评复核或重点评价项目的线上评审、填报、专家意见收集等工作。

第二节　管理机制

一、绩效目标

绩效目标是预算绩效管理的难点和核心。广州市在经过近十年的实践，逐渐将管理关口前移，强化目标导向。

（一）绩效目标申报

广州市从2008年试点，2009年全面推行，2010年将其正式纳入部门预算编制当中，要求预算单位填报目标申报表，再到2013年，要求预算部门在预算编制时对提出安排的项目，不分金额大小均设立预期绩效目标，实现了一个从纸质填报，到通过部门预算软件申报；从可报可不报，到符合条件必须申报再到全面申报；从简单填报，到尽可能量化、注重绩效内容的申报过程。

（二）绩效目标审核

从 2011 年起，广州市对预算部门报送的绩效目标进行审核，并作为项目预算审核的一个重要依据。在编制 2012 年度预算时，对纳入绩效目标管理的 621 个项目的财政项目支出资金（约 212.61 亿元）进行了目标审核，占 2012 年广州市本级一般预算支出 479.4 亿元的 44.35%（图 2–2）。

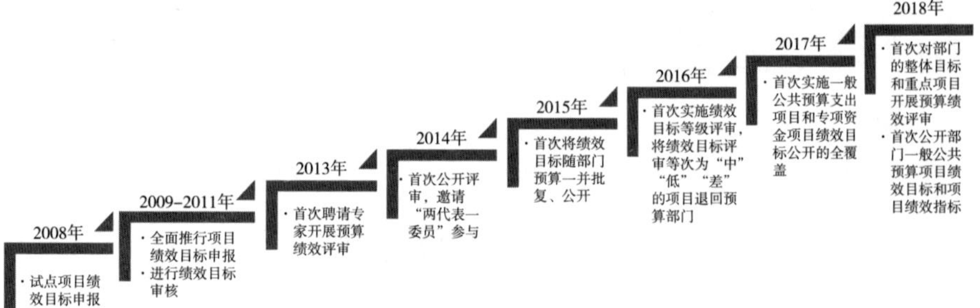

图 2-2 广州市本级财政绩效目标管理大事记

（三）预算绩效评审

从 2013 年起，为进一步推进项目支出预算分配审核管理改革，广州市开始选取了若干个社会关注的重点、难点、热点项目，开展预算绩效评审。2014 年，市财政局为加大绩效管理与预算编制相结合力度，聘请 25 位绩效管理专家组成评审小组，同时部分项目采用公开评审，邀请“两代表一委员”（党代表、人大代表、政协委员）参与，增强评审的透明度。2016 年，持续优化绩效预算评审，不仅对预算项目的预算明细及绩效目标进行专家评审，并首次实施绩效目标等级评审，将绩效目标评审等次为“中”“低”“差”的项目退回预算部门，修改完善后方可进入下一步预算编审流程。2018 年，进一步完善目标评审机制，采取财政审核、专家（机构）评审等方式，对 98 个预算项目以及人大专题审议 11 个部门的整体目标和重点项目开展预算绩效评审，保障绩效目标编审质量（表 2–2）。

表2-2　2014～2019年广州市本级部门预算绩效评审情况表

项目涉及预算年度	绩效预算评审情况			
	项目数（个）	涉及财政金额合计（亿元）	不同意立项数（个）	综合核减率（%）
2015	131	41.22	9	26.98
2016	356	31.07	15	6.31
2017	328	22.60	21	4.65
2018	240	25.41	6	8.18
2019	109	26.13	3	8.52

二、绩效监控

（一）通过绩效管理系统采集绩效运行信息

2013 年，广州市要求市直各部门在当年预算执行过程中，填报当年度财政支出项目绩效运行信息表。自 2014 年起，通过绩效管理系统采集绩效运行信息。

（二）监控重点由财政支出进度转向对绩效目标实现程度实施有效监控

2013 ～ 2014 年，广州市财政绩效监控主要通过及时了解项目进展情况，结合财政支出进度，对项目绩效运行情况进行汇总分析，重点监控财政支出进度较慢的项目，对当年绩效预算评审项目进行跟踪监控。2015 年，积极探索预算绩效监控的新方法和新途径，建立和完善财政支出动态监控体系，开始以绩效目标为对象，对其实现程度进行有效监控。

（三）拓展绩效监控的广度和深度

从 2016 年起，对当年预算金额在 500 万元以上的所有财政支出项目开展绩效运行监控。从 2017 年起，开始对全过程试点部门的重点项目开展第三方绩效监控，并尝试对试点部门实施部门整体监控。

（四）建章立制

2017 年，市财政局制定印发《广州市本级预算绩效运行跟踪管理暂行办法》，建立部门自行跟踪、财政部门监控、第三方重点监控相结合的多层次预算绩效监控机制。通过监控，一方面及时预警支出进度较慢或偏离绩效目标的项目，促进绩效目标如期实现；另一方面督促确实无法完成绩效目标的项目单位，及时申请调整预算，减少资金沉淀。

（五）构建“1+1+X”的部门整体监控体系

2018 年，广州市对照部门年初设定的部门整体支出绩效目标，建立以部门监控为基础、紧盯重点项目的监控机制，对部门整体支出、1 个人大重点审议项目支出以及若干个关联任务支出项目（1+1+X）的绩效实施情况开展绩效监控。关注项目支出进度、绩效目标完成情况等要素，并由财政部门按月通报各项目支出执行的序时进度和计划进度，督促部门加快项目进度，确保重点项目的顺利推进。见图 2-3。

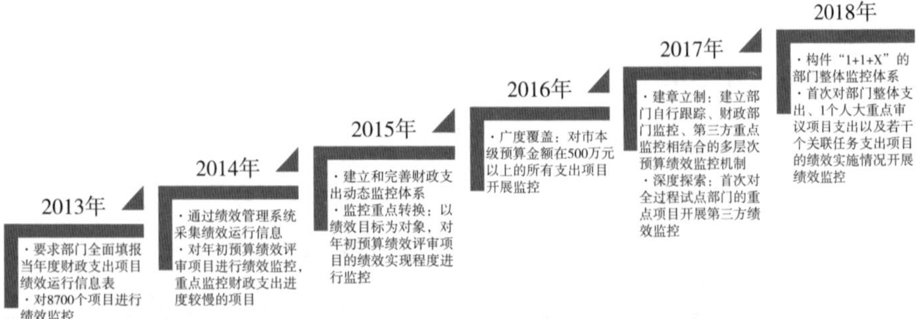

图 2-3　广州市本级财政绩效监控大事记

三、绩效评价

（一）从起步阶段就十分重视项目自评

从 2007 年起，广州市全面推行了市直单位财政支出项目自评，当年共有 52 个部门报送了 400 个预算安排 500 万元以上项目的自评报告，涉及财政资金 114 亿元。在自评过程中，组织了近千人的业务培训，聘请了 33 名各类专家及会计人员评审项目绩效，评审结果分优、良、中、低、差 5 个等级。评价分布置培训、项目筛选、单位评价、中介初审、专家复审、抽样勘验、征求意见、下达结论等八个阶段展开。在中介初审和专家复审环节，专门聘请综合类专家、行业类专家、部门专家及会计专业人员、高校及科研机构研究人员等，采取现场答疑、咨询、校验等多种方式，对单位报送的自评材料进行集中评审并出具审核意见。此后，自评工作不断完善，部门自评范围不断覆盖。在自评过程中，财政部门积极走访相关项目单位，了解项目特点和管理情况，加强对部门和用款单位评价业务的指导和互动，为绩效自评工作的顺利开展打下坚实基础。

（二）自2013年起，事后评价工作更专注于重点评价和第三方独立评价

从 2013 年起，广州市重点评价项目资金金额超过了自评复核项目金额。自 2016 年开始，自评复核由财政部门评审改为第三方机构评审，这样既有利于提高绩效评价的公信力和权威性，更有利于提升事后评价工作的整体质量和效果。

（三）形成“全面自评、部分复核、重点评价”的绩效自评新机制

2017 年，要求预算部门组织对 2016 年度所有支出项目开展绩效自

评，市财政局选取其中80个项目开展自评复核。同时，聚焦转移支付项目、民生项目、产业资金等重点领域，委托第三方机构对“公共租赁住房租赁补贴”等10个资金量大的重点项目开展绩效评价，实现了立体化、多层次的全面绩效评价管理新格局。

（四）项目自评质量逐渐提高

从2013年起，部门自评质量逐渐提高，“低”“差”项目基本没有，优良率基本达到85%左右。

（五）选取了市民较为关注、较具代表性的支出项目实施重点评价

广州市历年选取的重点评价项目都是市民较为关注、较具代表性的支出项目以及人大审议的重点项目。2009 ~ 2018年，有38.23%的项目是民生项目。见表2-3。

（六）不断拓展评价领域

2015年，广州市重点评价首次涉及政府债务、产业发展资金、政府购买服务资金等领域，实现了绩效管理向上述领域的延伸；同年，首次开展政策性评价，对项目政策的可持续发展提出建议。2017年，首次对一般转移支付项目实施绩效评价。

四、结果应用

（一）强化预算安排参考

2015年，首次将预算绩效评审项目的评审结果导入预算系统，作为安排项目预算的重要依据，无充分理由不予调整。2016年，为加强绩效

表2-3　　2009～2018年广州市本级财政绩效评价项目统计数

年度	财政自评复核资金情况				自评复核绩效结果比例分布情况（%）					重点评价资金情况			重点评价项目性质分布情况（%）				
	项目数（个）	部门数（个）	涉及财政金额合计（亿元）	复核方式	优	良	中	低	差	项目数（个）	涉及财政金额合计（亿元）	评价方式	专项支出项目	财政投资基本建设项目	民生类项目	经济类项目	其他
2009	201	42	47.7	财政组织评审	13.9	61.2	19.9	4.0	1.0	4	3.13	财政局组织专家评价	0.0	75.0	25.0	0.0	0.0
2010	194	62	61.4		14.4	61.9	22.2	1.5	0.1	4	0..6		0.0	25.0	50.0	25.0	0.0
2011	166	45	80.9		16.3	65.1	15.1	3.6	0.0	4	4.05		25.0	0.0	75.0	0.0	0.0
2012	169	48	123.08		13.6	68.6	13.6	3.6	0.0	4	2.87	第三方评审	25.0	25.0	50.0	25.0	0.0
2013	122	112	20.09		8.2	85.0	9.0	0.8	0.0	6	40.12		16.7	16.7	50.0	16.7	0.0
2014	48	34	11.77		8.3	79.2	8.3	40.2	0.0	8.	27.29		25.0	25.0	25.0	25.0	0.0
2015	57	32	20.03		8.8	87.7	3.5	0.0	0.0	10	50.09		20.0	20.0	30.0	30.0	0.0
2016	70	32	23.9	第三方评审	10.0	85.7	4.3	0.0	0.0	10	56		0.0	20.0	50.0	30.0	0.0
2017	80	40	10.7		12.5	82.5	5.0	0.0	0.0	10	29.86		30.0	20.0	30.0	20.0	0.0
2018	51	51	19		9.8	82.4	7.8	0.0	0.0	8	64.5		12.5	12.5	25.0	37.5	0.0
合计	1158	—	418.57	0	12.7	71.1	13.7	2.2	0.2	68	278.5	—	16.2	22.1	38.2	23.5	0.0

评价结果应用，在编制 2017 年预算时，对 2016 年 10 月前支出进度低于 80%、50% 的经常性项目（含专项资金），分别按当年预算额的 90%、60% 审核安排下年度预算。2017 年，建立参考机制，明确评价结果作为预算安排的重要参考依据，并规定了具体评价等次的参考方式。

（二）强化绩效评价整改落实

从 2013 年开始，把支出项目绩效意见下达部门，提出绩效改进问题及意见，要求部门报送整改落实情况。2015 年，为进一步加强整改落实，督促有关部门及时整改绩效评价所反映的问题，并将整改落实情况报市人大常委会进行审议。

（三）强化专题报告制度

从 2008 年开始，市财政局将上一年度市本级财政支出绩效情况报告上报市政府，经市政府审定后，专题报市人大进行审议。这是全国第一个向同级人大报告政府绩效情况的专题报告，并形成报送制度。

五、部门整体绩效管理

（一）2016年，推进试点部门的绩效目标管理

2016 年，市财政局印发《关于试行部门全过程预算绩效管理的通知》（穗财绩〔2016〕30 号），按照“试点、总结、完善、推广”的思路，制定了试点工作方案，选取市知识产权局、市残疾人联合会作为试点部门。以推进试点部门的绩效目标管理为起点，印发《关于 2017 年度全过程预算绩效目标管理实施方案的通知》（穗财绩〔2016〕73 号），探索编制部门整体绩效目标，将试点部门的 2017 年预算项目全部纳入专家评审范围。

（二）2017年，推进绩效目标批复公开和绩效运行跟踪试点工作

一是做好绩效目标批复公开，两个试点部门公开全部 118 个预算项目绩效目标和绩效指标，所有项目的绩效指标个数均在 3 个以上。二是探索绩效运行跟踪，市财政局研究制定试点部门绩效运行跟踪工作方案，细化项目绩效运行跟踪内容，尝试第三方监控、部门整体监控等新举措，强化部门预算执行中的绩效管理。三是扩大全过程绩效管理范围，在编制 2018 年部门预算时，将市教育局、市发展改革委等 12 个部门纳入全过程绩效管理范围，要求上述部门编制部门整体绩效目标和项目绩效目标，深入推进全过程预算绩效管理。

（三）2018年，构建部门整体全闭环绩效管理机制

持续推进部门整体绩效管理试点工作，实施部门整体绩效监控。按照“1+1+X”模式对上述 12 个部门开展 2018 年部门整体监控，强化监控结果的预警和预算调整功能。对监控中发现的部门管理漏洞和绩效目标偏差，及时进行预警和调整。同时，对 2017 年市残疾人联合会、市知识产权局开展部门整体支出绩效评价（见图 2–4）。

图 2-4　广州市部门整体绩效管理试点进展情况

第三章

预算绩效监督机制健全概况

第一节　财政公开

一、目标公开

从 2015 年起，广州市按照预算编制程序，对预算绩效评审项目的绩效目标随部门预算一并批复、公开。此举进一步提升了绩效目标的规范性和透明度，有效解决了长期困扰绩效工作的“目标不明、监控无力、评价无据”的问题。

2017 年，广州市加大绩效目标公开力度，公开项目数量取得突破性增长，首次实现了一般公共预算支出项目和专项资金项目绩效目标公开的全覆盖。同年，在原来公开基础上，结合部门整体绩效管理试点工作，对于 2 个参与试点的部门在公开一般公共预算项目绩效目标的基础上，一并公开项目绩效指标，推动绩效目标公开更加具体量化。

2018 年，保持一般公共预算支出项目绩效目标公开的全覆盖，共公开一般公共预算项目绩效目标 8089 项；进一步扩大绩效指标公开范围，市发展改革委、市教育局等 12 个部门还一并公开项目绩效指标 2147 项，占项目总数的 26.54%，且绩效指标设置水平较以往年度有明显提升。上述 12 个部门设置的绩效指标个数均在 4 个以上，且基本达到量化要求，为后续开展预算项目执行和评价提供标尺。

2019 年，建立起“政府—部门—项目”三级预算绩效目标公开机制：在政府预算层面公开 2019 年一般公共预算、政府性基金、国有资本经营预算、社保基金预算、财政专户等 5 本预算的绩效目标；在部门预算层面市直所有部门按“部门职责—工作任务—支出项目”的体系，全面编制、公开部门整体绩效目标；在项目预算层面公开项目绩效目标 8390 项，市城管局等 11 个人大专题审议部门，还同时公开了一般公共预算支出项目的绩效指标。见图 3–1。

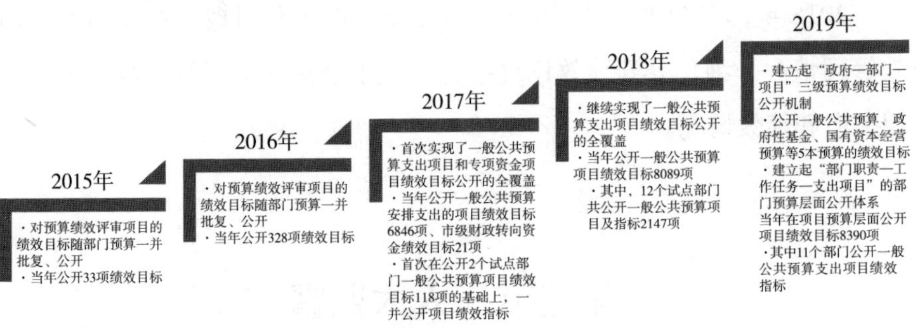

图 3-1　广州市本级财政绩效目标公开情况图

二、评价结果公开

（一）公开第三方评价报告

2014 年，首次在市财局网站公布了 2012 年、2013 年共 11 个项目的第三方评价报告完整稿。2015 年，在市财政局网站公布了当年 8 个重点绩效评价项目的第三方评价报告。2016 年，第三方评价报告由原来在财政网站公开的基础上，增加在市政府门户网站同步公开。

（二）公开自评复核项目的评价结果

自2016年起，广州市在财政网站公开所有自评复核项目的评价结果。

三、结合决算数据公开

2016年，为进一步充实公开内容、提升公开层级，广州市首次将各部门预算绩效管理情况纳入部门决算公开的范围。

2017年，在部门决算公开范本中细化预算绩效管理的内容，增强财政资金使用绩效的透明度。

2018年，在2017年度部门决算公开中首次专门披露本部门预算绩效管理情况，细化公开绩效评价报告，便于公众详细了解财政支出的使用去向和绩效情况。

第二节　人大监督

一、专题审查

在人代会期间，结合审查预算和计划草案，组织各区联组（代表团）代表，分别对1个部门预算草案和1个政府投资项目预算草案进行专题审查。

（一）部门预算草案审查

早在2001年，广州市部门预算草案就开始提交市人民代表大会审议，并且每年部门预算的提交数量不断增加，2001 年是 5 个，2002 年 10 个，从 2008 年起所有部门预算全部提交市人民代表大会。2008 年，市人大常委会制定了《广州市人民代表大会常务委员会加强预算审查监督工作若干规定》，首次提出要在市人民代表大会期间召开预算（草案）专题审议会。并从 2008 年开始，每年选取 2 个预算单位进行专题审议。同时，要求市政府重点报告当年专题审议的部门预算的专项资金绩效情况。

（二）建立人大专题审查制度

2014 年，广州市全面修订《广州市人民代表大会审查批准监督预算办法》，创建了人民代表大会期间专题审查部门预算及政府投资项目计划草案制度，保障了广州市人民代表大会更好地行使审查批准预算以及国民经济和社会发展计划的职权，充分发挥市人大代表审查监督预算、计划的作用。2014 年广州市十四届人大四次会议期间，首次实施了人大专题审查制度。

（三）人大专题审查制度日益完善

2015 年，进一步要求专题审查的部门预算支出细化到具体项目。为进一步扩大人大代表对预算审查的参与度。2016 年市人代会前，预算工委组织了近 300 名代表参加“十三五”规划纲要草案、28 个重点专项规划草案、预算草案、计划草案，以及 11 个部门预算和 11 个政府投资项目计划草案的预先审查。2017 年，完善部门决算审查机制，首次将上一年度市人代会专题审查 11 个部门的决算纳入常委会审查重点，实现从预算到决算全过程闭环监督。2018 年，进一步完善制度，制定《广州市第十五届人民代表大会第四次会议专题审查部门预算和政府投资项目工作指引》，在专题审查部门预算四步骤基础上增设一个前置环节：预算、计划编制通报会议，从而形成了预算、计划编制通报会议、前期调研、预审会议、初步审查、大会审查等五阶段的流程，继续增强人大对政府全口径预决算审查和监督工作的实效（图 3–2）。

广州市的专题审查制度经过多年完善，目前已得到有效应用。通过每年对 11 个政府部门预算草案的专题审查，加强人大对政府部门绩效预算的监督，规范了部门预算编制和执行，促进了财政预算管理水平的提高。

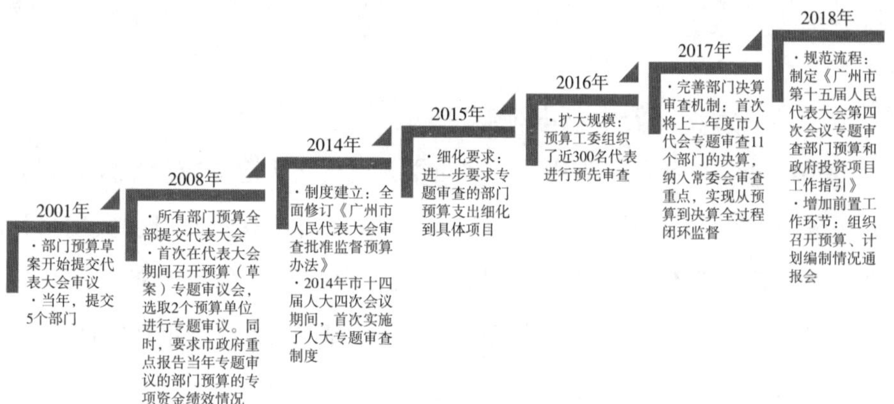

图 3-2　广州市人大专题审查制度发展历程大事记

二、预算三审

2014 年修订的《广州市人民代表大会审查批准监督预算办法》，不仅创建了专题审查制度，还提出建立预算三审制，即“市人大常委会预算工委牵头组织预先审查（包括前期调研和召开预审会议）——市人大预算工委初步审查——市人民代表大会审查批准”新模式，进一步扩大人大代表对预算审查的参与度。

图 3-3　广州市人大预算三审流程图

三、联网监督系统

（一）系统实行分期建设

为主动适应信息时代的新要求，早在2005年底，广州市就开发了"广州市实时在线财政预算监督系统"，初步实现财政部门与市人大的联网。2014年广州市人大常委会开始启动预算联网监督系统（一期）开发建设，将涉及市本级财政预算、部门预算、专项资金预算的预算审查、执行、调整以及决算有关信息，全部纳入数据监督范围，涉及报表和数据信息达100多项，报送周期分为月报、季报和年报。2016年底，又启动了预算联网监督系统（二期）开发建设，内容比一期更加全面、细化，增加了包括转移支付、政府投资项目、重点支出、库款、财政收支分析报告以及各区财政基本情况等内容，同时丰富了人大对财政实时监督功能。2018年启动预算联网监督系统（三期）开发建设，2018年底上线试运行，主要是及时总结区级系统试点工作经验，对区级系统进行调整优化和完善，在全市各区全面铺开区级系统建设。一期从2014年开始建设，已于2015年底完成，并于2016年1月开始试运行；第二期于2017年6月底上线试运行；第三期已研制出移动端测试版，于2018年底上线试运行。

（二）建立制度

市人大预算工委会同机关信息化办公室制定了《广州市人大预算监督系统管理暂行规定》，为系统运行和维护提供了制度保障。

（三）领导高度重视

广州市委对开展人大预算联网监督工作高度重视，市委全面深化改革领导小组将建设和推广应用人大预算联网监督系统列入2017年改革要点，作为一项重要工作进行督办。

（四）系统功能不断扩大

目前，市人大预算联网监督系统设置了监督指南、审查监督、监督预警、代表意见、法规政策、文档资料、省级系统、区级系统等8个基本功能模块。主要具备以下几个方面的特点。

（1）查询政府全口径预算涉及的各类数据报表。

（2）对数据进行预设分析和自定义分析，运用多种图表展示分析成果，使复杂数据可视化，方便代表阅读分析。

（3）实现财政数据与各部门预算数据关联，可以通过数据穿透，追溯部门预算相关数据。

（4）配置搜索功能，实现全文检索和报表快速定位。

（5）可实现市、区数据纵向联通和分析。

（五）应用充分

联网监督系统二期在专题审查和“三审”过程中得到充分应用，人大将总预算、11个部门预算、国民经济和社会发展计划、11个政府投资项目在审查各阶段的草案以及代表意见及其研究处理情况等录入系统，并组织代表使用系统审查草案、查看意见和采纳情况，实现线上线下审查监督相结合。

第三节　审计监督

一、成立绩效审计处

广州市审计局于2013年成立绩效审计处，组织开展绩效审计工作，指导区、县级市审计机关和内审部门开展绩效审计工作，总结推广绩效审计先进的工作方式和工作经验，促进提高财政资金使用效益和政府绩效管理水平。

二、绩效审计与其他审计紧密结合

广州市审计局在市委、市政府和上级审计机关的领导下，积极开展绩效审计工作，创新审计思路，将绩效审计与固定资产投资审计、预算执行审计、经济责任审计、专项资金审计等紧密结合起来，从多个角度反映同一项目的不同方面，实现“一审多果”，提高审计工作效率。

（一）领导重视

绩效审计项目从审计实施方案到审计报告都经局长办公会议研究审定，绩效审计查出的重要问题以《审计信息专送》报市政府。

（二）注重计划

将绩效审计项目纳入年度审计计划，逐步扩大绩效审计范围，按照重要性、时效性、可行性、增值性的原则，主要选取重点民生资金和民生工程、重大政府投资项目、资源环境等方面的绩效审计。

（三）市区合力实施

从 2013 年开始，各区审计局、局机关各业务处，每年原则上完成至少一个绩效审计（调查）项目。

（四）突出专业

市审计局以绩效审计处为主，各业务处室配合，并引入第三方绩效评价的方式，促进绩效审计更加专业、精准、客观、科学。

2013 ~ 2018 年，广州市审计局共发出 18 份绩效审计（调查）报告，向市政府报《审计信息专送》8 篇，其中 3 篇获得市长批示，较好完成各项审计任务。

第三篇

以绩效指标为抓手：广州市预算绩效指标体系实践与创新

预算绩效指标是绩效管理落到实处的关键抓手，绩效指标的质量决定了绩效信息的质量，绩效信息的质量又决定着预算绩效管理是否真实有效。广州市自推行预算绩效管理改革之初，就开始结合实际总结与积累预算绩效指标体系，经过十几年改革积累，广州市逐步构建起符合实际工作需要，简洁有效的绩效指标体系，并根据改革实际需要不断调整预算绩效指标体系。在全国各地方率先实现政府预算、部门预算、项目（政策）预算指标体系建设的全方位管理格局，率先在各行业主管部门构建起分行业、分领域、分层次的核心绩效指标和标准体系。广州市建设预算绩效指标体系的过程及其成果具有很好的借鉴意义。

本篇从广州市预算绩效指标体系设计思路开始分析，详细剖析了广州市预算绩效指标体系框架及分层级、分领域的预算绩效指标，既为当前改革提供绩效指标设计思路，又为具体领域使用何种指标提供借鉴。

政府预算绩效指标体系设计

第一节　政府预算绩效目标框架

政府预算包括四本预算，但是由于社会保险基金预算专款专用，独立运营，且其用途与其他三本预算差异大，因此，从发挥政府预算的整体功能来看，这里的政府预算绩效目标将社会保险基金预算单列绩效目标和指标，并将一般公共预算、政府性基金预算和国有资本经营预算三本预算，按整体功能来设置政府预算的绩效目标和相应的绩效指标。

一、设计思路

广州市以本级政府年度国民经济和社会发展计划为绩效目标设置的出发点，根据政府年度重大发展战略和重点领域改革事项以及重大民生事项开展向下分解，建立“年度计划—重点领域—重大项目”的三级目标体系，每个层级均设置绩效目标和指标（图 1–1）。

（一）“年度计划”绩效目标

此目标是根据中央、省委、市委的决策部署、五年规划纲要的目标要求和经济社会发展的实际情况，以及年度国民经济和社会发展计划确定，突出政府年度计划的工作目标。

（二）“重点领域”绩效目标

此目标是为落实政府年度计划绩效目标，对年度计划绩效目标进行分解，确定年度重点领域工作任务及相关的绩效目标。重点领域一般包括年度重大发展战略和重点领域改革事项以及重大民生事项等。

（三）“重大项目”绩效目标

此目标是对每项重点领域进一步进行分解，确定重大项目及项目的绩效目标，反映财政支出的具体内容。

广州市财政局通过强化三级政府财政支出绩效目标体系管理，从源头上实现年度国民经济和社会发展计划、重大支出政策与年度预算的有机结合，提高预算资金的配置效率与运行效率，为下一步做好绩效监控和绩效评价提供依据。

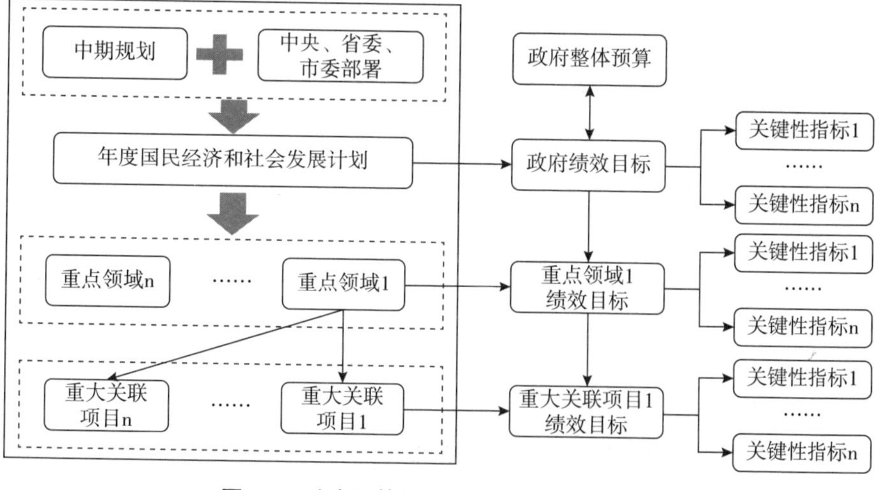

图 1-1　政府预算整体绩效目标框架示意图

二、具体做法

在绩效目标的具体做法上，广州市财政局根据年度国民经济和社会发展计划，全面围绕中央、省和市部署的重大改革、重要政策和重点项目的支出需求，清理甄别各领域支出需求，组织开展政府预算绩效目标编制工作，各部门确定重大领域绩效目标和重点项目绩效目标，编制相关预算。

第二节　政府预算绩效指标体系

一、指标要求

广州市财政局要求相关部门在绩效目标下设置科学、合理、清晰、量化的绩效指标，用以评价政府整体预算绩效完成情况。要求三级绩效指标具备以下特征。

（1）明确性，即避免那些可能带来不确定性的模糊指标。

（2）可衡量性，即有明显、可靠的量化数据作支撑，定量指标要占总指标的50%以上，定性指标也要予以准确地表述。

（3）可实现性，即绩效指标的预期实现值设定符合客观实际，既不宜过高也不宜太低，要与预算金额相匹配。

（4）时效性，即绩效指标有明确的截止时间。

二、政府预算绩效共性指标体系

广州市财政局根据《中共中央 国务院关于全面实施预算绩效管理的

意见》精神，设计政府预算绩效共性指标体系。政府预算绩效指标体系分为 4 个一级指标，即一般公共预算管理、政府性基金预算管理、国有资本经营预算管理和政府债务管理绩效指标体系。

（一）一般公共预算管理绩效指标体系

由于一般公共预算是政府四本预算中最主要的一本预算，因此一般公共预算绩效管理指标体系共设 21 个二级指标体系，分别从收入、支出两方面规范绩效。见表 1–1。

为了保证政府预算收入质量与经济社会发展水平相适应，严禁脱离实际制定增长目标，收取过头税费，特设计了一般公共预算收入增长率、税收收入占比和税收收入弹性系数 3 个二级指标。

为了保证预算支出统筹兼顾、突出重点、量力而行，提高民生水平，同时不得设定过高民生标准和擅自扩大保障范围，特设置一般公共预算支出增长率及 12 个重要支出结构（包括：一般公共服务支出占比、公共安全支出占比、教育支出占比、科学技术支出占比、社会保障和就业支出占比、卫生健康支出占比、节能环保支出占比、城乡社区事务支出占比、农林水事务支出占比、交通运输支出占比、资源勘探事务支出占比、住房保障支出占比的指标）13 个二级指标。同时，为了体现节约支出原则，特设置“三公”经费支出增长率和公用经费控制率 2 个二级指标。

为了保证预算编制的准确性和约束力，特设置一般公共预算调整率、一般公共预算执行率 2 个二级指标。

为了逐渐提高一般转移支付比例，减少专项转移支付比例，特设置一般性转移支付占比这个二级指标。

表1-1　一般公共预算管理绩效指标体系一览表

序号	一级指标	二级指标	指标计算方法	指标值
1	一般公共预算管理	一般公共预算收入增长率	一般公共预算收入增长率 =（当年一般公共预算收入 / 上年一般公共预算收入 -1）×100%	年度计划数
2		税收收入占比	税收收入占比 = 当年税收收入 / 当年一般公共预算收入 ×100%	年度计划数
3		税收收入弹性系数	税收收入弹性系数 = 税收收入增长率 /GDP 增长率	年度计划数
4		一般公共预算支出增长率	一般公共预算支出增长率 =（当年一般公共预算支出 / 上年一般公共预算支出 -1）×100%	年度计划数
5		一般公共服务支出占比	一般公共服务支出占比 = 当年一般公共服务支出 / 当年一般公共预算支出 ×100%	年度计划数
6		公共安全支出占比	公共安全支出占比 = 当年公共安全支出 / 当年一般公共预算支出 ×100%	年度计划数
7		教育支出占比	教育支出占比 = 当年教育支出 / 当年一般公共预算支出 ×100%	年度计划数
8		科学技术支出占比	科学技术支出占比 = 当年科学技术支出 / 当年一般公共预算支出 ×100%	年度计划数
9		社会保障和就业支出占比	社会保障和就业支出占比 = 当年社会保障和就业支出 / 当年一般公共预算支出 ×100%	年度计划数
10		卫生健康支出占比	卫生健康支出占比 = 当年卫生健康支出占比 / 当年一般公共预算支出 ×100%	年度计划数
11		节能环保支出占比	节能环保支出占比 = 当年节能环保支出 / 当年一般公共预算支出 ×100%	年度计划数
12		城乡社区事务支出占比	城乡社区事务支出占比 = 当年城乡社区事务支出 / 当年一般公共预算支出 ×100%	年度计划数
13		农林水事务支出占比	农林水事务支出占比 = 当年农林水事务支出 / 当年一般公共预算支出 ×100%	年度计划数
14		交通运输支出占比	交通运输支出占比 = 当年交通运输支出 / 当年一般公共预算支出 ×100%	年度计划数
15		资源勘探事务支出占比	资源勘探事务支出占比 = 当年资源勘探事务支出 / 当年一般公共预算支出 ×100%	年度计划数
16		住房保障支出占比	住房保障支出占比 = 当年住房保障支出 / 当年一般公共预算支出 ×100%	年度计划数

续表

序号	一级指标	二级指标	指标计算方法	指标值
17	一般公共预算管理	“三公”经费支出增长率	“三公”经费支出增长率 =（当年“三公”经费支出金额 / 上年“三公”经费支出金额 -1）× 100%	≤ 0
18		公用经费控制率	公用经费控制率 = 当年实际支出的公用经费总额 / 当年预算安排的公用经费总额	100%
19		一般公共预算执行率	一般公共预算执行率 = 当年一般公共预算支出实际金额 / 当年一般公共预算支出预算金额 × 100%	年度计划数
20		一般公共预算调整率	一般公共预算支出调整率 =（当年一般公共预算支出预算金额 / 年初一般公共预算支出预算金额 -1）× 100%	年度计划数
21		一般性转移支付占比	一般性转移支付占比 = 当年一般性转移支付支出金额 / 当年一般公共预算转移支付区级支出总额 × 100%	年度计划数

（二）政府性基金预算管理绩效指标体系

政府性基金预算是对依照法律、行政法规的规定，在一定期限内向特定对象征收、收取或者以其他方式筹集的资金，专项用于特定公共事业发展的收支预算。广义的政府性基金项目近年来也呈现出数目不断减少的趋势。尤其近两年来，财政部加大了政府性基金预算与一般公共预算的统筹协调力度，将用于提供基本公共服务以及主要用于人员和机构运转等方面的 16 项政府性基金预算收支转列至一般公共预算。截至成稿前，广义的政府性基金项目仅剩余 11 项，主要包含彩票公益金收入、新增建设用地土地有偿使用费收入、国有土地使用权出让金收入、国有土地收益基金收入、农业土地开发资金收入等。因此，从重要性原则，特设置国有土地使用权出让金收入占比、彩票公益金收入占比和政府性基金收入调入一般公共预算比例 3 个二级指标。

同时为了保证预算编制的准确性和约束力，特设置政府性基金预算调整率、政府性基金预算执行率 2 个二级指标。见表 1–2。

表1-2　　政府性基金预算管理绩效指标体系一览表

序号	一级指标	二级指标	指标计算方法	指标值
1	政府性基金预算管理	国有土地使用权出让金收入占比	国有土地使用权出让金收入占比 = 当年国有土地使用权出让金收入额 / 当年政府性基金预算收入总额 ×100%	年度计划数
2		彩票公益金收入占比	彩票公益金收入占比 = 当年彩票公益金收入额 / 当年政府性基金预算收入总额 ×100%	年度计划数
3		政府性基金收入调入一般公共预算比例	政府性基金收入调入一般公共预算比例 = 当年政府性基金收入调入一般公共预算金额 / 当年政府性基金收入金额 ×100%	年度计划数
4		政府性基金预算调整率	政府性基金预算调整率 =（当年政府性基金支出预算金额 / 年初政府性基金支出预算金额 –1）×100%	年度计划数
5		政府性基金预算执行率	政府性基金预算执行率 = 当年政府性基金支出实际金额 / 当年政府性基金支出预算金额 ×100%	年度计划数

（三）国有资本经营预算管理绩效指标体系

国有资本经营预算是我国政府用于保证公有制的同时，又保证市场资源合理配置的社会主义市场经济管理办法。虽然国有企业改革正在加速推进，但是国有企业仍然面临着较重的负担，其经营仍然受到不完善的体制机制所左右，国有资本运营质量和利润有限，导致我国国有资本收益上缴规模较小，国有资本经营预算规模在各级政府的四本预算中最弱小。因此，从收入绩效角度，设置了国有资本经营预算调入一般公共预算比例、市属国有企业获得的股利、股息上缴比例和市属国有企业按照集团税后利润上缴比例 3 个二级绩效指标。

另一方面，从支出角度看，国有资本经营预算支出主要包括：资本性支出，即据产业发展规划、国家战略等需要所安排的支出项目；费用性支出，主要用于支付国企改革的成本费用项目；其他支出，这部分支出视近期的改革发展任务而定，具有一定的灵活性。因此，从重要性原则出发，特设置资本性支出占比 1 个二级绩效指标。见表 1–3。

同时为了保证预算编制的准确性和约束力，特设置国有资本经营预算调整率、国有资本经营预算执行率 2 个二级指标。

表1-3　　国有资本经营预算管理绩效指标体系一览表

序号	一级指标	二级指标	指标计算方法	指标值
1	国有资本经营预算管理	国有资本经营预算调入一般公共预算比例	国有资本经营预算调入一般公共预算比例 = 当年国有资本经营预算收入调入一般公共预算金额 / 当年国有资本经营预算收入金额 ×100%	年度计划数
2		市属国有企业获得的股利、股息上缴比例	市属国有企业获得的股利、股息上缴比例 = 当年国有资本经营预算收入中的股利、股息收入 / 当年市属国有企业获得的股利、股息收入总额 ×100%	年度计划数
3		市属国有企业按照集团税后利润上缴比例	市属国有企业按照集团税后利润上缴比例 = 当年国有资本经营预算收入中的利润收入 / 当年市属国有企业按照集团税后利润总额 ×100%	年度计划数
4		资本性支出占比	资本性支出占比 = 当年资本性国有资本经营预算支出 / 当年国有资本经营预算支出总额 ×100%	年度计划数
5		国有资本经营预算调整率	国有资本经营预算调整率 =（当年国有资本经营支出预算金额 - 年初国有资本经营支出预算金额）/ 年初国有资本经营支出预算金额 ×100%	年度计划数
6		国有资本经营预算执行率	国有资本经营预算执行率 = 当年国有资本经营预算实际支出金额 / 当年国有资本经营预算支出预算金额 ×100%	年度计划数

（四）政府债务管理绩效指标体系

为了贯彻落实国家实施积极财政政策的部署，充分发挥地方政府债务的效用，在有效降低国企负债水平、筹集更多资金用于重点项目建设、支持地方经济社会持续健康发展的同时，统筹、盘活各类偿债资金，确保债务本息按时归还，维护广州市政府信用。从债务限额、债务安排及债务风险管理三方面设置 8 个二级绩效指标。

从债务限额角度，特设置市本级政府债务新增限额、市本级政府债务上年限额余额 2 个二级绩效指标。

从债务安排角度，特设置新增债券用于重点建设项目占比、置换债券占比 2 个二级绩效指标。

从债务风险管理角度，特设置债务率、负债率、偿债率、逾期债务率 4 个二级绩效指标。见表 1–4。

表1-4　　政府债务管理绩效指标体系一览表

序号	一级指标	二级指标	指标计算方法	指标值
1	政府债务管理	市本级政府债务新增限额	当年省财政厅转贷市本级政府债务新增限额	年度计划数
2		市本级政府债务上年限额余额	省财政厅转贷市本级债务上年限额余额	年度计划数
3		新增债券用于重点建设项目占比	新增债券用于重点建设项目占比 = 当年用于市本级重点建设项目的新增债券资金 / 当年市本级新增债券资金总额 ×100%	年度计划数
4		置换债券占比	置换债券占比 = 当年省财政厅转贷市本级置换债券 / 当年市本级新增债券资金总额 ×100%	年度计划数
5		债务率	债务率 = 市本级债务余额 /（政府一般公共预算总收入 + 政府性基金预算总收入 + 国有资本经营预算 + 转移支付补助收入 – 专项转移支付收入）×100%	年度计划数
6		负债率	负债率 = 债务余额 / 当年 GDP×100%	年度计划数
7		偿债率	偿债率 = 市本级债务年度还本付息额 /（政府一般公共预算总收入 + 政府性基金预算总收入 + 国有资本经营预算 + 转移支付补助收入 – 专项转移支付收入）×100%	年度计划数
8		逾期债务率	逾期债务率 = 逾期未还的市本级债务余额 / 市本级债务余额 ×100%	年度计划数

三、重大领域预算绩效目标的共性指标

重大领域预算绩效目标按年度计划的重大领域分别确认绩效目标和绩效指标。各领域的绩效指标主要从预算管理和产出效益两方面设置。其中预算管理共性指标主要包括支出金额、预算调整率、预算执行率3个三级指标；效益指标是个性指标，根据每年年度计划确定。见表1-5。

表1-5　重大领域预算绩效指标体系一览表

序号	一级指标	二级指标	三级指标	指标计算方法	指标值
1	重大领域	预算管理	支出金额	支出金额 = 该领域在一般公共预算的支出金额 + 该领域在政府性基金预算的支出金额 + 该领域在国有资本经营预算的支出金额	年度计划数
2			预算调整率	预算调整率 =（当年该领域支出预算金额 / 年初该领域预算金额 –1）× 100%	年度计划数
3			预算执行率	预算执行率 = 当年该领域支出实际金额 / 当年该领域支出预算金额 × 100%	年度计划数
4		效益	产出	个性指标	年度计划数
5			效益	个性指标	年度计划数

第三节　社会保险基金预算绩效指标体系

一、目标框架设计

根据《中共中央 国务院关于全面实施预算绩效管理的意见》精神，

社会保险基金预算绩效目标按社保基金各险种分别设计。

目前广州市社会保险基金包括：失业保险基金、城镇职工基本医疗保险基金、工伤保险基金、生育保险基金、居民社会养老保险基金（含城乡居民社会养老保险基金和农转居人员养老保险基金，下同）、城乡居民基本医疗保险基金和机关事业单位基本养老保险基金七大类（见图1–2）。各类社会保险基金预算绩效都应该从各类社会保险基金的基金管理、精算平衡、政策效果三方面设置绩效目标。

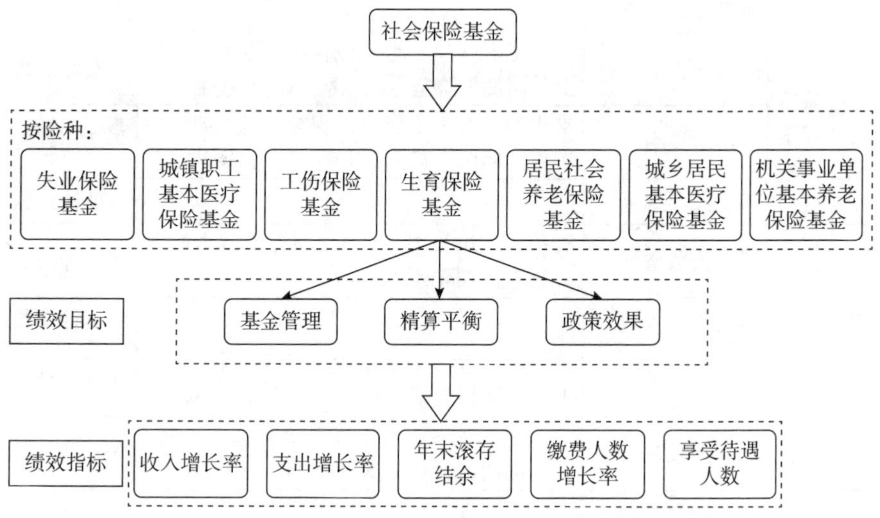

图1-2　社会保险基金预算绩效目标框架示意图

二、指标体系

社会保险基金预算绩效指标按社保基金各险种分为7个一级指标，每个一级指标下分别设置收入增长率、支出增长率、年末滚存结余、缴费人数增长率、享受待遇人数5个二级指标。见表1–6。

表1-6 社会保险基金预算绩效指标体系一览表

序号	一级指标	二级指标	指标计算方法	指标值
1	失业保险基金	收入增长率	收入增长率 =（当年该保险基金收入额 / 上年同期保险基金收入额 −1）× 100%	年度计划数
2		支出增长率	支出增长率 =（当年该保险基金支出额 / 上年同期保险基金支出额 −1）× 100%	年度计划数
3		年末滚存结余		年度计划数
4		缴费人数增长率	缴费人数增长率 =（当年该保险基金缴费人数 / 上年同期缴费人数 −1）× 100%	年度计划数
5		享受待遇人数		年度计划数
6	城镇职工基本医疗保险基金	收入增长率	收入增长率 =（当年该保险基金收入额 / 上年同期保险基金收入额 −1）× 100%	年度计划数
7		支出增长率	支出增长率 =（当年该保险基金支出额 / 上年同期保险基金支出额 −1）× 102%	年度计划数
8		年末滚存结余		年度计划数
9		缴费人数增长率	缴费人数增长率 =（当年该保险基金缴费人数 / 上年同期缴费人数 −1）× 100%	年度计划数
10		享受待遇人数		年度计划数
11	工伤保险基金	收入增长率	收入增长率 =（当年该保险基金收入额 / 上年同期保险基金收入额 −1）× 102%	年度计划数
12		支出增长率	支出增长率 =（当年该保险基金支出额 / 上年同期保险基金支出额 −1）× 103%	年度计划数
13		年末滚存结余		年度计划数
14		缴费人数增长率	缴费人数增长率 =（当年该保险基金缴费人数 / 上年同期缴费人数 −1）× 102%	年度计划数
15		享受待遇人数		年度计划数
16	生育保险基金	收入增长率	收入增长率 =（当年该保险基金收入额 / 上年同期保险基金收入额 −1）× 103%	年度计划数
17		支出增长率	支出增长率 =（当年该保险基金支出额 / 上年同期保险基金支出额 −1）× 104%	年度计划数
18		年末滚存结余		年度计划数
19		缴费人数增长率	缴费人数增长率 =（当年该保险基金缴费人数 / 上年同期缴费人数 −1）× 103%	年度计划数
20		享受待遇人数		年度计划数

续表

序号	一级指标	二级指标	指标计算方法	指标值
21	居民社会养老保险基金	收入增长率	收入增长率 =（当年该保险基金收入额 / 上年同期保险基金收入额 –1）× 104%	年度计划数
22		支出增长率	支出增长率 =（当年该保险基金支出额 / 上年同期保险基金支出额 –1）× 105%	年度计划数
23		年末滚存结余		年度计划数
24		缴费人数增长率	缴费人数增长率 =（当年该保险基金缴费人数 / 上年同期缴费人数 –1）× 104%	年度计划数
25		享受待遇人数		年度计划数
26	城乡居民基本医疗保险基金	收入增长率	收入增长率 =（当年该保险基金收入额 / 上年同期保险基金收入额 –1）× 105%	年度计划数
27		支出增长率	支出增长率 =（当年该保险基金支出额 / 上年同期保险基金支出额 –1）× 106%	年度计划数
28		年末滚存结余		年度计划数
29		缴费人数增长率	缴费人数增长率 =（当年该保险基金缴费人数 / 上年同期缴费人数 –1）× 105%	年度计划数
30		享受待遇人数		年度计划数
31	机关事业单位基本养老保险基金	收入增长率	收入增长率 =（当年该保险基金收入额 / 上年同期保险基金收入额 –1）× 106%	年度计划数
32		支出增长率	支出增长率 =（当年该保险基金支出额 / 上年同期保险基金支出额 –1）× 107%	年度计划数
33		年末滚存结余		年度计划数
34		缴费人数增长率	缴费人数增长率 =（当年该保险基金缴费人数 / 上年同期缴费人数 –1）× 106%	年度计划数
35		享受待遇人数		年度计划数

第二章

部门整体支出预算绩效指标体系设计

第一节　部门整体支出预算绩效指标体系框架

一、部门整体支出预算绩效指标设计思路

如前所述，广州市财政局以预算部门履行职能为绩效目标设置的出发点，建立了“部门职责—工作任务—支出项目”的三级部门绩效目标体系，每个层级均设置绩效目标和指标。为了更好地反映部门整体绩效，广州市财政局主要从预算管理和部门履职绩效两方面设计具体的绩效指标。其中，预算管理的绩效指标重点关注部门的整体运行成本、管理效率等维度指标，而部门履职绩效重点关注部门的履职效能、社会效应、可持续发展能力和服务对象满意度等维度指标。见图 2-1。

二、部门整体支出绩效指标体系框架

部门整体支出绩效指标体系包括预算管理和部门履职绩效两部分，其中部门预算管理的绩效指标适用于所有部门，它从资金管理情况和资

产管理情况两方面设置共性绩效指标；部门履职绩效从部门产出情况和部门效益情况两方面设置绩效指标，它是针对不同部门的特点设置，主要是个性化指标。

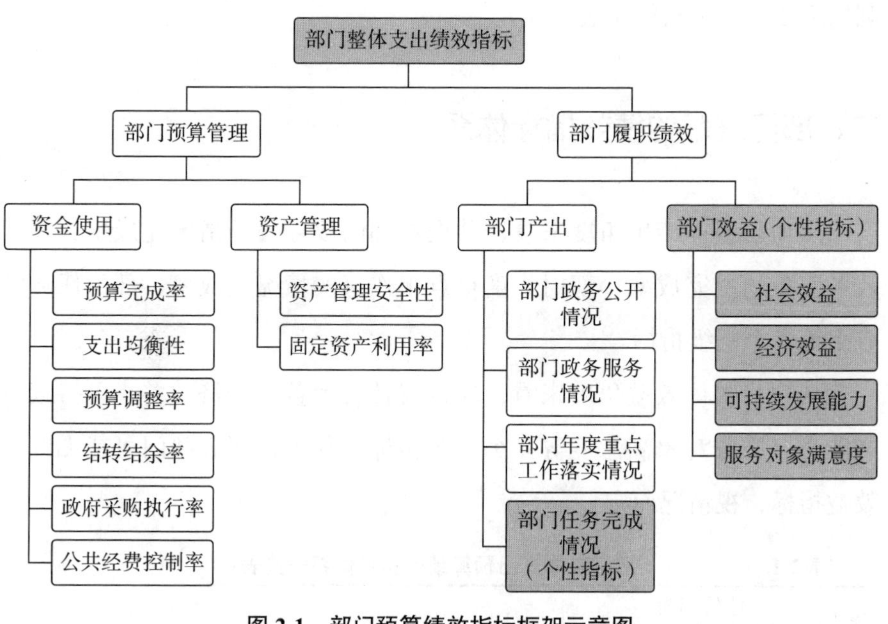

图 2-1　部门预算绩效指标框架示意图

第二节　部门整体支出预算绩效指标体系

一、预算管理的绩效指标体系

从部门资金管理效率角度来看，共设置预算完成率、预算调整率、部门预算资金支出均衡性、结转结余率、政府采购执行率等 5 个三级指标。

从部门资金运行成本控制角度来看，特设置公用经费控制率 1 个三级指标。

从部门资产管理效率角度来看，共设置资产管理安全率、固定资产利用率 2 个三级指标（表 2–1）。

二、部门履职的绩效指标体系

从项目整体产出角度来看，共设置部门政务公开情况完成率、部门政务服务情况完成率、部门年度重点工作落实情况完成率、部门任务完成率等 4 个三级指标。

从项目整体效益角度来看，应设置社会效益、经济效益、可持续发展能力、服务对象满意度等 4 个三级指标，其中，部分部门可能无经济效益指标，视情况而定。

表2-1　部门整体支出预算绩效指标体系一览表

序号	评价指标			指标计算方法	指标值
	一级指标	二级指标	三级指标		
1	预算管理	资金管理	预算完成率	预算完成率 = 当年实际支出金额 / 当年预算支出金额 ×100%	年度计划数
2			预算调整率	预算调整率 =（1– ∣预算调整金额 / 年初预算∣）×100%，其中预算调整金额和年初预算均不包含人员经费	年度计划数
3			部门预算资金支出均衡性	部门预算资金支出均衡性 = 部门（单位）部门预算实际支付进度 / 部门既定支付进度 ×100%（取绝对值）	100%
4			结转结余率	结转结余率 = 年末财政拨款结转和结余决算数 /（年初财政拨款结转和结余收入决算数 + 一般公共预算财政拨款决算数 + 政府性基金预算财政拨款决算数）×100%	小于 10%

续表

序号	评价指标			指标计算方法	指标值
	一级指标	二级指标	三级指标		
5	预算管理	资金管理	政府采购执行率	政府采购执行率 =（实际采购金额合计数 / 采购计划金额合计数）×100%，其中政府采购预算是采购机关根据事业发展计划和行政任务编制的，并经过规定程序批准的年度政府采购计划	小于 100%
6			公用经费控制率	公用经费控制率 = 当年实际支出的公用经费总额 / 当年预算安排的公用经费总额 ×100%	小于 100%
7		资产管理	资产管理安全率	资产管理安全率 = 确认当年部门所管理安全的资产总额 / 当年部门所管理的全部资产金额 ×100%。其中，部门（单位）的资产管理安全是指资产保存完整、使用合规、配置合理、处置规范、收入及时足额上缴	100%
8			固定资产利用率	固定资产利用率 =（实际在用固定资产总额 / 所有固定资产总额）×100%	年度计划数
9	部门履职绩效	产出	部门政务公开情况完成率	反映部门是否按规定对特定的工作内容或事项予以公开	100%
10			部门政务服务情况完成率	反映部门是否根据法律法规、审批期限对社会团体、企事业单位和个人办理相关政务方面的服务工作	100%
11			部门年度重点工作落实情况完成率	部门完成市委常委会年度工作要点、市政府年度重点工作责任分工、以及其他重要事项或工作的情况，反映部门对年度重点工作的办理落实程度	100%
12			部门任务完成率	个性指标	年度计划数
13		效益	社会效益	个性指标	年度计划数
14			经济效益	个性指标	年度计划数
15			可持续发展能力	个性指标	年度计划数
16			服务对象满意度	个性指标	年度计划数

项目预算绩效指标体系设计

第一节　项目预算绩效指标体系思路

一、项目预算绩效指标是部门预算绩效指标的基础

如前所述，广州市财政局以预算部门履行职能为绩效目标设置的出发点，建立了“部门职责—工作任务—支出项目”的三级目标体系，每个层级均设置绩效目标和指标。其中，部门整体支出目标的关键性指标来源于部门工作职责、或各个任务的关键性指标、甚至重点项目的关键性指标，工作任务的关键性指标主要来源于与之关联的大项目绩效指标的关键性指标。因此，项目预算绩效指标是部门整体支出预算绩效指标的基础。

二、项目绩效指标管理框架

为了更好地实现部门整体支出目标管理和制订更有效的绩效指标，广州市财政局在保持现有项目库基本架构不变，在现有项目分类的基础上，实行项目分级管理，进一步完善部门项目库管理。主要表现在聚焦一级项目绩效目标编制工作，重点加强经济和社会发展类项目绩效预算管理。这样，既切实减少了预算单位项目入库绩效目标指标填报工作量，同时又有利于强化主管部门项目管理责任，切实减少项目预算调剂财政审核工作量。

为此，广州市财政局根据各部门工作内容及目标，将项目分为运行保障、经济和社会发展两大类，其中运行保障类项目下设5个一级项目（由市财政局指定名称，分别是：运转经费、购置经费、房屋维护维修经费、信息化建设改造及运行维护经费）及若干个二级项目（部分项目指定名称）。经济和社会发展类下设的一、二级项目由各部门根据实际工作需要自行设立。

广州市财政局聚焦一级项目的绩效指标管理，实施“5+X”管理机制，即：5个保障运行类一级项目均应设置一定数量的绩效指标，其所辖二级项目由预算部门自行设定绩效目标及指标，可暂不向财政部门申报；X个经济和社会发展类的一级项目同样均应设置一定数量的绩效指标，其所辖二级项目也需向财政部门申报。由于各部门经济和社会发展类项目特点、性质各有不同，因此本章侧重对运行保障类项目的共性部分提供绩效指标以供参考。

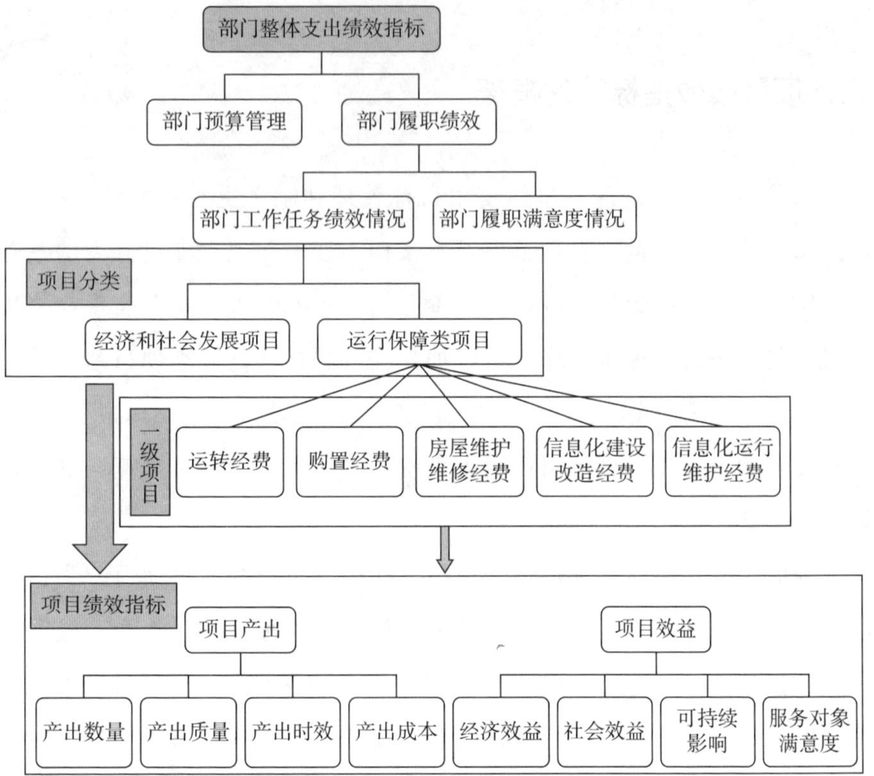

图 3-1 项目预算绩效指标框架示意图

第二节 运行保障类项目预算绩效指标体系

一、运转经费预算绩效指标体系

（一）根据二级项目的特点确定产出绩效共性指标

各部门运转经费虽然具体的内容不同，但大体包括九部分内容，针对这九部分内容设计产出绩效共性指标。

（1）业务工作经费。

从产出数量角度，主要设置：交办任务完成率、会议次数、会议参与人次数、培训班次、培训人数、调研报告完成数量、调研结果采纳次数、委托第三方服务工作完成率等共性指标。

从产出质量角度，主要设置：窗口服务工作出错率、专业人员资质达标率、培训考核通过率、培训率、人均培训学时、评审工作质量达标率、办公设备正常运行率等共性指标。

从产出时效角度，主要设置：窗口服务工作按时完成率、培训（学习）工作按时完成率、活动举办按时完成率、第三方费用支付及时率、租赁及时到位率、委托第三方业务及时率等共性指标。

从产出成本角度，主要设置：差旅费用标准、人均培训费用标准、设备故障维修费控制、招待费标准控制、租金标准达标率等共性指标。

（2）因公出国（境）经费。

从产出数量角度，主要设置：出访人数、出国组团数量等共性指标。

从产出成本角度，主要设置：出访费用超支率 1 个共性指标。

（3）派驻纪检组相关经费。

从产出质量角度，主要设置：纪检工作质量达标率 1 个共性指标。

（4）办公、业务用房租赁经费。

从产出数量角度，主要设置：租赁场地面积 1 个共性指标。

从产出时效角度，主要设置：租赁及时到位率 1 个共性指标。

从产出成本角度，主要设置：租金标准达标率 1 个共性指标。

（5）业务用房物业管理费。

从产出数量角度，主要设置：物业管理面积、物业管理面积达标率、绿化保洁工作完成率、电费支付月份达标率等共性指标。

从产出质量角度，主要设置：物业管理工作验收合格率、绿化保洁工作质量达标率等共性指标。

从产出时效角度，主要设置：物业管理工作按时完成率1个共性指标。

从产出成本角度，主要设置：物业管理费标准控制1个共性指标。

（6）车辆租用经费。

从产出数量角度，主要设置：车辆租赁数量1个共性指标。

从产出时效角度，主要设置：租赁及时到位率1个共性指标。

从产出成本角度，主要设置：租金标准达标率1个共性指标。

（7）编外人员聘用经费。

从产出数量角度，主要设置：编外人员到位率、编外人员招聘数量等共性指标。

从产出质量角度，主要设置：编外人员聘用合规率、编外人员年度考核完成率、编外人员资质达标率、编外人员业绩量化考核完成率等共性指标。

从产出时效角度，主要设置：编外人员工资支付及时性、编外人员聘用到位及时性等共性指标。

从产出成本角度，主要设置：编外人员工资支付标准1个共性指标。

（8）车船运行维护费。

从产出数量角度，主要设置：执法车辆出车率、业务保障用车数量、公务保障用车数量、维修/保养次数等共性指标。

（9）其他运转经费。

从产出数量角度，主要设置：安保工作完成率、办公场所安保监控范围覆盖率、办公场所安保措施到位率、后勤服务工作完成率、维修/保养次数等共性指标。

从产出时效角度，主要设置：后勤保障服务完成及时性、水电费支付及时性等共性指标。

从产出成本角度，主要设置：水电费标准控制1个共性指标。

表3-1　运转经费绩效指标体系一览表

序号	一级指标	二级指标	三级指标	指标计算方法	指标值
1	产出	产出数量	交办任务完成率	交办任务完成率 = 完成任务数 / 年度工作计划数 ×100%	100%
2			编外人员到位率	编外人员到位率 = 实际到位人数 / 计划招聘人数 ×100%	100%
3			编外人员招聘数量	考察计划招聘的编制外人员是否按计划数量到位	年度计划数
4			出访人数	出访人数是否达到计划要求	年度计划数
5			出国组团数量	出国组团数量是否达到计划要求	年度计划数
6			会议次数	会议次数是否达到计划要求	年度计划数
7			会议参与人次数	会议参与人次数是否达到计划要求	年度计划数
8			培训班次	培训工作是否按计划完成	年度计划数
9			培训人数	培训工作是否按计划完成	年度计划数
10			调研报告完成数量	调研报告数量是否达到计划要求	年度计划数
11			调研结果采纳次数	调研结果采纳数次数	年度计划数
12			物业管理面积	考察物业管理面积是否达到计划面积要求	年度计划数
13			物业管理面积达标率	考察物业管理面积是否达到计划面积要求	100%
14			租赁场地面积	考察实际租赁场地面积是否达到计划要求	年度计划数
15			绿化保洁工作完成率	考察绿化保洁工作是否按计划完成，绿化保洁工作完成率 = 实际完成绿化保洁工作量 / 计划完成绿化保洁工作量 ×100%	100%
16			安保工作完成率	考察安保工作是否按计划完成，安保工作完成率 = 实际完成安保工作量 / 计划完成安保工作量 ×100%	100%
17			办公场所安保监控范围覆盖率	安保监控覆盖率 = 实际监控的范围 / 计划监控的范围 ×100%	100%
18			办公场所安保措施到位率	办公场所安保措施到位率 = 实际采用的安保措施 / 计划采用的安保措施 ×100%	24 小时

续表

序号	一级指标	二级指标	三级指标	指标计算方法	指标值
19	产出	产出数量	委托第三方服务工作完成率	委托第三方服务工作完成率 = 实际完成的委托第三方服务数 / 计划完成的委托第三方服务数 ×100%	100%
20			电费支付月份达标率	考察每月电费是否完成支付	100%
21			执法车辆出车率	考察执法车辆驾驶服务的出车情况，出车率 = 执法办案出车数量 / 车辆实有数（由于工作性质不同，部分单位车辆为业务及公务用车）	≥ 90%
22			后勤服务工作完成率	考察后勤工作各项服务是否按计划完成，包括餐食、会务、接待、仓务管理等工作，后勤服务工作完成率 = 实际完成工作量 / 计划完成工作量 ×100%	100%
23			业务保障用车数量	保障检验、检测工作用车数量	年度计划数
24			公务保障用车数量	保障公务应急工作用车数量	年度计划数
25			车辆租赁数量	考察车辆租赁是否达到计划目标数量	年度计划数
26			维修 / 保养次数	反映年度开展的物业维修保养、车辆维修保养、办公设备维修保养等维修 / 保养次数。	年度计划数
27		产出质量	编外人员聘用合规率	考察编外人员聘用程序与劳务合同合规率	合规
28			编外人员年度考核完成率	考察编外人员是否全部参与年度考核，编外人员年度考核完成率 = 实际参加考核人员数量 / 在岗人员数量 ×99%	100%
29			编外人员资质达标率	编外人员资质达标率 = 资质达标的人员数 / 聘请的编外人员总数 ×100%	100%
30			编外人员业绩量化考核完成率	考察编外人员是否全部参与业绩量化考核，编外人员业绩量化考核完成率 = 实际参加考核人员数量 / 在岗人员数量 ×100%	100%

续表

序号	一级指标	二级指标	三级指标	指标计算方法	指标值
31	产出	产出质量	窗口服务工作出错率	考察窗口服务工作人员工作完成质量，窗口服务工作出错率 = 出错数 / 抽查总数 ×100%	≤ 10%
32			专业人员资质达标率	专业人员资质达标率 = 资质达标的专业人员数 / 计划要求的专业人员数 ×100%	100%
33			培训考核通过率	考察工作人员培训考核工作效果，培训考核通过率 = 考核通过人数 / 实际培训人数 ×100%	≥ 85%
34			培训率	参加培训人数 / 工作人员总数 ×100%	≥ 80%
35			人均培训学时	年度人均培训时间	≥ 60
36			物业管理工作验收合格率	物业管理工作验收合格率 = 考核合格次数 / 总考核次数 ×100%	100%
37			绿化保洁工作质量达标率	绿化保洁工作质量达标率 = 考核合格次数 / 总考核次数 ×100%	100%
38			评审工作质量达标率	评审工作质量达标率 = 质量达标的评审次数 / 总评审次数 ×100%	100%
39			纪检工作质量达标率	纪检工作质量达标率 = 质量达标的纪检工作内容数 / 计划开展的纪检工作内容数 ×100%	100%
40			办公设备正常运行率	正常运行率	年度计划数
41		产出时效	编外人员工资支付及时性	考察编外人员工资是否及时完成支付	及时
42			编外人员聘用到位及时性	编外人员及时到位率 = 及时到位数量 / 计划到位数量 ×100%	100%
43			窗口服务工作按时完成率	窗口服务工作按时完成率 = 按时完成工作次数 / 总处理工作数量 ×100%	100%
44			物业管理工作按时完成率	考察各项物业管理工作是否按时完成	100%
45			培训（学习）工作按时完成率	考察各项培训（学习）工作是否按时完成，培训（学习）工作按时完成率 =（1- 超期工作天数 / 计划工作天数）×100%	100%

续表

序号	一级指标	二级指标	三级指标	指标计算方法	指标值
46	产出	产出时效	活动举办按时完成率	考察活动举办的各项工作是否按计划时间要求完成，活动举办按时完成率 =（1– 超期工作天数 / 计划工作天数）×100%	100%
47			第三方费用支付及时率	考察租金、物业管理费等向第三方支付的运行费用支付工作完成的及时性，第三方费用支付及时率 = 按时支付费用金额 / 应支付费用金额 ×100%	100%
48			租赁及时到位率	考察办公设备、业务用房、车辆等租赁事项完成的及时性，租赁及时到位率 = 及时到位数量 / 计划到位数量 ×100%	100%
49			委托第三方业务及时率	及时完成的第三方委托业务数量 / 计划完成的第三方委托业务数量 ×100%	100%
50			后勤保障服务完成及时性	考察各项后勤保障服务是否在规定时间内提供	及时
51			水电费支付及时性	考察水电费是否及时完成支付工作	及时
52		产出成本	编外人员工资支付标准	考察编外人员工资是否按规定标准支付	按规定支付
53			差旅费用标准	考察各项差旅费用是否符合相关要求	当年国家标准
54			人均培训费用标准	考察培训工作是否符合人均培训标准要求	当年国家标准
55			出访费用超支率	考察出访的住宿费、伙食费、公杂费、交通费等是否按出访地标准进行支出，各项费用是否存在超支行为	≤ 0%
56			设备故障维修费控制	考察设备故障维修费标准是否符合预算标准	按规定支付
57			物业管理费标准控制	考察物业管理费标准是否符合预算标准	按规定支付
58			水电费标准控制	考察水电费标准是否符合预算标准	按规定支付

续表

序号	一级指标	二级指标	三级指标	指标计算方法	指标值
59	产出	产出成本	招待费标准控制	考察招待费标准是否符合预算标准	按规定支付
60			租金标准达标率	考察场地、车辆、设备等租赁费用的标准是否符合标准	按规定支付
61	效益	经济效益	业务经济收入增长率	（本年业务经济总收入－上年业务经济总收入）÷上年业务经济总收入×100%	年度计划数
62			委托业务经济收入增长率	（本年委托业务经济总收入－上年委托业务经济总收入）÷上年业务经济总收入×100%	年度计划数
63		社会效益	党风建设和反腐氛围提升度	考察监督监察工作对党风建设和反腐氛围提升的帮助	提升
64			保障工作正常开展	考察经费使用是否保障工作正常开展	正常开展
65			公共服务能力	考察经费使用是否使部门的公共服务能力提升	提升
66			公共服务能力效率	考察经费使用是否使部门的公共服务能力效率提高	提高
67			公共财产安全完整	保障公共财产安全	安全
68			安全保障	全年安全事故发生控制在计划内	年度计划数
69			服务对象有效投诉次数		年度计划数
70			信访线索初核率	信访线索初核率＝初核的信访线索数/信访线索总数×100%	年度计划数
71			纪检案件结案率	纪检案件结案率＝结案的案件数/纪检案件总数×100%	年度计划数
72		可持续影响	长效保障机制健全性	定性指标	行业标准
73			应急机制健全性	定性指标	行业标准
74			程序规范性	定性指标	行业标准
75		服务对象满意度	第三方服务单位满意度		年度计划数
76			工作人员满意度		年度计划数
77			主管单位满意度		年度计划数
78			群众满意度		年度计划数

（二）根据部门运行经费特点确定效益绩效共性指标

各个部门的运行不同，其效益自然不同，特别是部分部门运行没有产生任务经济效益，经济效益指标适用性可能受限。但社会效益、可持续影响及服务对象满意度三方面基本具有共性，其中社会效益、可持续影响的共性指标多为定性指标。

（1）经济效益共性指标。从经济效益角度，主要设置：业务经济收入增长率、委托业务经济收入增长率等共性指标。

（2）社会效益共性指标。从社会效益角度，主要设置：党风建设和反腐氛围提升度、保障工作正常开展、公共服务能力、公共服务能力效率、公共财产安全完整、安全保障、服务对象有效投诉次数、信访线索初核率、纪检案件结案率等共性指标。

（3）可持续影响共性指标。从可持续影响角度，主要设置：长效保障机制健全性、应急机制健全性、程序规范性等共性指标。

（4）服务对象满意度共性指标。从服务对象满意度角度，主要设置：第三方服务单位满意度、工作人员满意度、主管单位满意度、群众满意度等共性指标。

二、购置经费预算绩效指标体系

各部门的购置经费主要包括车辆购置经费、办公家具及办公设备购置经费和其他购置经费三方面内容。

（一）产出绩效指标体系

从产出数量角度，主要设置：专业设备购置数量、办公家具和办公设备购置数量、专用耗材购置数量、车辆购置数量、设备（含车辆）到位率、设备（含车辆）更新率等共性指标。

从产出质量角度，主要设置：政府采购率、购置合同执行规范率、环保节能设备（含车辆）占比、新增设备（含车辆）国产化占比、验收合格率、设备精确度、设备（含车辆）故障率、设备预设功能达标率等共性指标。

从产出时效角度，主要设置：购置计划执行率、设备（含车辆和专用耗材）到位及时率、合同进度款支付率等共性指标。

从产出成本角度，主要设置：单项采购成本控制、采购总成本控制率等共性指标。

表3-2　购置经费绩效指标体系一览表

序号	一级指标	二级指标	三级指标	指标计算方法	指标值
1	产出	产出数量	专业设备购置数量		年度计划数
2			办公家具和办公设备购置数量		年度计划数
3			专用耗材购置数量		年度计划数
4			车辆购置数量		年度计划数
5			设备（含车辆）到位率	设备（含车辆）到位率＝实际配置的设备数量/应配置的设备数量 ×100%	年度计划数
6			设备（含车辆）更新率	设备（含车辆）更新率＝本年更新的设备数量/应更新的设备数量 ×100%	年度计划数
7		产出质量	政府采购率	政府采购率＝实际政府采购项目数/应政府采购项目数 ×100%	年度计划数
8			购置合同执行规范率	购置合同执行规范率＝执行规范的购置合同数/当年购置合同数 ×100%	100%
9			环保节能设备（含车辆）占比	环保节能设备（含车辆）占比＝购置的环保节能性质设备数量/当年购置设备数量 ×100%	年度计划数
10			新增设备（含车辆）国产化占比	新增设备国产化占比＝购置的国产设备数量/当年购置设备数量 ×100%	年度计划数
11			验收合格率	验收合格率＝验收合格的设备数量/当年购置设备数量 ×100%	100%
12			设备精确度	设备精确度＝达到最高精度的设备数量/当年购置设备数量 ×100%	年度计划数

续表

序号	一级指标	二级指标	三级指标	指标计算方法	指标值
13	产出	产出质量	设备（含车辆）故障率	设备（含车辆）故障度 = 设备发生故障的时间 / 设备全年工作时间 ×100%	≤ 1%
14			设备预设功能达标率	设备预设功能达标率 = 设备到位后能实际运行的功能 / 按计划规定运行的功能 ×100%	100%
15		产出时效	购置计划执行率	购置计划执行率 = 按照计划及时购买安装的设备（含车辆和专用耗材）/ 计划购买安装的设备（含车辆和专用耗材）×100%	100%
16			设备（含车辆和专用耗材）到位及时率	设备（含车辆和专用耗材）到位及时率 = 按照采购方案及时到位的设备 / 采购设备 ×100%	100%
17			合同进度款支付率	合同进度款支付率 = 按合同进度款支付金额 / 合同总金额 ×100%	100%
18		产出成本	单项采购成本控制	反映项目采购成本情况，与同等规格、配置的市场均价相比，是否做到了成本控制	≤政府限价
19			采购总成本控制率	采购总成本控制率 = 实际采购总成本 / 采购总预算成本 ×100%	≤ 0%
20	效益	经济效益	办公资源循环利用率	反映年度办公资源的循环利用程度	年度计划数
21			政府采购节支率	政府采购节支率 =（采购设备总成本 – 租赁设备总成本）/ 采购设备总成本 ×100%	年度计划数
22		社会效益	提升公共服务水平	定性指标：反映年度相关设备投入工作中使用后，公共服务水平是否提高	有效提升
23			提高工作效率	定性指标：反映所购设备可持续影响效益，是否能够在一定程度上弥补了旧设备功能上的不足或缺失，提高了现有工作效率	有效提高
24		环境效益	节能效率	节能效率 = 能效等级为一二级以上的设备数量 / 当年购置设备数量 ×100%	年度计划数
25		可持续影响	设备计划持续使用时间	指设备到位后计划使用的时间	≥行业平均水平

续表

序号	一级指标	二级指标	三级指标	指标计算方法	指标值
26	效益	可持续影响	设备使用率	设备使用率 = 设备实际使用时间 / 设备计划使用时间 ×100%	100%
27			应急处置可替换率	应急处置可替换率 = 设备故障后可以启用的备用设备数量 / 发生故障的设备数量 ×100%	年度计划数
28		服务对象满意度	用户满意度		年度计划数
29			主管单位满意度		年度计划数

（二）效益绩效共性指标

各个部门的运行不同，其效益自然不同，特别是部分部门运行没有产生任务经济效益，经济效益指标适用性可能受限。但社会效益、可持续影响及服务对象满意度三方面基本具有共性。

（1）经济效益共性指标。从经济效益角度，主要设置：办公资源循环利用率、政府采购节支率等共性指标。

（2）社会效益共性指标。从社会效益角度，主要设置：提升公共服务水平、提高工作效率等共性指标。

（3）环境效益共性指标。从环境效益角度，主要设置：节能效率 1 个共性指标。

（4）可持续影响共性指标。从可持续影响角度，主要设置：设备计划持续使用时间、设备使用率、应急处置可替换率等共性指标。

（5）服务对象满意度共性指标。从服务对象满意度角度，主要设置：用户满意度、主管单位满意度等共性指标。

三、房屋维护维修经费预算绩效指标体系

（一）产出绩效指标体系

（1）从产出数量角度，主要设置：屋内设备维护数量计划完成率、维修工程计划完成率、新建工程计划完成率、应急抢险率、房屋原状修复率等共性指标。

（2）从产出质量角度，主要设置：工程验收一次性合格率、招投标程序规范性、同一地点维修后问题发生次数等共性指标。

（3）从产出时效角度，主要设置：工程施工完成及时率、工程验收及时率等共性指标。

（4）从产出成本角度，主要设置：预算（成本）控制率1个共性指标。

（二）效益绩效共性指标

（1）社会效益共性指标。从社会效益角度，主要设置：安全性1个共性指标。

（2）服务对象满意度共性指标。从服务对象满意度角度，主要设置：使用单位满意率、使用单位成员满意度、主管单位满意度、居民满意度等共性指标。

表3-3　　房屋维护维修经费绩效指标体系一览表

序号	一级指标	二级指标	三级指标	指标计算方法	指标值
1	产出	产出数量	屋内设备维护数量计划完成率	屋内设备维护数量计划完成率 = 实际维护数量 / 计划维护数量 ×100%	100%
2			维修工程计划完成率	维修工程计划完成率 = 实际维护数量 / 计划维护数量 ×100%	100%
3			新建工程计划完成率	新建工程计划完成率 = 实际工程数量 / 计划工程数量 ×100%	100%

续表

序号	一级指标	二级指标	三级指标	指标计算方法	指标值
4	产出	产出数量	应急抢险率	应急抢险率 = 应急抢险房屋数 / 需应急抢险房屋数 ×100%	100%
5			房屋原状修复率	房屋原状修复率 =（已修复危破房面积 / 待修复危破房面积）×100%	100%
6		产出质量	工程验收一次性合格率	一次性验收合格率 = 项目通过一次性验收个数 / 项目参与验收数量 ×100%	100%
7			招投标程序规范性	定性指标：反映招投标程序是否符合有关规定，包括施工单位选定、工程监理、工程设计等方面是规范。	合法合规
8			同一地点维修后问题发生次数	同一地点问题维修后问题发生次数	0
9		产出时效	工程施工完成及时率	工程施工完成及时率 =（1– 超期工时 / 计划工时）×100%	100%
10			工程验收及时率	工程验收及时率 = 施工验收合格数 / 计划施工验收数 ×100%	
11		产出成本	预算（成本）控制率	预算（成本）控制率 =（项目当期实际支出成本 – 项目当期预算）/ 项目当期预算 ×100%	≤ 0%
12	效益	社会效益	安全性	定性指标：对房屋及其构筑物的安全性和合格率进行维护、保养和检测，保障工作人员人身安全	安全
13		服务对象满意度	使用单位满意率		年度计划数
14			使用单位成员满意度		年度计划数
15			主管单位满意度		年度计划数
16			居民满意度		年度计划数

四、信息化建设改造经费预算绩效指标体系

（一）产出绩效指标体系

从产出数量角度，主要设置：开发系统数量计划完成率、新增模块数量（已存在系统）计划完成率、系统升级改造数量计划完成率、购买 / 租赁系统数量计划完成率、购买 / 租赁软件数量计划完成率、购买 / 租赁硬件数量计划完成率等共性指标。

（1）从产出质量角度，主要设置：验收实施率、验收合格率、互操作性、数据准确率、安全方案规范性、系统故障降低率、实现功能覆盖率等共性指标。

（2）从产出时效角度，主要设置：故障维护及时率、系统响应速率、故障平均处理时间（分钟）、验收延误率、合同支付及时率等共性指标。

（3）从产出成本角度，主要设置：采购成本控制率 1 个共性指标。

表3-4　　　信息化建设改造经费绩效指标体系一览表

序号	一级指标	二级指标	三级指标	指标计算方法	指标值
1	产出	产出数量	开发系统数量计划完成率	开发系统数量计划完成率 = 实际开发系统的数量 / 计划开发系统的数量 ×100%	100%
2			新增模块数量（已存在系统）计划完成率	新增模块数量（已存在系统）计划完成率 = 实际完成新增模块数量 / 计划完成新增模块数量 ×100%	100%
3			系统升级改造数量计划完成率	系统升级改造数量计划完成率 = 实际完成升级改造数量 / 计划升级改造数量 ×100%	100%
4			购买 / 租赁系统数量计划完成率	购买 / 租赁系统数量计划完成率 = 年度实际租赁或购买的系统数量 / 年度计划租赁或购买的系统数量 ×100%	100%
5			购买 / 租赁软件数量计划完成率	购买 / 租赁软件数量计划完成率 = 年度实际租赁或购买的软件数量 / 年度计划租赁或购买的软件 ×100%	100%

续表

序号	一级指标	二级指标	三级指标	指标计算方法	指标值
6	产出	产出数量	购买 / 租赁硬件数量计划完成率	购买 / 租赁硬件数量计划完成率 = 年度实际租赁或购买的硬件数量 / 年度计划租赁或购买的硬件 ×100%	100%
8	产出	产出质量	验收实施率	验收实施率 = 当年实际验收次数 / 合同约定验收次数 ×100%	100%
9			验收合格率	验收合格率 = 验收合格数量 / 验收总数量 ×100%	100%
10			互操作性	定性指标：反映系统是否能与其他相关系统之间进行互操作，或者是否支持此类操作。	互操作性能较强
11			数据准确率	数据准确率 =（样本中系统正确处理结果数 / 样本总量）×100%	100%
12			安全方案规范性	定性指标：反映系统设计是否按照相应国家安全规范标准和保密制度设计了安全策略	是
13			系统故障降低率	系统故障降低率 =（上年度故障数量 – 本年度故障数量）/ 上年度故障数量 ×100%	年度计划数
14			实现功能覆盖率	实现功能覆盖率 = 系统建设实现的最终功能 / 计划功能 ×100%	100%
15			故障维护及时率	故障维护及时率 = 及时维护的故障数量 / 总故障数量 ×100%	100%
16			系统响应速率	系统响应速率 =（系统高峰时段平均响应时间 / 合理的响应时间）×100%	年度计划数
17			故障平均处理时间（分钟）	故障平均处理时间 = 故障处理总时间 / 故障次数	年度计划数
18			验收延误率	验收延误率 = 项目验收延误天数 / 项目合同工期天数 ×100%	≤ 0%
19			合同支付及时率	合同支付及时率 = 延期支付天数 / 计划天数 ×100%	≤ 0%
20		产出成本	采购成本控制率	采购成本控制率 =（实际成本 – 计划成本）/ 计划成本 ×100%	≤ 0%
21	效益	经济效益	办公经费节省率	办公经费节省率 =（实施前相关业务办公经费 – 实施后相关业务办公经费）/ 实施前相关业务办公经费 ×100%	年度计划数
22			政府采购节支率	政府采购节支率 =（采购系统总成本 – 租赁系统总成本）/ 采购系统总成本 ×100%	年度计划数

续表

序号	一级指标	二级指标	三级指标	指标计算方法	指标值
23	效益	社会效益	所维护网站累计点击量增长率	反映网站使用人次的增长情况。所维护网站累计点击量增长率 =（网站当期累计点击量 - 网站上期累计点击量）/ 网站上期累计点击量 ×100%	年度计划数
24			设备使用率	设备使用率 = 信息设备或建设的系统使用台数（或功能）/ 设备总（功能）数 ×100%	年度计划数
25			信息泄露事故数量	反映项目建设对实现政务网络的安全合规使用的作用	0
26			有效投诉减少率	反映用户对系统商投诉情况；投诉减少率 =（用户对系统商的当期投诉量 - 用户对系统商的上期投诉量）/ 用户对系统商的上期投诉量 ×100%	年度计划数
27		可持续影响	服务覆盖率	反映信息系统在相关业务办公中的覆盖程度；服务覆盖率 = 系统实际处理量 / 当期业务总量 ×100%	年度计划数
28			性能可扩充率	性能可扩充率 =（扩充软硬件能实现的业务量 / 该设备的最大预期业务量）×100%	100%
29			硬件兼容性	硬件兼容性 =（系统支持的该类设备主流型号数量 / 该类设备主流型号总数）×100%	100%
30			应急机制健全性	定性指标	健全
31			安全管理机制健全性	定性指标	健全
32			维护响应机制健全性	定性指标	健全
33		服务对象满意度	系统运行用户满意度	反映用户在使用中的满意情况	年度计划数
34			工作人员使用满意度	考察操作系统 / 设备的人员对系统操作易用性的满意程度	年度计划数

（二）效益绩效共性指标

（1）经济效益共性指标。从经济效益角度，主要设置：办公经费节省率、政府采购节支率等共性指标。

（2）社会效益共性指标。从社会效益角度，主要设置：所维护网站累计点击量增长率、设备使用率、信息泄露事故数量、有效投诉减少率等共性指标。

（3）可持续影响共性指标。从可持续影响角度，主要设置：服务覆盖率、性能可扩充率、硬件兼容性、应急机制健全性、安全管理机制健全性、维护响应机制健全性等共性指标。

（4）服务对象满意度共性指标。从服务对象满意度角度，主要设置：系统运行用户满意度、工作人员使用满意度等共性指标。

五、信息化运行维护经费预算绩效指标体系

（一）产出绩效指标体系

从产出数量角度，主要设置：软件运营维护数量计划完成率、硬件运营维护数量计划完成率、设备运营维护数量计划完成率、购买 / 租赁系统备件数量计划完成率、购买 / 租赁软件数量计划完成率、购买 / 租赁硬件数量计划完成率等共性指标。

（1）从产出质量角度，主要设置：系统运行正确率、系统故障次数、异常处理能力、灾难恢复能力、故障降低率等共性指标。

（2）从产出时效角度，主要设置：项目进度完成及时率、系统响应速率、故障平均处理时间（分钟）、平均日维护数（次 / 日）、运行维护实施率、合同支付及时率等共性指标。

（3）从产出成本角度，主要设置：信息化运行维护成本超支率、单项维护成本、维护成本增长率等共性指标。

（二）效益绩效共性指标

（1）经济效益共性指标。从经济效益角度，主要设置：系统重大故障导致经济损失次数、政府采购节支率等共性指标。

（2）社会效益共性指标。从社会效益角度，主要设置：所维护网站累计点击量增长率、系统正常运行率、信息泄露事故数量、更新功能/设备1年内再维修次数、有效投诉减少率等共性指标。

（3）可持续影响共性指标。从可持续影响角度，主要设置：全年主干网络系统通畅率、应急机制健全性、安全管理机制健全性、维护响应机制健全性等共性指标。

（4）服务对象满意度共性指标。从服务对象满意度角度，主要设置：系统运行用户满意度、工作人员使用满意度等共性指标。

表3-5　信息化运行维护经费绩效指标体系一览表

序号	一级指标	二级指标	三级指标	指标计算方法	指标值
1	产出	产出数量	软件运行维护数量计划完成率	软件运行维护数量计划完成率 = 实际完成的运维数量 / 计划运维的数量 ×100%	100%
2			硬件运行维护数量计划完成率	硬件运行维护数量计划完成率 = 实际完成的运维数量 / 计划运维的数量 ×100%	100%
3			设备运行维护数量计划完成率	设备运行维护数量计划完成率 = 实际完成的运维数量 / 计划运维的数量 ×100%	100%
4			购买 / 租赁系统备件数量计划完成率	购买 / 租赁系统备件数量计划完成率 = 年度实际租赁或购买的系统数量 / 年度计划租赁或购买的系统数量 ×100%	100%
5			购买 / 租赁软件数量计划完成率	购买 / 租赁软件数量计划完成率 = 年度实际租赁或购买的软件数量 / 年度计划租赁或购买的软件 ×100%	100%
6			购买 / 租赁硬件数量计划完成率	购买 / 租赁硬件数量计划完成率 = 年度实际租赁或购买的硬件数量 / 年度计划租赁或购买的硬件 ×100%	100%
7		产出质量	系统运行正确率	系统运行正确率 =（样本中系统正确处理结果数 / 样本总量）×100%	100%
8			系统故障次数	反映运行阶段的系统运行质量	年度计划数
9			异常处理能力	异常处理能力 =（系统发现或处理的异常次数 / 系统所发生的异常总次数）×100%	100%

续表

序号	一级指标	二级指标	三级指标	指标计算方法	指标值
10	产出	产出质量	灾难恢复能力	定性指标：反映系统在遇到重大故障时恢复到可接受的运行状态的速度和程度	预算绩效目标申报数
11			故障降低率	故障降低率 =（上年度故障数量 – 本年度故障数量）/ 上年度故障数量 ×100%	预算绩效目标申报数
12		产出时效	项目进度完成及时率	项目进度完成及时率 =（实际天数 – 计划天数）/ 计划天数 ×100%	100%
13			系统响应速率	系统响应速率 =（系统高峰时段平均响应时间 / 合理的响应时间）×100%	年度计划数
14			故障平均处理时间（分钟）	故障平均处理时间 = 故障处理总时间 / 故障次数	年度计划数
15			平均日维护数（次 / 日）	平均日维护数（次 / 日）= 维护次数 / 系统工作日	年度计划数
16			运维实施率	运维实施率 = 实际运维次数 / 合同约定运维次数 ×100%	100%
17			合同支付及时率	合同支付及时率 = 延期支付天数 / 计划天数 ×100%	≤ 0%
18		产出成本	信息化运维成本超支率	信息化运维成本超支率 =（运维实际成本 – 运维预算成本）/ 运维预算成本 ×100%	≤ 0%
19			单项维护成本	反映项目维护成本情况，与同等规格、配置的市场均价相比，是否做到了成本控制	≤市场均价
20			维护成本增长率	维护成本增长率 =[（上年度维护成本 – 本年度维护成本）]/ 上年度维护成本 ×100%	年度计划数
21	效益	经济效益	系统重大故障导致经济损失次数	反映年度系统重大故障导致经济损失次数	年度计划数
22			政府采购节支率	政府采购节支率 =（政府采购价值 – 市场价值）/ 政府采购价值 ×100%	年度计划数
23		社会效益	所维护网站累计点击量增长率	反映网站使用人次的增长情况；所维护网站累计点击量增长率 =（网站当期累计点击量 – 网站上期累计点击量）/ 网站上期累计点击量 ×100%	年度计划数

续表

序号	一级指标	二级指标	三级指标	指标计算方法	指标值
24	效益	社会效益	系统正常运行率	系统正常运行率 = 所有正常运行系统数量 / 系统总数 ×100%	100%
25			信息泄露事故数量	反映项目建设对实现政务网络的安全合规使用的作用	0
26			更新功能 / 设备 1 年内再维修次数	考察设备或系统更新后不经维修完好使用的情况	年度计划数
27			有效投诉减少率	反映用户对系统商投诉情况；有效投诉减少率 =（用户对系统商的当期投诉量 - 用户对系统商的上期投诉量）/ 用户对系统商的上期投诉量 ×100%	年度计划数
28		可持续影响	全年主干网络系统通畅率	反映全年主干网络运行状态；计算公式：全年主干网络系统畅通时间 / 全年主干网络系统工作时间 ×100%	年度计划数
29			应急机制健全性	定性指标	健全
30			安全管理机制健全性	定性指标	健全
31			维护响应机制健全性	定性指标	健全
32		服务对象满意度	系统运行用户满意度	反映用户在使用中的满意情况	年度计划数
33			工作人员使用满意度	考察操作系统 / 设备的人员对系统操作易用性的满意程度	年度计划数

第三节　特殊项目预算绩效指标体系

一、政府购买服务项目绩效指标体系

《政府购买服务管理办法（暂行）》第十四条明确规定，应当纳入

政府购买服务指导性目录的服务包括基本公共服务、社会管理性服务、行业管理与协调性服务、技术性服务、政府履职所需辅助性事项和其他适宜由社会力量承担的服务事项（图 3–2）。政府购买上述服务的经费，来源于财政资金，政府购买服务项目属于部门的经济和社会发展类项目。2018 年 7 月 30 日，财政部发布的《关于推进政府购买服务第三方绩效评价工作的指导意见》（财综〔2018〕42 号）中规定："就购买服务行为的经济性、规范性、效率性、公平性开展评价。"以此为项目绩效管理的目标设计绩效指标。

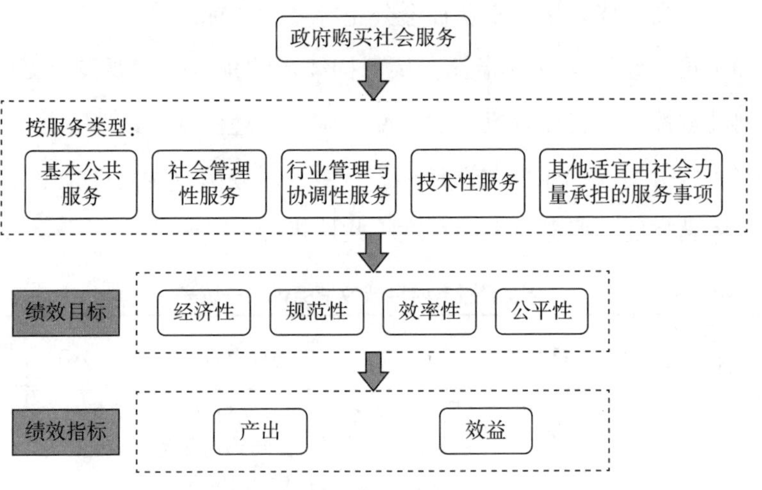

图 3-2 政府购买项目绩效指标框架示意图

（一）产出绩效指标体系

（1）从产出数量角度，主要设置：服务人员保障度、服务内容计划完成率等共性指标。

（2）从产出质量角度，主要设置：服务方案完整度、服务合同明确度、服务运转规范率、服务合同执行规范率、服务验收实施率、服务验收合格率、服务目标计划完成率等共性指标。

（3）从产出时效角度，主要设置：服务进度控制度、验收延误率、合同支付及时率等共性指标。

从产出成本角度，主要设置：采购成本控制率 1 个共性指标。

（二）效益绩效共性指标

（1）经济效益共性指标。从经济效益角度，主要设置：人力资源节省率、时间资源节省率、政府采购节支率等共性指标。

（2）社会效益共性指标。从社会效益角度，主要设置：提升公共服务水平、提高工作效率、实现社会公正等共性指标。

（3）可持续影响共性指标。从可持续影响角度，主要设置：项目采购机制健全性、项目监管机制健全性、应急管理机制健全性等共性指标。

（4）服务对象满意度共性指标。从服务对象满意度角度，主要设置：购买主体满意度、服务对象满意度等共性指标。

表3-6　　政府购置服务项目绩效指标体系一览表

序号	一级指标	二级指标	三级指标	指标计算方法	指标值
1	产出	产出数量	服务人员保障度	服务人员保障度 = 实际投入满足条件的服务人员数量 / 合同约定配备相应能力水平的服务人员数量 ×100%	100%
2			服务内容计划完成率	服务内容计划完成率 = 实际服务内容（工作量）数量 / 计划服务内容（工作量）数量 ×100%	100%
3		产出质量	服务方案完整度	定性指标：对承接主体提交的服务方案中关于服务内容、实施计划、相关操作流程、管理制度、专业人员配置等情况说明进行判定，反映其方案全面完整性	完整
4			服务合同明确度	定性指标：反映合同签订是否规范，合同中对服务内容、期限、服务方式、绩效结果影响等是否有明确规定	明确

续表

序号	一级指标	二级指标	三级指标	指标计算方法	指标值
5	产出	产出质量	服务运转规范率	定性指标：反映服务过程中监督审查服务机构是否有按照规范的流程和管理制服提供服务，相关过程文档附件是否齐全	规范
6			服务合同执行规范率	服务合同执行规范率 = 执行规范的公共服务合同数 / 当年签订的公共服务合同数 ×100%	100%
7			服务验收实施率	验收实施率 = 当年实际验收次数 / 合同约定验收次数 ×100%	100%
8			服务验收合格率	验收合格率 = 验收合格数量 / 验收总数量 ×100%	100%
9			服务目标计划完成率	服务目标计划完成率 = 实际服务达成目标数量 / 计划服务达成目标数量 ×100%	100%
10		产出时效	服务进度控制度	服务进度控制度 = 按合同进度要求保质保量完成的服务工作量 / 服务工作总量 ×100%	100%
11			验收延误率	验收延误率 = 服务验收延误天数 / 服务合同验收计划天数 ×100%	≤ 0%
12			合同支付及时率	合同支付及时率 = 延期支付天数 / 计划天数 ×100%	≤ 0%
13		产出成本	采购成本控制率	采购成本控制率 =（实际成本 – 计划成本）/ 计划成本 ×100%	≤ 0%
14	效益	经济效益	人力资源节省率	人力资源节省率 =（购买主体在与承接主体同样的时间资源投入条件下完成相关服务工作所需的政府人员数量 / 承接主体投入的人员数量 –1）×100%	年度计划数
15			时间资源节省率	时间资源节省率 =（购买主体在与承接主体同样的时间资源投入条件下完成相关服务工作所需的时间数量 / 承接主体投入的时间数量 –1）×100%	年度计划数
16			政府采购节支率	政府采购节支率 =（购买服务前同样服务所需公用支出总和 / 实际采购成本 –1）×100%	年度计划数

续表

序号	一级指标	二级指标	三级指标	指标计算方法	指标值
17	效益	社会效益	提升公共服务水平	定性指标：反映年度购买社会服务后，公共服务水平是否提高	有效提升
18			提高工作效率	定性指标：反映年度购买社会服务的可持续影响效益，是否能够在一定程度上弥补了购买社会服务前的不足或缺失，提高了现有工作效率	有效提高
19			实现社会公正	定性指标：反映年度购买社会服务的购买程序公正度、购买结果透明度	公正
20		可持续影响	项目采购机制健全性	定性指标	健全
21			项目监管机制健全性	定性指标	健全
22			应急管理机制健全性	定性指标	健全
23		服务对象满意度	购买主体满意度	反映购买主体对服务过程和服务结果的满意情况	年度计划数
24			服务对象满意度	反映服务对象对服务过程和服务结果的满意情况	年度计划数

二、PPP 项目预算绩效指标体系

所谓 PPP 模式，就是政府与社会资本合作模式，即政府与社会资本为提供公共产品或者服务而建立的全过程合作关系，以特许经营权为基础，以利益共享和风险分担为特征，通过引入市场竞争和约束机制，发挥双方优势，提供公共产品或者服务的质量和供给效率。由于 PPP 项目持续时间长，从立项到移交阶段持续时间较长，不同阶段工作不同、目标也不同，对项目要求和考核的重点也不同，所以有必要对 PPP 项目全生命周期进行绩效目标管理，分别设置绩效指标。将 PPP 项目全生命周期分为决策阶段、建设阶段和运营移交阶段，针对每个阶段项目行为活动的共性特点，分别设置绩效指标体系。

（一）PPP项目决策阶段绩效指标体系

（1）产出指标。

从产出数量角度，主要设置：物有所值评价、财政承受能力论证等共性指标。

从产出质量角度，主要设置：风险分担的合理性、特许经营协议清晰度、招标程序规范性、政府方 PPP 经验的充分性、社会资本方的胜任能力、公私双方沟通效率等共性指标。

从产出时效角度，主要设置：合同谈判期耗时 1 个共性指标。

从产出成本角度，主要设置：融资成本的控制率 1 个共性指标。

（2）效益指标。

从社会效益角度，主要设置：公平竞争 1 个共性指标。

从项目的实际使用者角度，主要设置：对收费方案的满意度、对项目实施方案合理性的满意度等共性指标。

从公众角度，主要设置：对项目信息公开的满意度、对项目的支持程度等共性指标。

表3-7　PPP项目决策阶段绩效指标体系一览表

序号	一级指标	二级指标	三级指标	指标计算方法	指标值
1	产出	产出数量	物有所值评价	定性指标：通过对 PPP 项目进行物有所值评价，认定项目物有所值	合格
2			财政承受能力论证	定性指标：通过对 PPP 项目进行财政承受能力论证，认定项目可以实施	合格
3		产出质量	风险分担的合理性	定性指标：反映 PPP 项目合同中 对风险分担与收益分配是否匹配，即是否体现了项目风险分配以最小成本、最有效管理的一方承担为原则	合理

续表

序号	一级指标	二级指标	三级指标	指标计算方法	指标值
4	产出	产出质量	特许经营协议清晰度	定性指标：对PPP合同中关于权利义务边界、交易条件边界、履约保障边界、调整衔接边界的清晰度进行评价	清晰
5			招标程序规范性	定性指标：反映招标程序是否符合合法合规性、公开性、效率性	规范
6			政府方PPP经验的充分性	定性指标：根据对政府方建设类似PPP项目的数量进行考核	经验充分
7			社会资本方的胜任能力	定性指标：通过对企业资质、资金规模、类似业绩、技术能力进行综合评价，反映社会资本方的综合实力	能胜任
8			公私双方沟通效率	公私双方沟通效率 = 决策阶段有效沟通次数 / 总沟通次数 ×100%	部门计划
9		产出时效	合同谈判期耗时		部门计划
10		产出成本	融资成本的控制率	融资成本的控制率 = 项目预期融资成本比例 / 商业银行中长期贷款利率	≤ 1
11	效益	社会效益	公平竞争	定性指标	公平
12		使用者的满意度	对收费方案的满意度		部门计划
13			对项目实施方案合理性的满意度	定性指标：根据对项目实际使用者对目前需求量和未来需求量的预测进行评估，从而判断实施方案合理性	部门计划
14		公众的满意度	对项目信息公开的满意度	从项目立项、采购阶段的可行性研究、实施方案等文件信息公开的及时性以及公开度进行评价	部门计划
15			对项目的支持程度	是否支持项目用PPP模式建设	部门计划

（二）PPP项目建设阶段绩效指标体系

（1）产出指标。

从产出数量角度，主要设置：政府配套设施到位率、财政资金到位率、项目实际完成率等共性指标。

从产出质量角度，主要设置：政府监督的有效性、建设安全管理、质量抽检优良率、质量抽检合格率、年度财政预算调整率、有效投诉处理率、公私双方沟通效率等共性指标。

从产出时效角度，主要设置：财政资金到位及时率、有效投诉处理及时率、建设进度及时性等共性指标。

从产出成本角度，主要设置：投资总成本控制率、财政支出控制率等共性指标。

（2）效益指标。

从经济效益角度，主要设置：PPP 模式成本节约率 1 个共性指标。

从项目的实际使用者角度，主要设置：对项目质量的满意度、对项目进度的满意度等共性指标。

从公众角度，主要设置：对项目信息公开的满意度、对项目建设的满意度等共性指标。

表3-8　PPP项目建设阶段绩效指标体系一览表

序号	一级指标	二级指标	三级指标	指标计算方法	指标值
1	产出	产出数量	政府配套设施到位率	政府配套设施到位率 = 政府实际提供配套设施 / 政府承诺配套设施 ×100%	100%
2			财政资金到位率	财政资金到位率 = 到位财政资金 / 预算投入资金 ×100%	100%
3			项目实际完成率	项目实际完成率 = 实际产出数 / 计划产出数 ×100%	100%
4		产出质量	政府监督的有效性	定性指标：反映政府对本项目的建设监管机制的健全性、监管落实程度	有效
5			建设安全管理机制的有效性	定性指标：反映 PPP 项目实施单位对安全制度设置的健全性、安全事故发生次数	有效
6			质量抽检优良率	质量抽检优良率 = 项目建设过程中质量抽检优良次数 / 总抽检次数 ×100%	部门计划
7			质量抽检合格率	质量抽检合格率 = 项目建设过程中质量抽检合格次数 / 总抽检次数 ×100%	部门计划

续表

序号	一级指标	二级指标	三级指标	指标计算方法	指标值
8	产出	产出质量	年度财政预算调整率	年度财政预算调整率 =（年度财政预算金额 / 年初财政预算金额 −1）× 100%	部门计划
9			有效投诉处理率	有效投诉处理率 = 建设过程中有效投诉处理次数 / 有效投诉次数	100%
10			公私双方沟通效率	公私双方沟通效率 = 决策阶段有效沟通次数 / 总沟通次数 × 100%	部门计划
11			社会资本变动次数	该指标主要反映因合作不畅或自身原因导致社会资本退出项目合作	0
12		产出时效	财政资金到位及时率	财政资金到位及时率 = 及时到位资金 / 应到位资金 × 100%	100%
13			有效投诉处理及时率	有效投诉处理及时率 = 建设过程中及时处理投诉次数 / 有效投诉次数	100%
14			建设进度及时性	建设进度及时性 = 实际建设公里数 / 计划建设公里数，参照施工进度计划	100%
15		产出成本	投资总成本控制率	投资总成本控制率 =（1− 项目实际总投资额 / 项目计划总投资额）× 100%	⩾ 0
16			财政支出控制率	财政支出控制率 =（1− 项目实际支付财政资金数量 / 项目计划支付财政资金数量）× 100%	⩾ 0
17	效益	经济效益	PPP 模式成本节约率	PPP 模式成本节约率 =（1−PPP 实际成本 / 不采用 PPP 模式下参照项目的成本）× 100%	⩾ 0
18		使用者的满意度	对项目质量的满意度		
19			对项目进度的满意度		
20		公众的满意度	对项目信息公开的满意度	从施工文件、竣工验收文件等信息公开及时性以及公开度进行评价	
21			对项目建设的满意度	对项目建设进程、工期、质量的满意程度	

（三）PPP项目运营移交阶段绩效指标体系

（1）产出指标。

从产出数量角度，主要设置：项目移交数量完成率、财政资金到位率等共性指标。

从产出质量角度，主要设置：政府监督的有效性、移交测试合格率、设施运行完好率、运营安全管理机制的有效性、公私双方沟通效率、项目公司与使用单位的协调性等共性指标。

从产出时效角度，主要设置：还本付息率、财政资金到位及时率、运营维护响应的及时率等共性指标。

从产出成本角度，主要设置：运营成本控制率 1 个共性指标。

（2）效益指标。

从社会效益角度，主要设置：增加供给、提供运营效率、促进创新等共性指标。

从项目的实际使用者角度，主要设置：对运营维护服务的满意度、对收费标准的满意度等共性指标。

从公众角度，主要设置：对项目信息公开的满意度、对项目的总体满意度等共性指标。

表3-9　PPP项目运营移交绩效指标体系一览表

序号	一级指标	二级指标	三级指标	指标计算方法	指标值
1	产出	产出数量	项目移交数量完成率	项目移交数量完成率 = 实际移交数量 / 计划移交数量 ×100%	100%
2			财政资金到位率	财政资金到位率 = 到位财政资金 / 预算投入资金 ×100%	100%
3		产出质量	政府监督的有效性	定性指标：反映政府对本项目的运营监督机制的健全性、监管落实程度	有效
4			移交测试合格率	移交测试合格率 = 移交时测试合格的数量 / 测试总数量	100%
5			设施运行完好率	反映项目实际运行水平是否达到 使用单位正常使用要求	行业标准
6			运营安全管理机制的有效性	定性指标：反映 PPP 项目实施单位对运营安全制度设置的健全性、安全事故发生次数	有效

续表

序号	一级指标	二级指标	三级指标	指标计算方法	指标值
7	产出	产出质量	公私双方沟通效率	公私双方沟通效率 = 决策阶段有效沟通次数 / 总沟通次数 ×100%	部门计划
8			项目公司与使用单位的协调性	定性指标：反映项目公司与使用单位对接协调机制的健全性，运营中巡查发现故障和事故时通知的及时性	协调
9		产出时效	还本付息率	还本付息率 = 实际还本付息金额 / 应当还本付息金额 ×100%	100%
			财政资金到位及时率	财政资金到位及时率 = 及时到位资金 / 应到位资金 ×100%	100%
10			运营维护响应的及时率	运营维护响应的及时率 = 及时响应运营维护的次数 / 运营维护总次数 ×100%	≥ 95%
11		产出成本	运营成本控制率	运营成本控制率 =（1- 实际运营成本 / 运营预测成本）×100%	≥ 0
12	效益	社会效益	增加供给	定性指标	
13			提供运营效率	定性指标	
14			促进创新	定性指标	
15		使用者的满意度	对运营维护服务的满意度		部门计划
16			对收费标准的满意度		部门计划
17		社会公众的满意度	对项目信息公开的满意度	从施工文件、竣工验收文件等信息公开及时性以及公开度进行评价	部门计划
18			对项目的总体满意程度		部门计划

第四节　经济和社会发展类项目绩效指标

根据《中共中央 国务院关于全面实施预算绩效管理的意见》精神，

广州市财政局组织第三方机构、绩效管理专家等各方面的力量，协助市本级各预算部门，对本部门的整体及财政支出项目的绩效目标和绩效指标进行了全面梳理。除上述运行保障项目外，各部门按职能梳理提炼经济和社会发展类一级项目，对经济和社会发展类项目进行归类、整理、分析，将性质相同、科目相同、用途相近、交叉重复的项目进行归并整合。在此基础上通过指标解释、指标出处、标准值、历史值等9个方面编制一级项目绩效指标，细化反映部门绩效指标，实现各类政策、数据和指标的可查询、可滚动、可修正，为全面反映市本级预算部门绩效管理情况提供重要依据。

经梳理后，目前广州市本级预算部门总共有267个经济和社会发展类一级项目，其中50个部门只有1个经济和社会发展类一级项目；30个部门有2个经济和社会发展类一级项目；6个部门有3个经济和社会发展类一级项目；11个部门有4个经济和社会发展类一级项目。见图3–3。

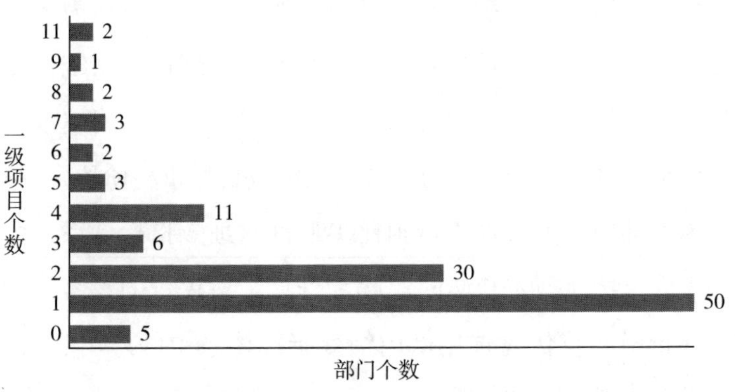

图3-3　广州市本级预算部门经济和社会发展类一级项目数量概况

这267个经济和社会发展类一级项目共设置产出指标数量5824个，效益指标数量3002个，个性绩效指标合计设置8826个。从各部门设置的经济和社会发展类一级项目绩效指标数量排序看，排列前五的分别是：广州市卫生健康委员会（共设置产出指标1023个，效益指标291个，绩效指标数合计 1314 个)、广州市教育局(共设置产出指标 238 个，效益指标 166 个，绩效指标数合计 404 个)、广州市市场监督管理局(共设置产出指标 224 个，效益指标 98 个，绩效指标数合计 322 个)、广州市文化广电旅游局(共设置产出指标 171 个，效益指标 130 个，绩效指标数合计 301 个)。

广州市财政局从多方面加强对绩效指标的研究论证和审核，力求使部门绩效指标体系更加贴近预算管理，体现部门和行业特点。一是按照“20% 的指标反映 80% 的绩效”原则，提炼关键绩效指标，加强质量控制，选择最能反映部门职能、发展规划、年度重点工作的关键性指标。二是合理设置指标值，选择经过努力才可实现的合理区间值，注重绩效指标与财政资金的匹配性。三是绩效指标应尽量选择定量指标，当无法找到合适的定量指标时，可选用定性的指标，定性指标最终需要通过一些方法转化为可量化的数据，实现其衡量功能。

通过将上述绩效指标体系应用于绩效目标编制、绩效目标审核及绩效评价等环节，增强部门绩效指标体系的实用性。一是作为绩效目标编制的参考。将部门绩效指标体系导入预算绩效管理信息系统，作为预算部门编制年度预算绩效目标的参考，进一步提高预算部门绩效目标编制水平。二是作为绩效目标审核的参考。在绩效目标审核阶段，财政部门、市本级各预算部门、绩效评审专家将参照部门绩效指标体系，对财政支出项目的绩效指标进行审核。三是作为开展绩效评价的参考。财政部门开展绩效评价时，将优先选用部门绩效指标体系中的产出和效益指标，提升绩效评价的科学性和合理性。

广州市预算绩效指标体系特点小结

一、构建全方位绩效指标体系

广州市全方位绩效指标体系以预算资金管理为主线，从政府预算、部门预算和项目（政策）预算等三个层级设置绩效指标体系，兼顾政府预算、部门预算和项目（政策）预算的不同特点，做到项目（政策）绩效目标与部门整体绩效目标相匹配、部门整体绩效目标与政府预算绩效目标相匹配，三个层级预算的绩效指标体系有效衔接。

二、实现绩效指标体系全覆盖

广州市预算绩效指标体系既覆盖一般公共预算、政府性基金预算、国有资本经营预算、社保基金预算等四本预算，还覆盖所有预算部门，也适用于市、区、镇（街）各单位，从绩效指标管理的角度实现了资金、部门、区域的全覆盖，为完善全覆盖预算绩效管理体系起到了塔基式的支撑作用。

三、共性、个性指标层次分明

如前所述，广州市财政局构建了全方位绩效指标体系，不仅详列了四本预算的核心指标和标准体系，还定量与定性相结合，收集编制了部门预算、项目（政策）预算的共性指标框架，使共性指标管理体系层次分明。各预算部门在建立“部门职责—工作任务—支出项目”的部门整体绩效指标的基础上，聚焦一级项目并明细到二级项目设置绩效指标，绩效指标和标准体系基本与本部门基本公共服务标准、部门预算项目支出标准等衔接匹配，做到部门整体绩效指标与支出项目绩效指标相结合，各部门个性化指标体系层次分明。

四、分行业、分领域指标明晰

各部门按“一个部门一套指标体系”，建立本部门绩效指标和标准体系。同时，各部门将所有财政支出项目梳理整合，分为保障运行、经济和社会发展等两大类，并对应两大类实行“5+X”一级项目管理，即保障运行类固化为5个一级项目，经济和社会发展类由部门根据工作业务，按不同的领域设置若干个一级项目，并聚焦一级项目，按“一个一级项目一套指标系列”，编制绩效指标和设置标准。各部门、各行业、各领域的绩效指标管理体系清晰明了。

五、指标编制科学、适用性强

广州市预算绩效指标体系里的指标设置，主要来源于近几年各级政府预算、部门预算，这些指标大部分都经历过每年的预算公开、运行监控、绩效评价以及评价结果公开等环节的考验。同时，这些指标也基本来源各一线业务部门、单位，是从现行基础业务工作中梳理提炼出来的，在梳理提炼的过程中也充分收集整理、综合分析了各业务的行业标准、历史数据、各地情况等方面因素。而且，广州市预算绩效指标尽量量化，指标数据资料易于收集和操作，指标解释可用计算方法予以明确，具有简便易懂的特点。因此，这套指标体系受到各预算部门、单位的好评，达到拿来即可用的效果。

第四篇

以项目为基础：广州市项目预算绩效管理实践

项目预算绩效管理是全面预算绩效管理的基础，在迈向全面预算绩效管理阶段，继续扎实提高项目预算绩效管理的质量非常重要。在全国尚未大规模开展预算绩效管理的时候，广州市自2003年便开始推进项目绩效评价，2004年便成立绩效评价处，专门推动预算绩效改革。经过十几年发展，广州市已基本建立全覆盖、全过程的项目预算绩效管理体系，为全面实施预算绩效管理打下了良好的基础。本篇完整展现了广州市在项目预算绩效管理方面的理念变迁、实际做法以及取得的成效。

项目绩效管理的重要性与特色

第一节　项目绩效管理是全面实施绩效管理的基础

全面实施预算绩效管理，构建全方位预算绩效管理格局的一项重要任务，就是将政策和项目预算全面纳入绩效管理，实行全周期跟踪问效，建立动态评价调整机制，推动提高政策和项目实施效果。

一、项目预算绩效管理有助于强化政府绩效和部门责任

首先，对于国家而言，项目支出承担着政府施政意图，它的产出和效果与政府的绩效密切相关。项目支出预算是各级政府部门为了实现特定职能而安排的支出，是在保障政府职能的基本预算支出以外，为提高政府职能作用而作出的定向性财政预算专款安排。

其次，对于行政单位而言，有效进行财政项目资金预算绩效管理能够提高资金使用单位的责任意识，提高资金的使用效用。行政事业单位根据其行政工作任务或事业发展目标确定的年度事业发展项目，并依据具体工作内容编制的年度项目支出计划。对项目开展预算绩效管理，能

够帮助相关部门在申请项目资金预算时与上一年的成效挂钩，同时精确计算项目资金使用量，并具体了解资金使用所要达到的效果，避免浪费[①]。项目预算绩效管理强化了相关部门所要承担的责任，使资金申请与使用变得谨慎，从而提高相关部门和单位的责任意识。

因此将各级政府的政策和项目预算全面纳入绩效管理，是提高项目实施效果、保障财政资金被有效利用的有效途径，也是构建全方位预算绩效管理格局的要求。

二、项目支出比重大，项目预算绩效管理任务重

首先，项目支出在总体财政支出中比重大，预算绩效管理必须牢牢把握项目支出。财政资金支出分为基本支出和项目支出，基本支出是指行政事业单位为保障其机构正常运转的支出，项目预算资金比重大且逐年上升。2018 年，中央本级支出 33226.97 亿元，中央本级基本支出 11249.66 亿元，基本支出占支出比重为 33.9%，较 2017 年下降 1.4 个百分点[②]。

其次，基层政府项目支出管理难度大、任务重。对于基层政府而言，基层行政部门机构小、人员配备少，基层政府部门处于落实国家政策的前沿，需接收各级财政下拨的资金，以及因不定期的工作任务需要所追加的项目经费等。除了大型工程项目和国家重点项目专项资金外，基层政府部门预算项目具有项目多、整体比重大、很多项目金额小的特点[③]。2018 年广州市本级一般公共预算支出 855.99 亿元，其中市本级一般公共预算基本支出 276.1 亿元，基本支出占总支出 32%。

① 董红新：“小议财政项目资金预算绩效管理”[J]，载于《管理观察》，2015（18）：137～138。

② 2017年，中央本级支出30037.69亿元，中央本级基本支出10609.12亿元，基本支出占支出比重为35.3%。

③ 游振华：“基层政府部门预算项目支出绩效管理研究”[J]，载于《时代金融》，2016（18）：268～277。

三、项目支出计划性强，项目预算绩效管理必要性突出

项目支出计划性强，项目预算绩效管理是预算绩效管理的重点。基本支出预算资金的安排，实行定员定额标准体系管理，一般列为基本支出的就不容易变动，因此其预算绩效管理相对容易。但是项目支出则具有更强的计划性和可变性，对于那些目标不合理、实际效果不佳的项目，可以暂停、暂缓列支等。在实际执行中，一些项目支出资金总额不大，分配时未能集中财力，每个单项支出额度非常小，所能起的作用很有限。因此在项目预算绩效管理中，需要对这些项目进行调整。另外项目支出预算与基本支出预算相比，预算编制“活门”多、确定难度大，因此项目预算绩效管理相对而言也更有必要。通过针对项目的预算绩效管理，设计有针对性的绩效目标、评价指标体系，评价项目实施取得的成效。同时总结经验，查找问题，分析原因，提出有针对性的意见和建议，为完善相关政策、加强项目管理、提高资金使用效益，提供重要的决策依据。项目支出预算绩效管理，对于合理安排财政资金和提升财政资金的利用效率，具有重要价值。

四、项目预算绩效管理实践较成熟，是全面实施预算绩效管理的基础

项目预算绩效管理实践早，在长期的实践中，针对项目的预算绩效管理，形成了相对稳定的模式。项目支出绩效评价是部门整体支出绩效评价和政策评价工作推广的基础。从预算申请、执行、决算的流程上来说，单个项目实施相对独立，有各自的财务管理、项目管理流程；从预算绩效管理工作开展的角度来说，单个项目涉及的组织机构相对完整，包括财政部门、预算主管部门、项目单位等。因此在预算绩效管理工作

推广的过程中，优先开展项目支出绩效评价，通过项目支出绩效评价各个“流程相对独立”但“涉及面完整”的经验积累，运用“迭代思维”把方法、理念延伸至部门支出绩效评价和政策评价，有助于逐步提高预算绩效管理工作，同时也符合“先易后难”的基本原则①。因此，预算绩效管理从项目到部门，项目预算绩效管理积累的方法、经验、模式对于全面实施预算绩效管理有重大意义。

第二节　广州市项目绩效管理的发展特点

一、环环相扣，逐步构建全过程管理链条

广州市项目预算绩效管理起步早，2004年启动项目绩效评价工作，2007年财政支出绩效评价对象由部门转向项目，基于项目的预算绩效管理逐步形成了一套稳定可行的模式，到2017年广州市逐步健全了“1+5”预算绩效管理制度体系，实现了事前、事中、事后“三位一体”的全过程预算绩效管理机制。

二、由点及面，逐步建立全方位评价体系

从2007年起，广州市全面推行了市直单位财政支出项目自评。从2013年起，广州市重点评价项目资金金额超过了自评复核项目金额。2015年，广州市重点评价首次涉及政府债务、产业发展资金、政府购买

① 刘敏、高希峰：“基于项目管理的预算绩效管理思考”[J]，载于《财政监督》，2015（19）：60-61。

服务资金等领域。自2016年开始，自评复核由财政部门评审改为第三方机构评审，提高绩效评价的公信力和权威性。2017年，要求预算部门组织对上一年度所有支出项目开展绩效自评，市财政局选取其中部分项目开展自评复核，形成“全面覆盖、重点复核”的绩效自评新机制。同年，首次对一般转移支付项目实施绩效评价。

三、稳扎稳打，逐步提升项目绩效管理质量

2008年广州市选取部分项目开展绩效目标事前申报试点工作。从2011年起，广州市对预算部门报送的绩效目标进行审核，并作为项目预算审核的一个重要依据。2016年，持续优化绩效预算评审，不仅对预算项目的预算明细及绩效目标进行专家评审，并首次实施绩效目标等级评审。2018年，进一步完善目标评审机制，采取财政审核、专家（机构）评审等方式，对部门的整体目标和重点项目开展预算绩效评审，保障绩效目标编审质量。

项目绩效目标管理

第一节　做法

一、绩效目标管理框架设计

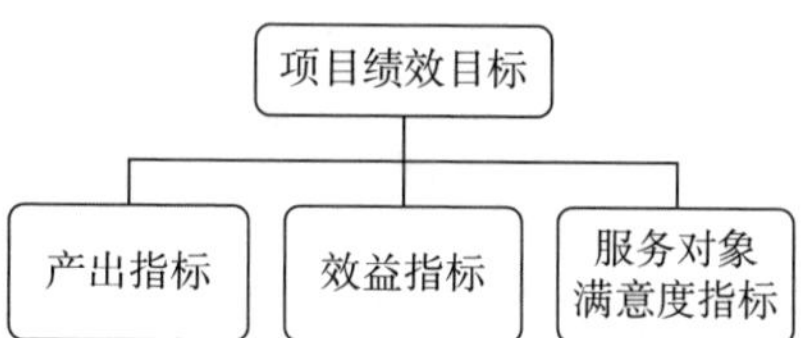

图 2-1　项目预算绩效目标框架示意图

（一）项目绩效目标

项目绩效目标，需要描述实施项目计划在一定期限内达到的产出和效果，可分为总目标和本年度目标。总目标需要概括描述项目整个计划期内的总体产出和效果（延续项目、跨年度项目）；本年度目标概括描述项目在本年度所计划达到的产出和效果。

（二）项目绩效指标

（1）产出指标。产出指标需要反映预算部门根据既定目标计划完成的产品和服务情况。可进一步细分为：数量指标，反映预算部门计划完成的产品或服务数量；质量指标，反映预算部门计划提供产品或服务达到的标准、水平和效果；时效指标，反映预算部门计划提供产品或服务的及时程度和效率情况；成本指标，反映预算部门计划提供产品或服务所需成本，分单位成本和总成本等。

（2）效益指标：反映与既定绩效目标相关的、财政支出预期结果应该要达到的效果或取得的效益，包括经济效益指标、社会效益指标、环境效益指标、可持续影响指标等。

（3）服务对象满意度指标：

反映服务对象对财政支出效果的满意程度，根据实际细化为具体指标。具体使用的指标根据项目的不同具体设定。

对于以上三类指标而言，指标内容根据实际工作需要，将细分的绩效指标确定其具体内容。指标值是对指标内容确定具体值，其中可量化的用数值描述，不可量化的以定性描述。

二、绩效指标的设置

（一）绩效目标合理性

即项目绩效目标应具有合法性、客观性、严谨性。合法性是考核项目目标设定是否违背相关法律法规和政策制度；客观性是考察项目的可实现性和可操作性；严谨性是考察项目绩效目标表述的准确性。

（二）绩效指标规范性

即项目设置的绩效指标应符合数量、量化程度等要求，按照项目库入库审核要求，绩效指标个数达 4 个以上，量化指标个数需占指标总个数比例达 50% 以上，不应设置预算完成率、管理有效性等共性指标，每个绩效指标设置相应的指标预期值，量化指标需明确计算方法。

（三）绩效指标有效性

即项目绩效指标应具有有效贴合性、全面性、合理性。有效贴合性是指指标贴合项目产出和效益情况，准确反映项目特点；全面性是指指标全面反映项目绩效，不存在明显缺失的方面或避重就轻的情况；合理性是指指标值取值适中合理、有依据、不存在明显偏高或偏低的情形。

三、绩效目标管理实施流程

3 月，市财政局向各预算单位印发《广州市本级部门预算项目支出申报指南》，制定严格规范的项目申报办法和操作流程，统一项目申报文本，要求预算单位从申请项目资金开始，就要填报资金用途和绩效目标，并细化项目明细预算，清晰说明项目立项理由、资金需求和测算标准。

6 ~ 10 月，编制绩效目标。项目申报入库阶段，各部门在申报下一年部门预算项目时，编制项目绩效目标和绩效指标，填报《财政支出绩效目标申报表》。

7 ~ 11 月，绩效目标审核。部门预算编审阶段，广州市财政局对一定金额以上（根据当年实际设定）项目的绩效目标进行审核，审核通过的项目方可列入部门预算。审核结果作为项目预算资金安排的参考依据。

10 ~ 11 月，绩效预算评审。市财政局将选取部分预算项目，按以绩效定预算原则，实施“预算金额 + 绩效目标”的专家联合评审，审核通过方可列入部门预算安排。各部门在基本确定预算金额（俗称“封库”）后，应结合专家评审和财政审核意见，进一步修改完善项目绩效目标及其指标，为项目绩效目标公开做好准备。以 2019 年项目支出绩效预算评审为例，广州市财政局从市财政局绩效专家库中抽取专家，组建 7 个专家审核小组，每组 3 名专家，共 21 名专家。选择 98 个 2019 年度部门预算项目，进行政策性和技术性审核，评审结果作为下一年度部门预算的重要依据。

绩效目标批复、公开。部门预算经市人民代表大会审查批准后，广州市财政局在批复单位预算时，将项目绩效目标连同项目预算一起批复给预算单位，并由预算单位随部门预算一并公开绩效目标。

在项目预算执行过程中，如果出现项目预算金额调整的情况，需同时办理项目绩效目标及其指标的调整工作。

四、绩效目标管理创新

2019 年，广州市财政局项目管理工作调整，将财政支出项目进行分级管理，根据工作内容及目标将项目分为运行保障①、经济和社会发展②两大类，其中运行保障类项目下设 5 个一级项目（指定项目名称）及若干个二级项目（部分项目指定名称）。经济和社会发展类下设的一、二级项目由各部门根据实际工作需要自行设立（图 2–2）。

---

① 运行保障类项目，是指各预算单位为完成一般行政工作任务或事业发展目标，编制的年度或跨年度项目支出计划。

② 经济和社会发展类项目，是指各预算单位为完成重点工作，提供公共服务，完成各项事业发展规划、计划、目标的项目安排。包括扶持经济发展、保障民生、城市管理服务和城市建设、政权与社会稳定建设、财政补贴等项目支出预算。其一、二级项目由预算单位根据需要自行设立，项目明细可以包含运行保障类以外的内容。

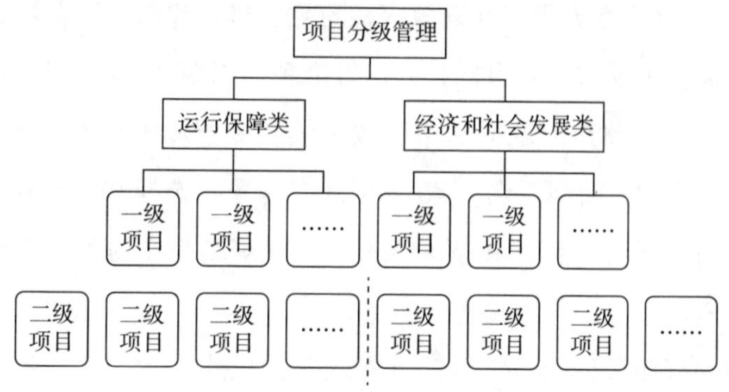

图 2-2 项目绩效目标管理

在分级项目管理模式下，对绩效目标管理方面提出了新的要求，聚焦一级项目绩效目标编制工作，所有一级项目必需编制总体绩效目标、指标。运行保障类二级项目暂不需向财政报送绩效目标及指标，经济和社会发展类二级项目必需填写绩效指标。切实减少预算单位项目入库绩效目标指标填报工作量。

第二节 典型案例分析

我们以广州市 2019 年预算评审情况为案例，介绍广州市项目绩效目标管理的情况。

一、总体情况

广州市财政局在预算编制阶段选取 98 个项目，对项目预算金额、绩效目标及指标进行评审，原则上要求在专家意见基础上安排项目预算，同时对部分存在争议的项目开展复核，综合多方因素最终确定项目的预算金额。

（一）资金情况

98个项目年初申报预算97779.75万元，经专家评审后核减至82921.42万元，核减14858.33万元，评审核减率为15.20%；根据专家意见综合考量后核定预算81555.15万元，较预算申报时核减了16224.60万元，最终核减率达16.59%。

其中："广州12345政府服务热线数据处理服务外包工作经费""市教育局广州卫职院教职工办公用计算机及打印机更新购置经费"等18个项目，经绩效预算评审后，不同程度增加预算或维持申报预算。对"市教育局铁职院创新创业教育项目经费""科技统计工作经费"等80个项目的预算金额进行了核减，预算资金由申报时的82928.80万元，核减至55588.92万元，核减率达32.97%。

（二）绩效情况

98个项目的绩效目标评分等级为：16个优、51个良、18个中、10个低及3个差，所有项目均设4个以上的绩效指标。

1. 取消预算安排

以下6个项目经专家评审后认定绩效目标设置较差，指标值设置不够科学，广州市财政局在结合专家意见综合考量后，决定对这些项目不予安排预算。

"大岭山林场植被与植物多样性调查与专著编研"绩效目标评分为"差"，专家认为应"增加调查样本量指标"。

"城维计划－征收补偿拆余房屋（无产权）日常管理工作经费""广州市水务规划纲要（2018—2035）""白坭河流域污染源暗访督查项目"及"流溪河流域污染源暗访督查项目"等4个项目绩效目标评分为"低"，专家认为缺少满意度指标或指标量化程度不够。

"广州市农业科学研究院华南地区特色蔬菜种子真实性检验关键共性

技术研究”绩效目标评分为“中”，专家认为“总体绩效指标数值偏低，建议增加指标值及内容”。

上述项目单位未能按专家意见修改、调整有关指标，项目绩效目标不明确、绩效指标不具备可行性，广州市财政局综合考量后取消项目预算安排。

2. 修改绩效指标

（1）增设满意度指标。针对缺乏满意度指标的问题，部分项目根据专家建议增设满意度指标。如“市委党校教学科研工作经费”增设“党员学习满意度”指标，“市教育局城职院礼堂LED屏幕及信号传送系统购置经费”增设“使用LED屏幕活动的满意度”指标，“禁毒教育馆宣传教育工作经费”增设“群众对禁毒宣传教育工作满意度”指标，“诉讼档案数字化专项经费”增设“档案使用人员对档案数字化项目满意度”指标。

（2）增设效益指标。针对效益指标设置不足的问题，部分项目根据专家建议增设效益指标。如“禁毒教育馆宣传教育工作经费”增设“提高群众对毒品危害认识的程度及禁毒宣传力度”指标，“交警支队涉案车辆拆解及管理服务项目经费”增设“交通事故死亡人数下降率”指标，“皮书系列编纂、出版（8部）工作经费”增设“为决策提供咨询服务采用率”指标，“广州市人防工程规划”增设“为公共人防工程建设提供创新思路”指标。

（3）增设量化指标。针对指标量化程度不足的问题，部分项目根据专家建议增设量化指标。如“皮书系列编纂、出版（8部）工作经费”增设“媒体宣传报导数”指标，“珠江广州河段（流溪河口－黄埔港）河道管理范围划界确权方案项目”增设“地形图测绘和缩编工作完成率、水下地形测绘工作完成率”等指标，“中小客车增量指标竞价委托服务工作经费”增设“运行故障天数”指标，“工商执法办案工作经费”增设“举报线索处理增长率”等指标。

（4）删除不适宜指标。针对绩效指标不合理的问题，部分项目根据专家建议删除不适宜指标。如“广州市人防工程规划”删除“基础调研”指标，“中小客车增量指标竞价委托服务工作经费”删除“竞价服务出错次数、竞价用户有效投诉数量”指标，“工商执法办案工作经费”删除“新创建无传销区、行政复议按期办结率”等指标，“卫生评估评审业务工作经费”删除“患者稳定率、规范管理率”等指标。

二、典型案例

2018 年，广州市城市管理委员会申报“创建容貌示范社区奖励和工作经费”项目。该项目的总体目标和绩效指标设定，见“创建容貌示范社区奖励和工作经费”总体情况表（表 2–1）。

2018 年 10 ~ 11 月，广州市财政局组织专家团队进行项目评审，该项目在评审项目范围内。专家评审包括专家独立评审和专家会议讨论。

（1）专家独立审核：专家根据单位申报的项目资料，个人定量打分、定性评价、做出结论、阐述理由并填写《广州市本级部门预算项目个人评审意见表》（含项目预算明细和绩效目标的审核）。

（2）专家会议讨论：由市财政局组织召开会议，专家审核小组组长召集本小组专家成员，对项目进行汇总评价、做出结论、阐述理由并填写《广州市本级部门预算项目小组评审意见表》（含项目预算明细和绩效目标的审核）。

经过专家评审，针对广州市城市管理委员会申报“创建容貌示范社区奖励和工作经费”项目的编制文本，提出了项目改进建议，其中最重要的部分是对绩效目标的改进建议。表 2–2 是专家评审组建议表格。

表2-1　“创建容貌示范社区奖励和工作经费”总体情况表

单位：万元（保留两位小数）

<table>
<tr><td rowspan="9">基本情况</td><td rowspan="2">申报单位</td><td colspan="2" rowspan="2">广州市城市管理委员会（广州市城市管理综合执法局）</td><td rowspan="2">项目联系人</td><td rowspan="2">陈 ××</td><td>办公电话</td><td>83××××××</td></tr>
<tr><td>手机号码</td><td>135××××××××</td></tr>
<tr><td>项目名称</td><td colspan="2">创建容貌示范社区奖励和工作经费</td><td>项目编码</td><td colspan="3">4031710000050</td></tr>
<tr><td>项目类别</td><td colspan="2">业务工作经费</td><td>项目属性</td><td colspan="3">新增项目□　持续项目☑　跨年度项目□</td></tr>
<tr><td rowspan="2">项目依据</td><td colspan="2" rowspan="2">《中共广州市委关于印发〈中共广州市委常委会2018年工作要点〉的通知》（穗字〔2018〕2号）、《广州市人民政府关于印发2018年市政府工作报告部署工作责任分工的通知》（穗府〔2018〕5号）、《广州市人民政府办公厅关于印发广州市城市管理第十三个五年规划（2016—2020年）的通知》（穗府办〔2017〕16号）</td><td rowspan="2">项目起止时间</td><td colspan="3">开始时间：2019年1月1日</td></tr>
<tr><td colspan="3">完成时间：2019年12月31日</td></tr>
<tr><td>主管部门</td><td colspan="2">广州市城市管理委员会</td><td>主管部联系人</td><td>蔡 ××</td><td>联系电话</td><td>83××××××</td></tr>
<tr><td>项目</td><td>合计</td><td>一般公共预算</td><td>政府性基金预算</td><td>国有资本经营预算</td><td>财政专户管理资金</td><td>其他资金</td></tr>
<tr><td>项目总预算</td><td>15401.12</td><td>15401.12</td><td></td><td></td><td></td><td></td></tr>
<tr><td></td><td>以前年度累计已安排预算</td><td>6099.62</td><td>6099.62</td><td></td><td></td><td></td><td></td></tr>
</table>

续表

基本情况	2019 年申报预算	3100.50	3100.50				
	2020 年申报预算	3100.50	3100.50				
	2020 年申报预算	3100.50	3100.50				
	项目申报情况说明	创建容貌示范社区工作从 2012 年开始，由市城管委牵头组织，以相关的法律法规和技术规范为主要依据，以社区环境面貌的整治、改造、提升为主要内容，2016 年以来连续 3 年被市委常委会列入工作要点，市政府每年安排 3000 万元专项经费用于奖励创建成功的社区，还被纳入《广州市城市管理第十三个五年规划（2016—2020 年）》，取得了预期效果。全市至今已经成功创建超过 200 个市、区两级容貌示范社区，累计直接惠及居民群众逾 200 万人 创建工作是一项惠民利民的民生工程，需要持之以恒、久久为功、系统推进，不能一蹴而就、急功近利。当前各区、街（镇）和社区发展不均衡，人力、物力和财力受限，致使创建工作不可能一步覆盖到全市所有社区，只能分批次、分阶段、分区域推进。先选取具备一定条件、创建意愿强、提升空间大、区位影响广、受惠群众多的社区进行创建，并逐年进行延伸和覆盖，示范和带动全市其他社区提高管理水平，稳步实现全域城市容貌品质的提升					
	项目内容	创建容貌示范社区活动，是经市委市政府批准，由市城管委牵头组织，市财政局、住房城乡建设委、林业和园林局、体育局和城市更新局等相关职能部门按照各自职责对口指导，各区党委和政府作为创建责任主体具体实施，涵盖完善组织管理、改善容貌秩序、推行垃圾分类、提高环境卫生水平、推进“厕所革命”、严控违法建设、落实市容环境卫生责任区制度、规范户外广告与招牌设置、加强燃气设施监管、强化井盖设施维护管理、提升园林绿化档次、优化城市照明管理以及完善公共体育设施等 13 个方面内容的一项综合性创建活动。为保障创建工作有序开展，申报经费预算金额为 3100.5 万元，其中转移支付 3000 万元，由市财政一次性转移支付到各区，用于对创建成功的市级容貌示范社区按照每个社区 100 万元的标准给予奖励；工作经费 100.5 万元，包括：宣传、培训、学习调研、年度检查验收工作等经费					

续表

绩效目标	总体绩效目标	容貌示范社区创建工作以“创建为民，创建惠民”为根本出发点和落脚点，遵循“创新、协调、绿色、开放、共享”发展理念，按照“巩固、拓展、延伸、提高”工作方针，搭建社区环境面貌共建共治共享平台，广泛凝聚社会共识，解决一批市容管理顽疾和历史遗留问题，推动一批法规、规范和制度的落实及长效工作机制的构建，不断优化和改善社区环境面貌，打造“地面干净、立面整洁、秩序井然、环境优美、居民满意”的宜业宜居环境，不断提升城市容貌品质和人居环境质量，切实增强居民群众的获得感、幸福感				
	总体绩效指标	一级指标	二级指标	指标内容	指标值	备注
		产出指标（数量、质量、时效、成本方面的指标） 年终检查验收	日常督导督办	从当年2月份开始，每月一次，按照每个区不少于2个社区，全市不少于22个社区的标准，由市城管委牵头，对参与创建容貌示范社区的日常环境卫生和容貌秩序情况、垃圾分类和市容环境卫生责任区制度落实情况、户外广告和招牌设置及井盖设施维护管理情况进行督导督办，并于次月通报情况，以点带面，发现整改问题，倒逼属地责任落实，不断推动创建社区日常管理水平的提升	100%	
			年终检查验收	由市城管委会同市住房城乡建设委、林业和园林局、体育局以及邀请相关专家和媒体记者，组成验收小组，对申报市级创建的社区（按35个估算）逐个进行年终检查验收，并评定分数，综合日常督导督办结果，给出年度评价意见，报市政府批准后，颁发铭牌，并在全市范围内进行通报，指出存在问题，提炼行之有效、可复制可推广的经验和做法，扩大创建活动的影响力，提升创建活动的认同率，吸引更多的社会力量和资源，参与到创建中来，不断提高社区容貌水平	100%	

续表

绩效目标		效益指标（经济、社会、文化、环境效益、可持续影响等方面指标）及服务对象满意度指标 创建社区居民群众满意度提高	创建社区环境面貌得到改观	通过清理卫生死角、清洁建筑物外立面、规整“三线”、整治广告招牌、修复城市道路以及升级社区绿化和公共设施等，提高社区的环境卫生水平，优化容貌秩序，改善社区环境面貌	90%	
			创建社区居民群众满意度提高	越来越多的社区居民群众知晓、认可和参与创建活动，社区居民群众居住的舒适感得到提升，满意度得到提高	80%	

表2-2　“创建容貌示范社区奖励和工作经费”项目专家审核建议

重点项目名称	创建容貌示范社区奖励和工作经费	
重点项目编制文本的改进建议	对预算明细的改进建议（指出预算明细不清晰或缺乏依据的地方）	宣传工作经费预算中关于宣传片拍摄 18 万元、系列宣传活动费用约 15 万元，缺少测算依据，建议在重要说明一栏中体现选择 18 万元和 15 万元的原因和依据，或货比三家择优而定
	对绩效目标的改进建议	①效益指标中“公共设施”指标不明确，建议指出包括哪些公共设施、设施数量、规模等，量化指标 ②效益指标中“服务对象满意度指标”不清晰，建议增加社区居民满意度调查表份数，增加 80% 的社区居住群众满意度指标值

市城管委根据评审意见修改绩效目标如表2-3。

表2-3 “创建容貌示范社区奖励和工作经费”项目绩效目标修改表

二级指标	指标内容	指标值
创建容貌社区个数	创建市级容貌示范社区和区级容貌示范社区的数量目标	30个市级容貌示范社区和不少于55个区级容貌示范社区
日常督导督办次数	由市城管委牵头对参与创建容貌示范社区进行督导督办，并于次月通报情况，以点带面，发现整改问题，倒逼属地责任落实，不断推动创建社区日常管理水平的提升	自每年2月起每月一次，按照每个区不少于2个社区的标准，全市不少于22个社区
年终检查验收通过率	由市城管委会同市住房城乡建设委、林业和园林局、体育局以及邀请相关专家和媒体记者，组成验收小组，对申报市级创建的社区逐个进行年终检查验收，并评定分数，综合日常督导督办结果，给出年度评价意见，报市政府批准后，颁发铭牌，并在全市范围内进行通报	年度检查验收总得分在80分及以上且排名在前30名的社区，具备市级容貌示范社区的评定资格
创建社区环境面貌改观比例	通过清理卫生死角、清洁建筑物外立面、规整“三线”、整治广告招牌、修复城市道路以及升级社区绿化和公共设施等，提高社区的环境卫生水平，优化容貌秩序，改善社区环境面貌	90%
创建社区居民群众满意度提高	越来越多的社区居民群众知晓、认可和参与创建活动，社区居民群众居住的舒适感得到提升，满意度得到提高	80%

第三节 特点及成效

一、特点

一是项目绩效目标管理重点突出。根据最新的项目库管理方案，管理聚焦一级项目绩效目标编制工作，重点加强经济和社会发展类项目绩效预算管理。一级项目必需编制总体绩效目标、指标。社会经济事业发展类二级项目必需填写绩效指标。减少预算单位项目入库绩效目标指标填报工作量。

二是专家参与项目绩效目标评审。部门编制绩效目标和指标并申报项目，之后市财政局将选取部分预算项目进行绩效目标专家评审，审核通过方可列入部门预算安排。各部门需结合专家评审和财政审核意见，进一步修改完善项目绩效目标及其指标。

三是项目绩效目标管理公开透明。近年来，广州市加大绩效目标公开力度，公开项目数量取得突破性增长，2017 年首次实现了一般公共预算支出项目和专项资金项目绩效目标公开的全覆盖。

四是以绩效评审结果核定财政预算。专家同时对预算金额和绩效目标进行评审，体现预算安排和绩效目标的匹配性，原则上要求在专家意见以下安排项目预算，硬化专家评审意见刚性，同时对部分存在争议的项目开展复核，统筹安排项目的预算金额。

二、成效

随着项目绩效目标管理制度改革的推进，各部门的项目绩效目标编审水平明显提高，项目目标设定和绩效指标设计更加科学合理，主要表现为以下三点。

（一）提升项目绩效目标及指标的设置水平

专家对部分重点项目的绩效目标评审，并且针对各部门报送的项目申报材料提出改进建议，使各单位认识到绩效目标和指标设定有诸多问题，并查漏补缺，以提升项目目标和指标设定的科学性，为后续项目的落实奠定基础。

（二）部门绩效意识明显增强

一是通过公开绩效目标树立绩效理念。经过2017年、2018年、2019年连续三年绩效目标公开、部分项目公开绩效指标、实现部门整体绩效目标和指标全公开等，推动绩效目标公开常态化。通过这种项目绩效目标及指标全公开，主动接受社会监督，各部门在预算编制中普遍树立了“要钱有目标”的理念，申报预算更加谨慎合理。

二是精益求精，不断优化绩效目标。不少项目的绩效目标和指标设置已经得到专家认可，但预算部门仍积极主动完善目标指标，如“中小客车增量指标竞价委托服务工作经费”绩效目标评分等级为“优”，专家对目标及指标的设置均无意见，部门在反复斟酌后，在5个指标中替换了2个更适宜的指标。

（三）坚决削消低效无效资金

财政资金面临资源有限性与需求无限性之间的矛盾，这就要求财政资金使用做到效用最大化，坚决取消无效资金，削减低效资金。

一是取消无效资金。对“大岭山林场植被与植物多样性调查与专著编研”等6个绩效目标设置较差的项目，取消2019年的预算安排。

二是削减低效资金。如“长期护理保险委托经办工作经费”项目，因社会效益不明确，项目量化程度不够，且经评审后未完全按建议进行修改等原因，削减了项目预算达到98.48%；“宣传工作经费”项目，因绩效目标评分等级较低，缺少部分效益指标，且经评审后未完全按建议进行修改，削减了项目预算45%。

项目绩效运行监控

第一节　做法

广州市财政局基本构建了部门整体与支出项目相结合的绩效运行监控体系，本章主要介绍项目绩效监控体系的构建。广州市项目绩效监控主要包括以下两类：一是人大重点审议项目和关联项目。此类项目在部门整体绩效监控中同时开展，一般由市财政局委托第三方机构实施。二是 500 万元以上项目。市财政局布置有关部门填报绩效运行登记表报该局备案，并从当年 3 月起对上述项目的支出进度进行序时进度与计划进度双通报。

项目中期绩效监控时点一般为当年 6 月 30 日，项目的绩效监控内容主要包括以下两部分。

一、项目支出进度

预算部门报告重点项目 1 ~ 6 月份资金使用情况，包括项目预算数、项目实际支出、项目支出进度。第三方机构根据序时进度考核要求，对项目 1 ~ 6 月份的绩效指标进展情况及预期情况进行评估。

二、项目绩效指标完成进度

预算部门报告重点项目内容和年度绩效目标。第三方机构从项目主要绩效指标的实现程度，评估项目年度绩效目标是否跑偏、资金是否脱靶以及年底绩效目标预期是否达到。

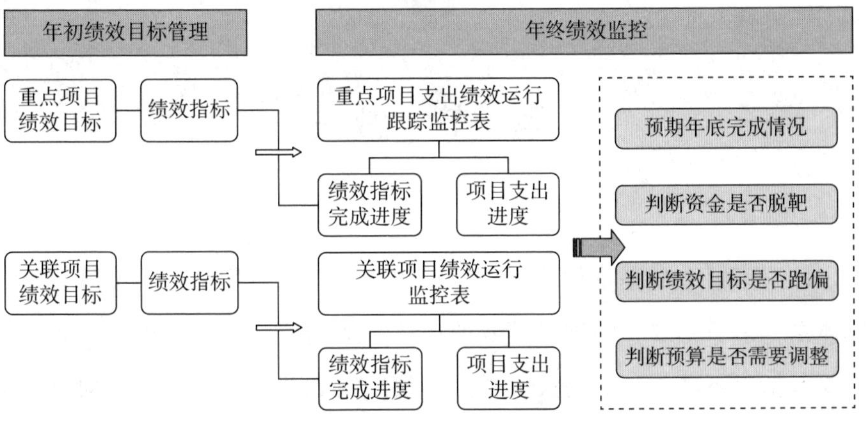

图 3-1　项目预算绩效监控框架示意图

第二节　典型案例分析

2018 年初，广州市人大选定市教育局、发改委等 11 个部门为专题审议预算部门，并从这 11 个部门中确定“中小学教师继续教育专项工作经费”等 12 个项目为年度重点审议项目，因此市财政局在年中对这 12 个项目进行了中期监控。现对这 12 个项目的监控为案例，介绍广州市开展项目绩效跟踪监控的情况。

一、总体情况

通过填报《重点项目支出绩效运行跟踪监控情况表》，对上述重点审议项目支出进行监控，重点监控项目 1 ~ 6 月份的支出进度及其绩效目标的实现程度，反映项目的预算执行情况和绩效指标运行情况。

（一）完成率情况

重点项目预算完成率：12 个重点项目中，10 个项目的支出进度超过 50%，只有市环保局的“空气、水源水质、噪声环境质量自动监测工作经费项目”、市科技创新委员会的“广州再生医学与健康广东省实验室支出项目”等 2 个项目的支出进度尚未达到序时进度。

（二）指标实现情况

重点项目绩效目标的指标完成率达到 80%，其中市教育局“中小学教师继续教育专项工作经费”等 5 个重点项目的绩效指标全部达到年中监控要求，阶段完成上半年绩效目标；市国资委“福山循环经济产业园生活垃圾应急综合处理二期”项目的实施时间在下半年。

（三）监控报告指出的存在问题情况

1. 支出进度方面

部分重点项目支出进度偏慢。市环保局的“空气、水源水质、噪声环境质量自动监测工作经费”和市科创委的“广州再生医学与健康广东省实验室支出项目”等 2 个重点项目的支出进度低于 50%，涉及金额 3.06 亿元。

2. 绩效目标方面

报告指出，部分项目绩效指标没有量化细化、指标值设置偏低、绩效指标无法考核、绩效指标实现佐证材料不足等问题。

（四）监控报告指出的相关对策及建议情况

一是提高预算编制的准确性。改进和完善预算管理，严格项目申报立项论证，严格控制年中追加和预算调整，进一步推进项目库管理改革。二是强化预算执行的刚性约束。严格按照预算、项目进度和程序审批、拨付财政资金，保证资金及时到位使用，避免闲置沉淀。三是加强预算执行管理。加强对部门单位分配资金的管理和监督，加快项目支出进度，完善预算执行动态监控机制，提高财政资金使用绩效。四是抓好绩效目标源头管理。部门编制预算时，项目绩效目标应充分体现产出、结果、成本、效益等绩效信息，进一步增强绩效指标的科学性和合理性，合理匹配预算资金。五是强化绩效运行监控管理。监控中发现确实无法实现绩效目标的，及时调整预算，防止目标跑偏、资金脱靶，确保绩效目标顺利实现。

二、案例一：空气、水源水质、噪声环境质量自动监测工作经费

2018年市环保局部门监控重点项目为“空气、水源水质、噪声环境质量自动监测工作经费”项目，监控时段为2018年1～6月，通过第三方重点监控，得出2018年上半年环保局“空气、水源水质、噪声环境质量自动监测工作经费”项目支出绩效监控情况如下。

（一）资金安排与支出

该项目资金支出率较低。依据《关于广州市环境保护局2018年部门预算的批复》（穗财编〔2018〕113号），项目年初预算安排为633.04万元。截至6月30日，实际支出96.93万元，支出率为15.31%。项目预算安排与支出基本情况如表3-1所示。

表3-1　项目预算安排与支出基本情况①　单位：万元

序号	支出方向	预算数	占比（%）	实际支出数	支出率（%）
1	维修（护）费（委托运营费）②	410.00	64.77	18.50	4.51
2	电费	70.00	11.06	15.39	21.99
3	专用材料费	47.00	7.42	20.10	42.77
4	邮电费	40.00	6.32	11.73	29.33
5	租赁费	30.00	4.74	25.00	83.33
6	差旅费	12.00	1.90	1.90	15.83
7	维修（护）费	10.00	1.58	0.98	9.80
8	其他商品与服务支出	5.94	0.94	2.91	48.99
9	劳务费	5.00	0.79	0.14	2.80
10	办公费	2.00	0.32	0.28	14.00
11	印刷费	1.00	0.16	0.00	0.00
12	水费	0.10	0.02	0.00	0.00
小计		633.04	100.00	96.93	15.31

项目年初预算主要支出方向是维修（护）费（委托运营费），占总预算的64.77%（为410.00万元），此项费用的支出主要是通过政府采购，以公开招标的形式确认中标服务商，支付中标服务商的服务费。

但截至6月30日，维修（护）费（委托运营费）实际仅支出18.50万元，支出率仅为4.51%，从而造成项目总体支出率较低。主要原因：一是2017年签订的委外（委托外部运营）业务合同进度款项暂未支付；二是2018年新的委外业务合同暂未签订。

（二）项目绩效指标完成进度

该项目的年度目标是：保障水、气、声三大自动监测系统正常运行，按时向上级部门上报监测数据，并通过媒体平台向公众公布广州市空气

① 信息来源：项目《入库申请表》、自评资料。

② 测算依据：根据过往投标单价，站点的委托运营经费，主要用于空气自动监测站、交通噪声监测点、水站、噪声和环境质量电子显示屏、超级站部分非常规仪器、空气自动监测质量成效审核等的委托运营维护；水质流动监测车运营维护费、从化水站运营维护费；还包含2016年签订运维合同，2017年支付的尾款。

质量、水质质量状况。为了确保年度目标的实现，市监测站还设置了5个产出指标和2个效益指标，均属于年度性考核指标。

截至6月30日，各项指标基本有序推进，目标及绩效完成情况如表3-2所示。

表3-2 年度绩效目标与指标基本情况①

年度绩效目标				
保障水气声三大自动监测系统的正常运行。按时向国家环境监测总站、省环境监测中心上报环境空气质量日报、预报、实时报以及水质周报。按时向国家上报温室气体、灰霾影响试点监测数据。按时向环保主管部门上报水质周报、噪声自动监测报表。通过网页、微博、信息、电子显示屏等公布广州市空气质量、水质质量状况				
一级指标	二级指标	指标内容	指标值	执行情况
产出指标（5个）	气数据有效率	气数据有效率=取得的有效气监测数据/全年应得的数据 ×100%	>90%	空气、水、声三大自动监测系统为每天24小时不间断运行。截至监控时点，三大系统均正常运行
	声数据捕集率	声数据捕集率=取得的所有声监测数据/全年应得的数据 ×100%	>95%	
	水数据有效率	水数据有效率=取得的有效水监测数据/全年应得的数据 ×100%	>75%	
	空气国控点网络、用电正常率	保障空气国控点位的用电、网络、场地正常。空气国控点网络、用电正常率=国控点年正常天数 ÷365×100%	>95%	
	监测报表提交率	监测报表提交率=提交监测报表数量 ÷ 应提交监测报表数量 ×100%	>99%	截至监控时点，按要求向上级部门提交各类数据报表
效益指标（2个）	发布实时监测数据	为市民服务，每天发布实时空气质量数据	每日及时发布实时空气质量数据	在“广州市空气质量实时发布系统”②上每日发布实时空气质量数据
	合作研究项目数量	为同行研究机构的污染物特征及来源研究提供研究平台，合作研究项目达1项以上	>1	积极推进中

① 信息来源：《关于广州市环境保护局2018年部门预算的批复》（穗财编〔2018〕113号）、《空气、水源水质、噪声环境质量自动监测工作经费重点项目2018年上半年总结》。

② 信息来源：广州市空气质量实时发布系统网站，http://210.72.1.216:8080/gzaqi_new/realtimedate.html。

总体来说，绩效目标未跑偏。

（三）发现问题

1. 项目资金支出率较低

截至6月30日，项目预算资金支出率为15.31%。主要是因为占预算资金比例（64.77%）较大的维修（护）费（委托运营费）支出较少。

2. 委外业务合同的衔接性有待提高

2017年签订的委外业务合同，服务结束时间均为2018年6月30日，但由于2018年的招标工作开始时间较晚，在6月7日才发布招标公告①,6月29日发布中标公告②，新的委外业务合同暂未签订，服务时间面临衔接空挡，尤其是如果原服务商没有中标，服务工作存在停止的风险。

（四）建议

1. 合理设置委外业务合同款项支付方式

项目支出进度是否合理，能够反映出项目单位对资金使用的计划性和均衡性。查阅市监测站与各中标服务商签订的《空气、水源水质、噪声环境质量自动监测服务项目合同》，各中标服务商每月、季、年均需提交相关运行报告，可考虑在每季对各中标服务商进行工作质量考核，根据考核结果按季度支付合同款项，而不是仅在合同签订后10个工作日、合同服务期结束后两个时间点支付合同款项；此举一方面有助于提高支出进度的均衡性，避免某一季度资金的大幅度支出，另一方面也有助于加强对各中标服务商工作质量的约束力，强化质量控制。

---

① 信息来源：中国政府采购网，《空气、水源水质、噪声环境质量自动监测服务项目公开招标公告》，http：//www.ccgp.gov.cn/cggg/dfgg/gkzb/201806/t20180607_10060102.htm。

② 数据来源：中国政府采购网，http：//www.ccgp.gov.cn/cggg/dfgg/zbgg/201806/t20180629_10190251.htm。

2. 提前安排招标工作，科学把控时间节点

由于“空气、水源水质、噪声环境质量自动监测工作经费”项目属于经常性专项和持续性项目，故合理的计划和时间安排能够强化工作的目标导向性，提高工作效率，实现对项目整体进度良好的把控，确保项目顺利实施。建议市监测站可根据项目委外业务合同的服务时间，按《政府采购法》《政府采购法实施条例》，合理制定招标工作计划，在上一周期委外服务合同服务期限结束前，预留足够的时间，加快完成项目招投标的前期准备工作，确保委外业务合同服务时间的连续性。

三、案例二：广州市重大动物疫病强制免疫疫苗补助项目

2018 年市农业局监控的重点项目为“重大动物疫病强制免疫疫苗补助”项目，监控时段为 2018 年 1 ~ 6 月。通过第三方重点监控，2018 年上半年，“重大动物疫病强制免疫疫苗补助及运行经费项目”的绩效目标未跑偏，资金未脱靶。

（一）项目本年绩效目标及预算支出安排

2018 年“重大动物疫病强制免疫疫苗补助及运行经费项目”的绩效目标是：通过采购禽流感、口蹄疫、狂犬病、马日本脑炎和马流感等疫苗，以及为疫苗提供冷链运行、维护管理等运行保障工作，完成国家、省、市重大动物疫病免疫计划和广东从化无马疫病区的要求，保障动物强制免疫密度和质量，减少动物疫病发生，有效控制重大动物疫病爆发，减少养殖户经济损失。

为实现上述目标，2018 年对“重大动物疫病强制免疫疫苗补助及运行经费”，安排预算支出 559.84 万元。

（二）2018年1～6月重点项目支出进度

2018 年 1 ～ 6 月“重大动物疫病强制免疫疫苗补助及运行经费项目”预算支出 559.84 万元，实际支出 335.33 万元，支出进度比例为 59.9%，达到 50% 的年中支付进度要求。

经专家审查，“重大动物疫病强制免疫疫苗补助及运行经费项目”资金设有专账专户管理，资金全部用于疫苗补助方面，严格按照相关资金管理办法和财务制度使用资金，未存在挤占、挪用资金现象。

（三）2018年1～6月重点项目绩效目标完成情况

“重大动物疫病强制免疫疫苗补助及运行经费项目”的绩效指标有 12 个：资金到位率、资金支出进度、资金使用规范率、强制免疫病种覆盖率、免疫密度、免疫质量达标率、免疫时效、挽回经济损失、疫病防控实际效果、社会和经济效益、疫苗质量效果、技术跟踪服务。

如表 3–3 所示，1 ～ 6 月强制免疫病种覆盖率≥ 100%，达到≥ 100% 的指标值要求。强制免疫密度≥ 100%，达到≥ 100% 的指标值要求，上半年免疫工作已完成，免疫质量效果在下半年进行，预计年度能够完成达标率 100% 的指标性要求。通过免疫工作，降低畜禽的死亡率，上半年为养殖户挽回经济损失 1.02 亿元，达到挽回经济损失的指标性要求，上半年广州辖区内未出现恶性、流行性重大疫情，疫病防控效果达到有效控制的指标性要求，未收到对疫苗质量的投诉，疫苗质量效果达到满意的指标性要求，项目上半年绩效目标完成情况良好。

表3-3　　重点项目绩效目标完成情况

主要绩效指标	年度指标值	上半年完成情况	年底完成可能性
1. 资金到位率	按实际到位计算	资金到位率 100%	已完成
2. 资金支出进度	按进度完成	上半年使用进度为 59.9%	已完成
3. 资金使用规范率	=100%	资金使用规范达到 100%	已完成

续表

主要绩效指标	年度指标值	上半年完成情况	年底完成可能性
4. 强制免疫病种覆盖率	≥ 100%	上半年强制免疫病种覆盖率≥ 100%	已完成
5. 免疫密度	≥ 100%	上半年强制免疫密度≥ 100%	已完成
6. 免疫质量达标率	=100%	上半年免疫已完成，免疫质量监测工作正在开展中	已完成
7. 免疫时效	满足防疫需要	上半年满足防疫需要	已完成
8. 挽回经济损失	以全市畜禽出栏量 5% 的死亡率价值折算	上半年挽回经济损失 1.02 亿元	已完成
9. 疫病防控实际效果	有效控制	上半年实现有效控制	已完成
10. 社会和经济效益	减少动物疫病发生	上半年有效减少动物疫病发生	已完成
11. 疫苗质量效果	满意	未收到有不满意的投诉和反映	已完成
12. 技术跟踪服务	满意	未收到有不满意的投诉和反映	已完成

（四）预计全年预算完成情况

在支出方面，根据农业局下半年的工作计划，剩余项目资金预期能在年度完成支付，资金未存在脱靶现象。

在绩效目标方面，如表 3–3 所示，2018 年 1 ～ 6 月“资金支出进度”为 59.9%，下半年能够完成，“免疫质量达标率”要达到 100%，上半年免疫已完成，免疫质量监测工作正在开展中，下半年能够完成。其余的“资金到位率”“资金使用规范率”“强制免疫病种覆盖率”“免疫密度”“免疫时效”“挽回经济损失”“疫病防控实际效果”“社会和经济效益”“疫苗质量效果”“技术跟踪服务”这 10 个指标实际上均已完成年度指标。总之，年底各项指标均确定能够完成，绩效目标未跑偏，无须调整预算。

（五）存在的主要问题

（1）部分绩效指标设置不科学。该重点项目部分指标设置不科学，不符合绩效目标的内容，比如将“资金到位率”“资金支出进度”“资金使用规范率”这3个有关资金管理的指标作为项目的绩效目标，与项目绩效目标内容不符。

（2）个别绩效指标表述不规范。个别指标表述不规范，比如将“社会和经济效益”作为一项指标，并且其指标值与“疫病防控实际效果”指标的指标值雷同。

第三节　特点及成效

一、特点

（一）重点项目与关联项目相结合

对于重点项目，财政局组织第三方机构对项目进行跟踪监控。对于其他项目，采取抽查的方式，根据各个部门的绩效目标抽取填制《关联项目绩效运行监控表》，体现了项目监控的全面性，同时有利于推动对部门整体绩效的监控。

（二）支出与绩效双监控，实现“四同”管理机制

广州市项目绩效监控是将项目支出进度监控和项目绩效指标完成进度监控合二为一，将单一的支出进度管理转变为预算执行、绩效目标双维度管理，实现绩效运行跟踪监控与预算执行进度、均衡性等同预警、同通报、同反馈、同提高，有利于提升项目绩效监控的水平，切实把握项目的运行情况，作出科学的判断和建议。

（三）注重外部参与，保障监控科学客观

在项目的预算绩效监控中，引入第三方机构参与，充分发挥外部专业力量的独立性、公正性、权威性，有利于保障监控过程和结果的科学性和客观性。

二、成效

通过对各部门的重点项目和关联项目的绩效跟踪监控，实现了对于各部门项目绩效的有效管理。通过监控提升了部门在项目执行中的绩效意识，以监控促落实，防止目标跑偏、资金脱靶，确保绩效目标顺利实现；以监控促效率，发现资金运转存在问题以及绩效目标难以实现的，提出建议整改，及时申请调整预算，避免资金沉淀，切实提高财政资金使用效益。

（一）以监控促进预算执行，优化财政资源配置

通过监控发现有些项目预算执行不到位、较难完成等问题，立即予以项目预算调整，既能保障项目预算年内执行完毕，又能将节省下来的资金及时进行调配，提高财政资金使用效益。如市科创委“广州再生医学与健康广州省实验室建设”、市商务委“广州市商务发展专项资金”、市知识产权局“广州市专利工作专项资金发展资金”、市农业局“重大动物疫病强制免疫疫苗补助及运行经费”等重点项目，根据重点项目绩效监控报告提出的问题和有关建议，对重点项目预算进行了核减。其中：市科创委根据项目监控报告中指出的“绩效完成情况部分滞后、实施进度相比实施方案偏慢”的问题，将该项目预算从30000万元削减到15000万元，预算核减率达50%。

（二）以监控促进绩效实施，提升资金使用质量

通过监控，重点监测项目绩效指标的实施情况，发现绩效指标的实施与预算安排初衷不一致、实施效果有偏差、期初指标设置不全面等各方面问题，及时调整绩效指标，保障项目预算绩效目标的实现。如对市教育局“中小学教师继续教育专项工作经费”项目、市文广新局“中国（广州）国际纪录片节”项目、市商务委“广州市商务发展专项资金”、市公安局交警支队“拖吊车服务项目经费”等重点项目的绩效指标进行了调整。其中，市公安局交警支队根据监控报告指出的“项目单位仅设置了3个项目产出绩效指标目标，而缺少对项目效果指标的反映；指标设置不够全面，难以综合评估项目”的问题，增加了“拖吊车到场作业时间的及时性”和“群众满意度”指标，进一步完善了项目评价指标构架，更加科学地评估项目实施带来的社会效益。

第四章

项目绩效评价实施

第一节 做法

一、绩效评价框架的构建

广州市经过多年的探索实践，建立起“全面自评、部分复核、重点评价”的项目绩效评价管理体系，组织每年的项目绩效评价工作。同时明确了制定评价工作规范、选定评价项目、选取第三方承办机构、规定第三方评价流程等各个环节的管理规则。

（一）制定评价工作规范

广州市财政局每年均制定当年的绩效评价工作规范，明确评价指标框架，设置共性评价指标，设定个性化绩效指标以及各个指标的评分规定等评价规则。无论是采取哪种评价方式，均需按此规范实施评价。

（二）选定评价项目

广州市财政局按此规范组织所有预算单位对所有财政支出开展自评；

从所有自评项目中选取部分项目进行复核，复核工作一般委托第三方机构实施；选取支出金额较大、有一定社会影响、重大投资的重点（大）项目，委托第三方机构实施重点评价。其中，重点项目的选定需征求市人大预算工委、审计局等相关部门意见后，经市财政局局长办公会议审议审定。

（三）选取第三方承办机构

广州市财政局从通过政府采购确定的第三方机构中选取承办具体评价项目的机构。首先，将所有项目的评价资料（包括项目内容及实施情况、项目相关政策、项目支出金额及明细、具体支出方向等）、项目评价费用预算、对第三方机构工作要求（包括专家及工作人员、工作具体内容、现场勘查比例、工作时限、绩效报告或成果约定等要求）、考核规范及标准等具体的项目材料分发给各机构，要求有意向参与的机构编制具体的评价工作方案，并在指定时间、指定地点提交。其次，广州市财政局从市绩效管理专家库中随机抽取绩效专家 7 名。最后，由这 7 名绩效专家组成评分小组，对各机构提交的评价工作方案进行评分，按分高者得的原则，确定承办机构并签订委托协议。选取第三方承办机构过程中，相关的纪律监察、法规管理、政府采购监管等部门参与监督见证。

（四）第三方评价流程

开展 1 个重点评价项目共分 12 步流程：①市财政局安排第三方机构与被评价部门（单位）进行对接，第三方机构对项目的实施情况进行深度调研；②第三方机构制订项目的绩效评价实施方案初稿（含指标体系），征求被评价部门（单位）意见，再提交市财政局审核；③市财政局审核项目绩效评价实施方案（含指标体系）后，办理发文送达被评价项目的主管部门，主管部门确保文件送达项目实施单位；④第三方机构安排对项目实施（用款）单位进行培训，侧重讲解如何填报绩效信息和提供佐证材料等；⑤第三方机构收集项目基础信息资料、相关政策以及与项目相关的书面佐证材料等；⑥第三方机构按照不少于委托协议约定要求，安排到项目实施现场进行勘察，收集现场材料和现场验证书面信息材料等；⑦第三方机构根据收集的书面和现场材料，起草第三方评价报告初稿（一般要求不少于 2 万字），交市财政局审核；⑧市财政局、第三方机构、被评价部门（单位）、第三方机构以外独立会审绩效专家（不能是专家组成员）对评价报告初稿进行四方会审，收集各方意见；⑨第三方机构根据会审意见对评价报告进行修改，并再次征求被评价部门（单位）意见，再交市财政局审核；⑩市财政局从市绩效专家库中精选绩效专家组成终验专家组，对项目的评价报告（结果）进行终验，就评价报告现场向第三方机构提问，并最终向市财政局提出报告验收意见；⑪市财政局将项目评价报告随年度绩效报告一并提交市政府审定、提交市人大审议，第三方协助解释报告相关内容；⑫市人大审议通过后，第三方整理评价过程的全部资料，书面（电子）移交市财政局。

二、项目绩效评价指标体系设计

项目绩效评价是项目绩效管理的核心，关注项目整体预算管理的全过程，按全过程绩效管理逻辑设计出指标体系，作为对整个项目的绩效目标与结果的差异性进行量化分析的工具。依据项目绩效目标，对项目预算完成情况、管理情况、绩效目标实现情况进行全面评价，综合反映项目支出绩效情况。

项目评价根据绩效评价的依据和项目绩效目标，设定项目绩效评价指标体系。项目绩效评价指标体系包含项目安排、项目管理、项目产出和项目效益四个基本维度，反映了项目从立项前期准备到具体实施，再到实施后效果的整体过程（图 4–1）。

（1）项目安排。主要考察项目立项情况和项目绩效指标设置情况，项目立项情况包括立项依据适应性、前期工作充分性等指标；项目绩效指标设置情况可以分为绩效目标合理性、绩效指标规范性、绩效指标有效性等内容。

（2）项目管理。主要包含财务管理和业务管理指标，财务管理指标主要考察财务管理情况、预算完成率、预算调整率等可量化的指标；业务管理指标包含项目绩效运行监控开展情况和项目过程质量监控情况等。

（3）项目产出。主要考察项目目标完成情况、项目完成及时性、项目完成质量等。项目目标完成情况的下级指标根据项目立项时绩效目标制定。

（4）项目效益。包括社会效益、经济效益、可持续的影响等多种绩效目标之外的正面影响。包括对就业的促进影响、相关主体满意度等方面。

在实际的项目绩效评价中，评价框架会有所变化，例如有的项目第三方评价把满意度、可持续性指标单列出来，但是总体遵循上述四个方面的基本框架。

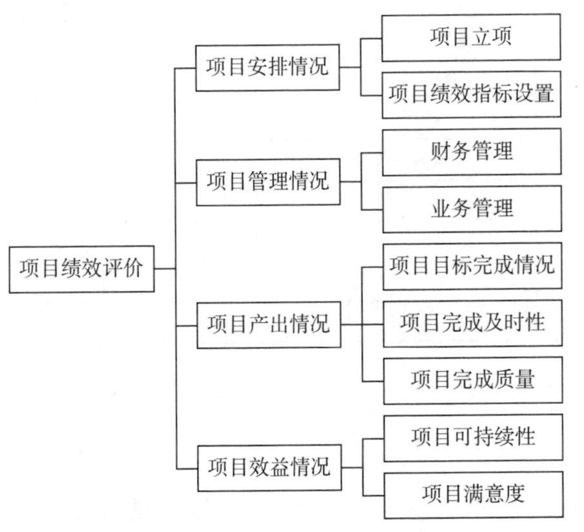

图 4-1　项目预算绩效评价框架示意图

按上述框架，项目绩效评价指标体系主要包含四个基本的一级指标：项目安排指标、项目管理指标、项目产出指标和项目效益指标，反映了项目从立项前期准备到具体实施，再到实施后效果的整体过程。在一级指标下，设定二级指标、三级指标，形成一套完善的绩效评价指标体系。

表4-1 广州市项目绩效评价指标体系

一级指标	二级指标	三级指标
项目安排	项目立项情况	立项依据适应性
		前期工作充分性
	绩效目标设置情况	绩效目标合理性
		绩效指标规范性
		绩效指标有效性
项目管理	财务管理	财务管理情况
		预算完成率
		预算调整率
	业务管理	项目绩效运行监控开展情况
		项目过程质量控制情况
项目产出	目标完成数量	略
	目标完成质量	
	目标完成时效	
	目标完成成本	
项目效益	政治效益	
	经济效益	
	文化效益	
	社会效益	略
	生态效益	
	公众满意度	

其中，项目产出和项目效益的三级指标为各个项目的具体个性化指标，虽为“个性化”，但仍应按以下原则设置。

（1）项目产出指标。考核具体绩效目标的完成情况，重点体现“绩”，三级指标应反映项目主要支出方向，涵盖项目完成的数量、质量、时效、成本等，指标设置可参考以下要素：

一是目标完成数量：体现绩效目标在数量上的完成程度。一般用同比增长率等指标反映，也可直接用工作完成数量反映。

二是目标完成质量：体现项目完成的质量。项目完成质量应通过以下方式确认：验收报告、专业部门或专家的鉴定结果，如无以上资料则由考评工作组进行抽查，将抽查结果提供考评专家判定项目实施质量。对于进行过程考评的项目，可考核阶段性目标的完成质量。

三是目标完成时效：体现项目资金使用的预期目标的按时完成情况。

四是目标完成成本：体现完成项目所需要花费的成本。

（2）项目效益指标。考核项目实施的效果，重点体现“效”，二级指标应突出项目特点，至少在政治、经济、社会、文化、生态等领域选择1 ~ 2个领域设置指标，指标设置可参考以下要素：

一是政治效益指标，反映相关产出对政治稳定带来的影响和效果，如“犯罪率”“收押率”“公共安全感指数”等。

二是经济效益指标，反映相关产出对经济发展带来的影响和效果，如“研发经费占GDP比重”“采用先进技术带来的实际收入增长率”等。

三是文化效益指标，反映相关产出对文化发展带来的影响和效果，如“博物馆参观人次增长率”“图书馆使用率”等。

四是社会效益指标，反映相关产出对社会发展带来的影响和效果，如“带动就业增长率”“安全生产事故下降率”“城镇登记失业率”等。

五是生态效益指标，反映相关产出对自然环境带来的影响和效果，如“水电能源节约率”“空气质量优良率”等。

六是满意度指标，属于预期效果的内容，反映服务对象或项目受益人对相关产出及其影响的认可程度。根据实际细化为具体指标，如“受训学员满意度”“群众对 × × 工作的满意度”“社会公众投诉率 / 投诉次数”等。

三、评价指标体系的特色

（一）体现项目绩效全过程管理

项目绩效评价指标的设计包括预算绩效的目标管理、运行监控、绩效评价以及后续应用等各个环节的内容。其中，对目标管理环节的评价设定了项目目标合理性、规范性、有效性等指标；设定项目绩效运行监控情况的监控指标；设定产出和效益的评价指标；设定可持续发展等后续应用的指标。将项目全过程预算绩效管理的总体情况浓缩在一张指标评价表中反映。

（二）预算绩效评价更注重预算执行指标

作为财政的预算绩效评价有别于行政业务的绩效考核，应更加注重项目财政支出的执行情况。因此，广州市在设定绩效评价指标体系中，“预算完成率”“预算调整率”等支出执行情况的指标权重占比较高，一般能达到 20% ~ 25%。同时，基于预算资金支出太差则难以证明项目产出完成较好的逻辑推理，将“预算完成率”设定为否定性指标，不涉及转移支付各区使用资金项目的预算完成率低于 80% 的、属转移支付各区使用资金项目的实际支付率低于 60% 的，不得评为优或良。这样，令预算绩效评价工作更具客观性，促使预算单位在申请和使用财政资金时，更多去考虑预算资金与项目管理的匹配性。

（三）注重事前承诺与事后完成的对比分析

预算单位自评或第三方评价（复核）时，需对照年初预算的《绩效目标申报表》和年中调整预算的《绩效目标调整表》，逐个分析指标完成情况，并予以评分。如某项指标在年初和年中均未设置，属于年度终了后自评时补充设置的，则该指标按起评分的 80% 计算。如年初或年中设置了某项指标，但在年度终了后自评时缺少了该指标，则第三方机构在《绩效目标复核表》的绩效指标下增加“综合评价”栏并直接扣掉一个三级指标的平均分（以负分反映）。如此，倒逼预算单位在年初绩效目标管理环节需增强项目目标编制的自觉性、严谨性、规范性、合理性、有效性，有助于项目预算绩效管理的良性循环发展。

第二节　典型案例分析

我们以 2016 ~ 2018 年广州市财政局委托第三方机构实施的 28 个重点绩效评价为案例，介绍广州市开展项目绩效评价的情况。

关于 2016 ~ 2018 年第三方评价重点项目情况表 4-2。

表4-2　　2016 ~ 2018年广州市第三方评价重点项目

序号	评价时间（年）	项目名称
1	2018	2017 年广州市公共交通财政补贴项目
2	2018	2017 年广州市民办社会福利机构新增床位资助项目
3	2018	2015 ~ 2017 年利用“群体通”平台开展社会体育场馆惠民开放补助项目
4	2018	2015 ~ 2017 年花城广场综合管养项目
5	2018	广州大道系统工程 – 广州大桥扩宽工程项目
6	2018	2015 ~ 2017 年广州港务局内河船型标准化补贴资金
7	2018	2017 年国际汽车零部件产业基地建设专项资金
8	2018	2015 ~ 2017 年度旅游宣传促销与市场推广项目
9	2017	广州市科技型中小企业信贷风险补偿资金池政策（项目）
10	2017	2014 ~ 2016 年广州市公共租赁住房租赁补贴项目
11	2017	2014 ~ 2016 年标准化战略专项资金
12	2017	2016 年度广州市学校体育艺术传统学校与重点基地、健康学校专项补助经费
13	2017	2016 年度广州市工业转型升级专项资金
14	2017	广州市广深公路 – 开创大道立交工程项目
15	2017	2016 年广州市地下管线普查项目专项资金

续表

序号	评价时间（年）	项目名称
16	2017	广州市第二、第三届社会组织公益创投项目
17	2017	2011 ~ 2015 年度民营科技园市库收入增量返还项目
18	2017	2014 ~ 2016 年农村生活污水治理及维修养护项目
19	2016	市人社局技工学校助学金、免学费项目
20	2016	市水务局水务建设专项资金
21	2016	市交委现代物流业专项资金
22	2016	市文广新局文物保护专项资金
23	2016	市教育局学前教育专项经费
24	2016	市发改委总部企业奖励补贴
25	2016	市民政局困难群众医疗救助金
26	2016	市残联残疾人康复资助经费
27	2016	市住建委市洲头咀隧道系统工程项目
28	2016	市商务委支持外经贸发展专项资金

我们从 2016 ~ 2018 年广州市财政局重点评价项目中的教育、社会保障、交通三类项目中，分别选择一个项目进行分析，介绍广州市开展项目绩效评价的情况。

一、教育类：2013 ~ 2015 年度行业办、民办技工学校助学金、免学费资金

2016 ~ 2018 年广州市开展重点评价项目中属于教育类的项目有 3 个，下面对“2013 ~ 2015 年度行业办、民办技工学校助学金、免学费资金”的绩效评价进行介绍。

（一）项目实施概况

“行业办、民办技工学校助学金、免学费资金”由市人力资源和社会保障局技管处依据《关于印发广州市关于扩大中等职业教育免学费政策范围进一步完善国家助学金制度实施意见的通知》（穗财教〔2013〕289

号）等文件组织实施，预算安排32380.32万元，主要用于民办（含国企办）技工学校对符合受助条件的学生进行助学金、免学费补助。项目实施的对象包括助学金和免学费受助学生两类。

（二）项目资金情况

预算安排32380.32万元，主要用于民办（含国企办）技工学校对符合受助条件的学生进行助学金、免学费补助。项目使用财政资金30486.52万元，资金支出率为94.15%。

（三）项目评价期预算绩效目标及绩效指标设定

在评价期内，该项目的目标是助学金、免学费补助人数达到表4–3目标，每学期生均补助金额目标达到3300元，补助对象建档率达到98%，补助对象退学率低于2012学年退学率。困难学生升学就业率达到95%，生均获校级以上荣誉数量达到1%，该项目催化并推动社会有关组织积极响应支持困难学生的效果。

最终通过助学金、免学费补助，减轻技工学校学生的读书负担，增加贫困学生的读书机会，提高技工学校入学率，发展广州市中等职业教育。技工学校助学金、免学费补助的实施，对提高劳动者素质，大力推动职业教育创新，加快发展中等职业教育，促进教育公平，全民提高技工学校的办学质量，大力提升职业教育的竞争力，满足经济对高素质劳动者和技能型人才需要的意义重大。

表4-3　2013～2015年广州市技工学校助学金、免学费任务目标　单位：元

类型＼年份	2013年	2014年	2015年	合计
助学金	810	786	678	2274
免学费	22416	21931	28286	72633
合计	23226	22717	28964	74907

表4-4　广州市2013～2015年民办技工学校助学金、免学费资金第三方绩效评价指标

一级指标	二级指标	三级指标	指标解释
项目投入	立项情况	项目立项可行性	考察广州市民办技工学校助学金、免学费资金项目立项是否有据可依，是否与国家、省、市相关政策相符合，是否与广州市本地的发展定位和特色相符合，是否与服务对象的实际问题和需求相一致
项目投入	立项情况	绩效目标科学性	考察民办技工学校助学金、免学费资金项目绩效目标是否符合当地社会经济发展情况，绩效指标设计是否符合SMART原则，战略目标匹配性、时效性、可实现性、可考核性、具体性
	资金安排	资金分配合理性	考察财政资金在不同学校分配的依据是否合理，在助学金和免学费子项目的分配结构是否合理
		资金到位率	市区财政资金的落实情况。财政资金到位率 =（资金实际到位金额 / 预算安排金额）×100%
项目管理	资金管理	财政资金预算完成率	考察财政资金预算完成率 =（财政资金实际支出 / 财政支出预算批复额）×100%
		财政资金支出合规性	考察项目的实际支出是否符合国家财经法规和财务管理制度；资金的拨付是否有完整的审批程序和手续，是否专款专用、分账核算，建立财政资金发放台账；是否严格执行《广州市关于扩大中等职业教育免学费政策范围进一步完善国家助学金制度实施意见》的相关条款
		资金管理完善性	考察该项目审核拨付管理的设计是否合理，是否有国家财经法规和相应的财务管理制度，制度是否健全，是否落实到位
	实施管理	补助对象审核规范性	考察补助对象的界定划分是否明确清晰、是否合理公平，实际补助对象的审核工作是否合规，是否公开
		补助标准方式合理性	考察补助标准和方式的设计是否符合社会管理的实际情况，是否符合服务对象的实际情况，实际执行是否落实到位，是否有创新
		补助流程科学性	考察各部门机构工作职责安排是否合理，补助流程设计是否合理，学校是否全部学生在收到助学金后都有签名确认，是否出现擅自提高学费或乱收费现象，补助审核和发放工作是否高效及时
		补助信息管理支撑性	考察符合补助条件学生信息管理平台的运行情况，困难家庭经济状况动态信息管理的准确及时性，补助对象档案管理的完整性

续表

一级指标	二级指标	三级指标	指标解释
项目管理	实施管理	项目实施保障性	考察该项目是否有充分的管理制度保障、科学的工作计划，执行情况如何；领导组织如何，政策宣传的方式和力度如何
		管理监督有效性	考察主管单位是否制定完善的管理监督体系，管理制度是否完善，跟踪监督是否落实到位
项目产出	补助服务覆盖	免学费补助覆盖率	考察免学费项目的普及性和可及性，用实际获得补助的人数（人次）占比来衡量。免学费实际补助率 =2013 ~ 2015 学年实际补助的学生人数（人次）/2013 ~ 2015 学年应补助的学生人数（人次）×100%
		助学金补助覆盖率	考察助学金项目的普及性和可及性，用实际获得补助的人数（人次）占比来衡量。助学金实际补助率 =2013 ~ 2015 学年实际补助的学生人数（人次）/2013 ~ 2015 学年应补助的学生人数（人次）×100%
	补助体系建设	每年生均补助金额	考核免学费和助学金项目的补助力度，用生均受补助金额来衡量。生均受补助金额 =2013 ~ 2015 学年免学费和助学金的补助总金额 /2013 ~ 2015 学年免学费和助学金受补助的总人数
		补助对象建档率	考察受补助学生的家庭经济状况核查和信息化工作成果，用补助对象的建档比例来衡量。补助对象建档率 =2013 ~ 2015 学年实际建立档案的补助对象人数 /2013 ~ 2015 学年应建立档案的补助对象人数 ×100%
		补助资金发放及时性	考察每年财政补助资金下拨至各学校的及时性，用截止日期拨到学校的金额占应划拨资金总额的比例来衡量
		补助资金发放合规性	考察审核实际补助对象是否符合补助条件，申报材料是否属实，资金使用过程是否出现违规现象
项目效益	项目效果	补助对象退学率	考察该项目解决因经济困难导致退学的效果，用降低补助对象退学率来衡量。补助对象退学率 =2013 ~ 2015 学年获得补助学生中退学人数总数 /2013 ~ 2015 学年获得补助学生总数 ×100%
		困难学生升学就业率	考察该项目对促进困难学生升学或者就业的效果，用困难学生升学就业率来衡量。困难学生升学就业率 =2013 学年获得补助学生中升学或者就业人数总数 / 2013 学年获得补助学生总数 ×100%

续表

一级指标	二级指标	三级指标	指标解释
项目效益	项目效果	生均获校级以上荣誉数量	考察该项目对促进困难学生科研技能水平的效果，用生均获校级以上（含校级）荣誉数量（发表论文、发明专利、技能大赛获奖、三好学生等）来衡量。生均获校级以上荣誉数量 =2013 ~ 2015 学年受补助学生获得校级以上荣誉数量 /2013 ~ 2015 学年受补助学生人数
项目效益	项目效果	财政资金杠杆系数	考察该项目的补助资金投入催化并推动社会有关组织积极响应支持困难学生的效果，通过财政资金杠杆系数来衡量，财政资金杠杆系数 =2013 ~ 2015 学年用于补助困难学生非财政资金（获得慈善基金、商会和校友个人的支持等）总金额 /2013 ~ 2015 学年财政资金总投入
	服务满意度	技校满意度	考察参与调查问卷的技校对补助制度设计、补助实施服务过程和补助项目实施效果的满意度。满意度 =（回答非常满意和满意的问卷数量 / 参加调查问卷份数）
		学生满意度	考察参与调查问卷的学生对补助制度设计、补助实施服务过程和补助项目实施效果的满意度。满意度 =（回答非常满意和满意的问卷数量 / 参加调查问卷份数）
	项目可持续性	项目运转模式机制长效化	考察该项目模式是否可以持续运作，是否可以为其他地区所借鉴

资料来源：第三方评价报告资料。

（四）项目绩效完成情况

（1）产出成果较好。

一是补助任务完成。2013 ~ 2015 年民办（含国企办）技工学校助学金、免学费补助项目实际完成助学金补助 2487 人，完成计划的 100%，实际完成免学费补助 83322 人，完成计划的 100.05%。

二是补助资金发放合规及时。市人力资源和社会保障局按照补助实施方案，根据补助标准和方式，及时完成补助资金的发放工作，并做好补助对象的建档工作，建档率达 100%。

（2）社会效益较明显。

一是维持受助学生学业有效果。助学金、免学费补助工作降低了受助学生就读的经济成本，减轻了受助学生家庭的经济压力，受助学生（90.42%）和技工学校（87.5%）对补助工作维持学业的作用持肯定的态度。

二是促进受助学生就业。对民办（含国企办）技工学校受助学生进行助学金、免学费补助，促进了受助学生的就业。大部分受助学生（78.55%）和技工学校（68.75%）认为，补助工作对就业有促进作用，受助学生的就业率接近90%。

三是增加技工教育对民间资本的吸引力。通过对学生进行助学金、免学费的补助，增加了民办（含国企办）技工学校的吸引力，提高了民间资本对技工教育的办学热情和信心，令民间资本加大对技工教育的投入并增加相应配套建设。

（3）受助学生和技工学校满意度高。该项目的实施得到了受助学生和技工学校较高的认可。调查显示，对民办（含国企办）技工学校助学金、免学费补助工作感到满意的受助学生占89.4%，对补助工作感到满意的技工学校为93.75%。

（4）政策可持续性强。该项目作为民办（含国企办）技工教育发展的重要政策，经过探索与发展，已经形成一系列符合广州市实际情况的工作机制和管理制度。从绩效评价结果来看，该项目绩效目标设定合理、实施方案切实可行、项目实施执行保障有力、补助对象资格审核严格规范、补助发放合规及时、绩效产出效果良好，该政策具有较好的可行性和可持续性。

（五）存在问题

（1）补助范围需细化，发放模式有缺陷。补助条件简单以学生的户籍类型和就读专业进行划分，不能准确区分对补助工作有不同需求的学生，可能存在部分家庭经济困难学生不符合补助申请条件的情况。另外，助学金、免学费补助工作采取入口管理模式，以补助而不是奖励的形式发放，对激励学生努力学习的作用不够大。

（2）专业管理更新慢，政策效益渐递减。技工学校高耗材专业目录编制时间较早，更新速度较慢，导致高耗材专业目录与技工学校现行的高耗材专业有一定的差距，影响高耗材专业学生对助学金、免学费补助的申请。技工学校学生第三学年基本在校外进行实习，补助政策效益相比于第一、二学年逐渐递减，影响补助资金的发放效果和对就业的推动作用。

（3）补助审核成本高，专人专管难延续。各技工学校均设置专项负责人对助学金、免学费补助工作进行管理，但申请人资格条件的甄别工作量较大，而且不符合补助条件的申请者数量实际上较少，为此耗费高昂的甄别成本得不偿失。另外，因编制、待遇等问题，民办（含国企办）技工学校专项负责人流动性较大，补助工作专人专管延续性不足，影响补助工作效率和质量。

（4）信息化管理不足，学籍查重待改善。学生的转学、退学会带来学籍重复的问题，但目前学籍查重的方法较少，查重程序较繁琐，而且查重工作耗费的时间较长，容易因学籍重复的问题对学生申请助学金、免学费补助造成一定的影响。

二、社会保障类：2017 年广州市民办社会福利机构新增床位资助项目

2016 ~ 2018 年广州市开展重点评价项目中属于社会保障类的项目有 3 个，下面对“2017 年广州市民办社会福利机构新增床位资助项目”的绩效评价进行介绍（表 4–5）。

表4-5　广州市2017年民办社会福利机构新增床位资助项目第三方绩效评价指标

一级指标	二级指标	三级指标	指标内容
项目安排	项目立项情况	立项依据适应性	立项依据充分，列入规划或工作计划得分；不符合上述条件的不得分
项目安排	项目立项情况	前期工作充分性	论证、可研、风险防范等前期工作充分得1分，不充分不得分
	绩效目标设置情况	绩效目标合理性	根据绩效目标定位是否清晰、表述是否准确打分
		绩效指标规范性	绩效指标需设置产出和效益的个性化指标，不应设置预算完成率等共性指标，绩效指标个数高于4个、不足6个的，该项扣2分；个数不足4个，或量化指标占比不足50%的，该项不得分
		绩效指标有效性	绩效指标设置需全面有效贴合反映绩效目标实现情况，绩效指标设置不全面、避重就轻或指标值不合理的酌情扣分
项目管理	财务管理	财务管理情况	财务资料真实完整，按制度核算、按规定用途和标准使用资金得2分，财务资料不全面、部分账务处理不规范酌情扣分，有虚列、截留、挤占、挪用、超标等问题该项不得分
		预算完成率	本指标得分=（预算支出执行率-80%）/（100%-80%）×14，低于80%不得分 属转移支付各区使用的资金，则本指标按各区实际支付率计算，得分=（各区实际支出率-60%）/（100%-60%）×14，低于60%不得分
		预算调整率	本指标得分=（1-｜预算调整金额/年初预算｜）×100%×7
	业务管理	项目绩效运行监控开展情况	开展绩效运行监控工作，及时了解项目支出进度，预警支出进度慢的项目。500万元以上项目按要求及时通过绩效管理系统上传绩效运行监控信息表，如未及时报送信息表的，扣2分
		项目过程质量控制情况	根据项目管理组织和人员保障是否充分，是否制定或具有相应的项目质量要求和标准，是否采取相应的项目质量检查、验收等措施，有无通过官网等方式对外公布资助，民政部门有无实施专项监督检查，民政部门有无及时要求整改，整改有无及时完成

续表

一级指标	二级指标	三级指标	指标内容
项目绩效	项目产出	2017 年民办福利机构新增床位数	0.4 万张
		2017 年福利机构床位增长率	7%
项目绩效	项目产出	符合条件的民办社会福利机构资助覆盖率	100%
		资助协议签订覆盖率	100%
		2017 年新增平均床位使用面积	6 平方米
	项目效益	广州市每千名老人拥有床位数	39 张
		广州市每千名老人拥有床位数全省每千名老人拥有养老床位数比值	1.3
		受资助民办社会福利机构满意度	100%
		服务对象满意度	85%
可持续性	项目可持续性	项目可持续性	经常性项目反映近三年的的资金情况，分析项目存在的问题，提出项目下一步发展的建议。根据是否全面反映项目资金情况，分析问题是否客观准确，提出建议是否有针对性酌情评分
	管理可持续性	自评组织工作情况	自评组织工作完善，及时提供自评材料，积极配合现场核查的得 4 分；自评材料提供不及时、不齐全或现场核查不配合的酌情扣 1 ~ 3 分；自评材料报送不及时、不齐全，经催办仍未补齐，未提供现场核查点的不得分

（一）项目实施情况

广州市民办社会福利机构新增床位资助项目的实施主体为广州市民政局。根据市民政局、财政局《广州市民办社会福利机构资助办法》（穗民〔2012〕78 号）的规定，对民办社会福利机构给予新增床位资助：建设新增床位每张每年3000元，租赁新增床位每张每年2000元，最长资助5年。2017年，广州市修订实施《广州市民办养老机构资助办法》（穗民规字〔2017〕7号，以下简称“新办法”），改为对符合条件的民办社会福利机构每张新增床位一次性给予10000元（租赁）和15000元（新建）的补贴。根据“新办法”，2017年度对“新办法”实施前已获得资助且资助未满5年的民办社会福利机构，分两年给予补齐结清。

（二）项目资金情况

2017年广州市民办社会福利机构新增床位资助项目，涉及9个区的36家民办社会福利机构，合计安排4367.4万元，截至年底实际支出3967.8万元，资金支出率为90.85%。

（三）项目评价期预算绩效目标及绩效指标设定

2017年项目预期实现的绩效目标是：2017年民办社会福利机构新增床位0.4万张；2017年社会福利机构床位增长率达到7%；符合条件的民办社会福利机构资助覆盖率达到100%，资助协议签订覆盖率达到100%；广州市每千名老人拥有床位数达到39张，与全省每千名老人拥有养老床位数比值达到1.3；受资助民办社会福利机构满意度达到100%，服务对象满意度达到85%。

（四）项目绩效完成情况

广州市民办社会福利机构新增床位资助项目的实施，目的是引导和扶持社会力量举办福利机构，提高举办民办福利机构的积极性，增加民办福利机构床位供给。

1. 民办社会福利机构床位供给增加

据项目单位提供的资料，《广州市民办社会福利机构资助办法》（穗民

〔2012〕78号）开始实施的2012年，广州市社会福利机构158间，养老服务床位数34036张，每千名老人拥有床位数27张；截至2017年底，广州市社会福利机构183间，增长25间，养老服务床位总数达到62144张，增长28108张，增长幅度为82.58%，每千名老年人拥有养老服务床位数达到40张，提前实现民政部确定的到2020年每千名老年人拥有养老服务床位数35～40张的目标。其中,2017年度全市民办社会福利机构床位达到3.9万张，占社会福利机构床位总数近75%，入住老人1.79万人，入住率达到46%。

2. 养老服务领域的“广州模式”逐步形成

近年来，广州市着力构建以居家为基础、社区为依托、机构为补充、医养相结合的“9064”（90%的老年人在社会化服务协助下通过家庭养老，6%的老年人通过政府购买社区照顾服务养老，4%的老年人入住养老服务机构集中养老）社会养老服务体系。广州市机构养老服务发展取得明显成效，整体水平居于前列，先后被确定为全国养老服务业综合改革、长期护理保险制度和医养结合试点城市，推动养老服务领域的“广州模式”初步形成。2017年，广州市组织首批31间社会福利机构参与省民政厅养老机构等级评定，最终有9间获评五星级养老机构，占全省47%。

3. 受资助机构满意度和服务对象满意度较高

民办社会福利机构新增床位资助项目是贴近民生惠及民生的项目，受资助机构和服务对象满意度是评价其绩效的重要指标。36间受资助民办社会福利机构满意度为94.44%，36间受资助民办社会福利机构的服务对象满意度为85.36%，满意度均比较高。

（五）存在问题

1. 绩效指标设置不够全面

根据市民政局上报的《财政支出绩效目标申报表（2017年度）》，年度绩效指标只有“社会福利机构床位增长率”“我市每千名老人拥有养老床位数与全省每千名老人拥有养老床位数比率”和“受资助民办社会福利机构满意率”3个指标，总目标绩效指标只有“符合条件的民办社会福利机构资助覆盖率”和“每千名老人床位数达到40张”2个指标，指标数量不足，不能全面有效反映绩效目标实现情况。

2. 财务管理不够完善

根据《广州市民办社会福利机构资助办法》（穗民〔2012〕78号），受资助民办社会福利机构都应该就资助资金设置单独科目核算。然而，第三方现场核查发现，2017年受资助的36间民办社会福利机构中有23家未按文件要求设置单独科目明细核算，而是把新增床位补贴放在财政拨款、政府补贴、财政补贴、递延收益、其他业务收入或以前年度损益调整等会计科目里统一核算。

3. 监督检查不够到位

根据《广州市民办社会福利机构资助办法》（穗民〔2012〕78号），市、区（县级市）级民政会同财政等部门，每年要对资助资金的使用情况进行专项监督检查。对违反使用规定的，要立即提出责任整改，缓拨、停拨资助资金，追缴已拨资助资金，并依法追究法律责任。广州市民政局的专项监督检查，从2017年10月开始到2017年12月结束，民政部门于2018年6月发文要求整改，问题仍在整改中，于2018年12月完成整改。没有按文件要求立即提出整改，且整改完成时间比较缓慢。

4. 部分产出绩效指标完成不够理想

2017年民办社会福利机构新增床位数只有3190张，未完成4000张的绩效目标；2016年底社会福利机构床位58954张，2017年底62144张，年增长率5.4%，未完成7%增长率的绩效目标；2017年底，广州市每千名老人拥有床位数40张，全省为32.9张，比值为1.22，未完成广州市每千名老人拥有床位数与全省每千名老人拥有养老床位数比值为1.35的绩效目标。

三、交通运输类：广州市广州大道系统工程—广州大桥扩宽工程项目

2016 ~ 2018 年广州市开展重点评价项目中属于交通运输类的项目有 5 个，下面对“广州市广州大道系统工程—广州大桥扩宽工程项目”的绩效评价进行介绍。

（一）项目实施情况

2012 年 9 月，市发改委批复立项，由广州市建设投资发展有限公司对原广州大桥进行扩宽改造。建设内容包括：在广州大桥东侧相距 2 米处扩建一座新桥、二沙岛立交改造、临江大道立交改造及维修加固旧桥，建设范围南起广州大桥旧收费站北侧，北至明月二路，全长 1.73 公里。建成后广州大桥将由原来双向 6 车道变为双向 10 车道，与南北两端道路的车道相匹配。

（二）项目资金情况

项目批复概算金额为 35831.69 万元，工程预算金额 25981.04 万元。截至评价节点，项目尚未完成工程结算以及竣工决算。自 2012 年至 2017 年，市财政共安排资金 25300 万元，累计支出 24324.49 万元，财政预算资金完成率 96.14%。

（三）项目评价期预算绩效目标及绩效指标设定

本项目的绩效目标是：通过实施工程，打通广州大道在广州大桥的交通瓶颈，促进广州大道的畅通，完善广州市中心区路网结构，为实现广州市的“南拓”战略，增强广州市中心区与番禺、南沙等区的联络提

供交通条件。具体的指标为大桥改造后“饱和度由1.04变为0.83”“平均车速提升14% ~ 21%”“延误时间下降9% ~ 11%”“过江流量增加13.9%”“周边道路饱和度不超过0.96”。

主要包括项目安排、项目管理、项目绩效和可持续性影响四个方面，满分为100分。一是项目安排15分，主要评价立项的规范性、可研报告编制情况、目标设定的合理性与明确性、资金到位率；二是项目管理32分，主要评价项目组织和实施制度的完备及健全情况、项目实施的规范性、进度控制情况、财务管理有效性、预算完成及调整情况；三是项目绩效50分，主要评价工程完成数量、工程完成时效、工程完成质量、投资控制情况、国民经济效益、提高广州大桥通行能力、提高广州大桥交通承载力、完善区域路网、道路形象改善、生态效益、社会公众满意度；四是可持续性影响3分，主要评价管理可持续性、项目可持续性。

（四）项目绩效完成情况

1. 项目完成预期建设内容，达到设计标准

项目按照城市主干道等级、设计车速主线60公里/小时、立交匝道车速30公里/小时、道路红线宽度80米（桥梁段51米）、荷载等级城-A级、抗震烈度按Ⅶ设防标准进行建设，已完成了包括新桥建设、旧桥修缮以及相关立交的改造升级内容，建成了南北双向10车道的新广州大桥，成为广州市的新地标。

2. 项目的建成有效缓解了广州大桥的交通压力

项目建成后，广州大桥由原来双向6车道变为双向10车道，有效缓解了大桥本身的交通压力：从高峰期平均车速来看，大桥扩宽前该值为25.5千米/小时，扩宽后为31.75千米/小时，增长率达24.51%，达到目标（目标值提升14% ~ 21%）；从月均车流量来看，大桥扩宽前该值为388万

标准车，扩宽后为433万标准车，增长率达11.4%，基本达到目标（目标值增加13.9%）；从高峰期延误来看，大桥扩宽前该值为160秒，扩宽后为119.5秒，变化率-25.31%，达到目标（目标值下降9%～11%）；从高峰期饱和度来看，大桥扩宽前该值为0.94，扩宽后为0.7，变化率-25.53%，达到目标（目标值0.83）。以上数据的变化表明，大桥由原来双向6车道扩宽为双向10车道后，大桥本身的交通压力得到了较好的缓解。

3. 项目的建成有效缓解了平行过江大桥的交通压力

从车流量来看，广州大桥扩宽前，西侧的海印大桥平均车流量为8267标准车/小时，东侧的猎德大桥平均车流量为8950标准车/小时。扩宽后海印大桥该值为8081标准车/小时，变化率-2.20%，猎德大桥该值为8745标准车/小时，变化率-2.30%，结合广州大桥本身平均车流量增长7.25%，可发现广州大桥的扩宽有效吸引了邻近平行过江大桥的车流量。从单向最大饱和度来看，广州大桥扩宽前，西侧的海印大桥与东侧的猎德大桥单向最大饱和度均为0.95，广州大桥扩宽后海印大桥该值为0.93，变化率-2.11%，猎德大桥该值为0.92，变化率-3.16%，说明海印大桥和猎德大桥的交通压力在广州大桥扩宽后同样得到了缓解。

4. 项目的综合满意度较高

项目属于公共民生类的建设工程，市民的满意度是评价其绩效的重要指标。通过问卷调查，本次市民的综合满意度在80.21%，满意度较高。

5. 为广州大道系统工程的改造积累了经验

广州大桥的扩宽是广州大道系统改造工程众多节点的其中一环，项目实施，为整个广州大道系统工程的改造积累了经验，对后续节点改造的交通设计、施工管理等具有借鉴意义。

表4-6　广州大桥交通数据变化表（改造前后对比）

序号	类型	扩宽前	扩宽后	变化率	目标值	目标完成情况
1	高峰期车速（千米/小时）	25.5	31.75	24.51%	提升 14% ~ 21%	达到目标
2	月均车流量（标准车/月）	3880000	4330000	11.60%	增加 13.9%	基本达到目标
3	高峰期延误（秒）	160	119.5	–25.31%	下降 9% ~ 11%	达到目标
4	高峰期饱和度	0.94	0.7	–25.53%	改造后 0.83	达到目标

表4-7　平行过江大桥交通数据变化表

平行过江大桥	流量（PCU/H）			单项最大饱和度		
	扩宽前	扩宽后	变化率	扩宽前	扩宽后	变化率
海印大桥	8267	8081	–2.20%	0.95	0.93	–2.11%
广州大桥	8701	9332	7.30%	0.99	0.76	–23.23%
猎德大桥	8950	8745	–2.30%	0.95	0.92	–3.16%

（五）存在问题

1. 项目前期准备不充分，可研报告指导性不足

一是从项目建议书的批复到可研报告的编制花费时间较长。2012 年 9 月本项目的项目建议书已获批复，但 2014 年 2 月才将可研报告提交发改委审批，影响可研报告作为决策基础和管控基准的作用（例如作为期间一年半时间的勘察设计工作的指引）。

二是未对征拆程序所需工时做出预估，加上单位迁改不力，造成征拆实际完成时间（2016 年 6 月 30 日）晚于施工合同约定的整个工程完工时间（2016 年 3 月 9 日）。

三是未预见到管线迁改工作对项目主体工程的影响程度。可研报告中计划“管线迁改可与工程施工平行进行”，但实际上，旧管线会影响后续施工的进展，进而影响工期。

四是没有对“交通预测”部分进行论证。可研报告中对于“交通分

布预测”“交通发生吸引量预测”等相关部分仅列举了概念与模型，未进行相关计算，不具有指导意义。

2. 施工管理不到位，施工过程中发生多次变更，且工程延期 6 个月

项目在施工过程中变更工程达 40 项。剔除政策变更被移出大桥扩宽项目的景观照明工程，依然有 35 项变更，涉及金额 2081.03 万元，约占预计结算总额 21822.61 万元的 9.5%，变更的数量和金额较大，显示设计或者施工管理不周导致偏差较多，不利于工程成本控制。

按照可研报告，工程计划 2014 年 3 月到 2016 年 2 月进行施工，按照施工合同，施工周期为 2014 年 7 月 10 日至 2016 年 3 月 9 日（608 天），但实际上工程 2016 年 9 月主体才完工，施工结算以及整体验收至截稿时未完成。

3. 未履行合同中对于不平衡报价的调整条款，存在多算工程价款的风险

项目招标过程中出现不平衡报价现象，其中异常报价分项比例高达 64.57%。合同条款规定，招标方应当在签订施工合同前对其进行调整，但至截稿时未作调整，存在多算工程价款的风险。

4. 监理合同约定计价方式不尽合理，部分合同支付进度滞后，合同管理有待加强

一是项目监理合同约定“计价方式按经审核的工程概算投资额为计费额结算，不随工程结算价的变化而调整”，以概算或者工程结算（通常做法）为计价基准的监理费会不同，前者会大于后者（即使同时扣掉未实施的工程部分）。

二是部分合同支付进度滞后，存在产生合同纠纷的风险。项目共签订合同 32 份（总金额 31069.44 万元），其中 15 份合同支付进度滞后于合同约定。虽然滞后合同金额占比不大（21.9%），且其中 10 项解释基本合理，但项数占比近一半，仍然表明项目单位合同管理有待加强规范。

5. 系统工作考虑不足，项目实施后增加了下桥段与周边衔接道路拥堵的风险

项目实施后，广州大桥下桥段高峰期车速出现下降，且周边衔接道路的饱和度均上升（最高达0.97），表明项目虽缓解了大桥本身的交通压力，但增加了衔接道路的拥堵风险。

第三节　特点及成效

一、特点

广州市项目绩效评价体现出以下特点。

（一）绩效评价框架构建合理科学

广州市将绩效评价作为提高资金使用效益的重要手段，坚持广度评价与深度评价并重，在评价工作开始前，先行明确评价规则，再组织开展评价，且“全面自评—自评复核—重点评价”的评价框架构建层次分明，安排合理，既做到全面覆盖又有所侧重；既充分体现预算部门主体责任，又有效引入外部评价，彰显评价独立客观性。同时构建全面细致的绩效指标体系，确保现场评价点的一定比例，要求重点评价报告字数不少于2万，提升绩效评价的质量和影响力。

（二）选取评价项目决策科学

市财政局选取自评复核和重点评价项目的工作，不仅需由内部职能部门推荐，还需征求市人大、审计的监督管理部门意见，并在纪律监

察部门的见证下由局长办公会议集体研究决定，防止一言堂，决策科学合理。

（三）第三方评价机构管理科学

市财政局在相关纪律监察、政策法规、政府采购监管部门的全过程监督下，采取盲选专家评审工作方案的方法选定第三方评价机构，做到公平、公正、公开，也能合理选择专业能力较强的承办机构。同时，市财政局还在评价机构选取前，已经明确对各个承办机构的事后考核规则，分别从过程规范、质量规范、纪律规范等方面考核承办机构，保证评价工作质量。

（四）评价程序严谨科学

在选定评价机构后，开展重点评价需经过 12 个工作流程，每个工作流程设计合理、精细、严密，责任明确，时限明确，逐步推进，确保评价工作顺利实施，也是保证评价工作质量的有效举措。

（五）评价指标全面、客观、科学

对项目前期安排、目标管理、运行监控、项目绩效等绩效管理各环节开展评价，反映了项目绩效管理全过程情况。在项目绩效评价指标中，相当数量的指标都是可以量化的，以“2017 年广州市公共交通财政补贴项目”为例，可量化的指标占总体指标 17/34（50%），其中产出和效益的 15 个指标（除满意度指标外）全部量化。

二、成效

广州市财政局通过严密组织、精心策划、公平公正、有效推进等开展项目绩效评价工作，保证项目绩效评价质量，对项目的产出和效果作出公正、客观、科学的评价，进而提升预算部门的绩效管理水平，成效明显。

（一）彰显绩效管理工作的廉洁性

由于采取公开、公平、公正方式选定第三方评价机构，另各机构心服口服，财政、机构、被评价单位都满意接受，自实行此选用机制以来，未发生任何有关机构选用方面的投诉。

（二）有效培育第三方机构市场

从严密的评价流程，科学合理的事后考核，逐步形成了第三方机构的工作规范，有效引导机构采取科学、合理、高效的评价方式，不断提升机构的业务能力，对培育第三方机构市场起到很好的促进作用。

（三）确保项目评价质量过硬

从选机构到定流程，再到质量把关，广州市均制定了严格规范。在此规范下，由专业能力强的机构，按科学合理的流程，高效实施评价，再经过专家层层把关，确保各个项目绩效评价高质量通过市人大的审议。2016 ~ 2018 年，所有项目评价报告全部通过人大专题审议，通过率 100%。同时，评价报告内容也得到各预算单位的认可，并根据评价报告反馈的结果自觉实施整改、调整相关预算或项目政策。

第五章

项目绩效评价结果应用

第一节　广州市绩效评价结果应用方式与做法

为了明确绩效评价结果应用方式与做法，广州市特别出台了专门的《广州市本级预算绩效评价结果应用管理暂行办法》，主要包括结果公开、结果反馈与整改、预算安排与调整和结果报告与问责四个方面。

一、结果公开

以公开的方式确保绩效评价结果应用落到实处，是广州的特色与优势。公开的内容主要包括：绩效评价基本情况、评价结论、整改情况等，涉及保密事项的，需遵守相关工作规定予以执行。

二、结果反馈与整改

被评价单位是预算绩效管理的主体，应当落实整改责任，做到自发、自觉、自愿地进行问题整改。坚持问题导向，全面核查预算编制、预算执行、预算监督各个环节存在的问题，并对结果反馈中存在的不足及时认真整改，充分发挥绩效评价以评促管效能，提升整改成果的作用。

三、预算安排与调整

广州市建立了预算绩效评价结果与预算安排相结合的激励和约束机制，财政部门将预算绩效评价结果作为资金是否列入年度预算、预算调整和以后年度预算安排的重要依据。评价结果为“优”的项目，在安排资金时优先保障。评价结果为“良”的项目，根据项目实际情况确定支持额度。评价结果为“中”的项目，除中央、省、市有明确规定必须予以保障的项目外，在安排下一年度预算时应从紧从严。绩效评价结果为“低”或“差”的项目，除中央、省、市有明确规定必须予以保障的除外，其他需以以下方式处理：①对于经常性项目，原则上调减或撤销下一年度项目预算。②对于跨年度项目，整改期间暂缓下年度项目预算安排，待项目整改完成后，再视具体情况进行安排。③对一次性安排的项目，原则上对下一年度新增同类项目不予安排。特殊情况必须安排的，要组织专家对项目进行可行性论证，并制定具体的实施和保障措施。

四、结果报告与问责

广州市财政部门每年将当年市本级绩效评价总体情况向市政府报告。经市政府批准后，报市人大常委会专题审议。绩效评价结果为中、低或差的，被评价单位应根据要求向市人大常委会做出说明。市财政部门在市人大审议后，将涉及到省专项资金的绩效评价结果抄报省财政厅；涉及到区的，抄送相关区级政府。市财政部门会定期通报关于绩效评价结果和绩效管理方面的情况，通报方式主要采取会议通报、文件通报和媒体通报。对不按规定进行绩效自评或不配合主管部门、财政部门进行绩效评价，致使评价工作无法正常进行的，财政部门将予以通报，其评价结果按“差”处理。在实际操作中，对于绩效运行与预期绩效目标发生偏离的项目，试点部门要及时分析原因并采取措施完善项目管理；广州市市财政局会参考项目绩效运行跟踪监控情况，开展年中预算调整工作；对于跨年度的项目，绩效运行跟踪监控结果将被作为当年及以后年度预算编制和政策制定的重要参考依据。

第二节　典型案例分析

本节以前文所述的 2016 ~ 2018 年 28 个重点项目绩效评价结果应用的情况为案例，介绍广州市绩效评价结果应用的做法。

一、总体分析

（一）根据绩效评价削减预算情况

通过对评价期次年度预算金额和被评价年度预算金额进行比较，28 个重点评价项目中，27 个项目的预算资金根据第三方评价结果发生变动，占评价项目个数的 96.43%。28 个重点评价项目被评价年度预算金额总计 1405829.06 万元，评价期次年度预算金额总计 848021.28 万元，资金预算安排总量减少 557807.78 万元，削减预算幅度达到 39.68%。

（二）根据绩效评价调整政策情况

重点评价结束后，有 13 个项目根据第三方评价报告指出的意见建议作出政策调整，其中，属于业务流程调整类的项目1个，属于项目间整合类的项目3个，属于业务标准调整类的项目4个，属于完善管理和实施细则类的项目5个。

1. 业务流程调整类

市文化广电新闻出版局（以下简称“市文广新局”）“广州市文物保护专项资金”项目评价报告指出，该项目存在“专项资金使用程序繁琐，文物保护项目从设计方案编制到方案审批有严格的程序要求”的问题。市文广新局根据评价报告指出的问题，重新修订了《广州市文物保护专项资金管理办法》（穗文广新规字〔2018〕10号），新修订办法：①增加了非国有不可移动文物事后补助申请的流程。未获得专项资金补助的非国有不可移动文物修缮、保养维护工程项目，依法履行文物工程报批手续并经相应文物行政部门验收合格后，由保护管理责任人在保护工程正式验收通过之日起，一年内按程序向市文物行政部门提出书面补助申请，逾期不予受理。②简化了专项资金支出的流程。对未纳入集中采购目录或者未达到采购限额标准的项目，可采取直接委托和直接购买方式来确定项目承接单位。通过增加非国有不可移动文物事后补助申请的流程和简化专项资金支出的流程，简化了拨款程序，加快了文物保护专项资金的支出进度，提升了专业单位参与非国有不可移动文物保护的积极性，提高了财政资金使用效率。由此安排项目2017年预算资金5400万元，相对于被评价年度（2015年）的6000万元，减少了600万元。

2. 项目间整合类

市商务委“支持外经贸发展专项资金”项目评价报告指出，该项目存在“财政资金分配比较分散”的问题，并提出“整合资金使用，发挥集聚效应”的建议。市商务委根据评价报告指出的问题和建议，并按照一部门一个专项资金的要求，对2017年市商务委“支持外经贸发展专项资金”“电子商务发展专项资金”“广州市商贸流通业和会展业发展专项资金”“融资租赁产业发展专项资金”“支持境外参展专项资金”合并为“商务发展专项资金”。市商务委通过对本部门性质相同、用途相近、交叉重复的专项资金进行合理有效整合，充分发挥专项资金优势，形成财政资金合力，整合后的“商务发展专项资金”相比整合前减少了2569万元，提升了商务资金的使用效益。

市工业和信息化委员会（以下简称“市工信委”）“广州市工业转型升级专项资金”项目评价报告指出，该项目存在“专项资金扶持政策具有阶段性，可持续还需加强；工业转型升级专项资金扶持政策2017年有效期届满，后续的政策依据是否会发生变化以及如何变化均不明朗”的问题。市工信委根据评价报告指出的问题，2017年将“广州市工业转型升级专项资金”与“促进小微企业发展专项资金”“电子商务发展专项资金”“节能专项资金”“智慧广州专项资金”合并为“工业和信息化发展专项资金”。市工信委通过对本部门多个专项资金进行整合，把“零钱”化为“整钱”，避免专项资金使用碎片化，整合后的“广州市工业转型升级专项资金”专项资金相比整合前减少了7300万元，通过整合提高了财政资金统筹使用的能力。

市水务局“水务建设专项资金”项目评价报告指出，该项目存在“项目管理方面，部分项目的资金管理不规范、资金支出率低，资金管理制度不健全”的问题。市水务局根据评价报告指出的问题，2017年将“水务管理专项资金”和“水务建设专项资金”合并为“广州市水务建设与管理专项资金”。因专项资金管理方面存在的问题比较突出，2017年8月，市水务局向市财政局提出“撤销广州市水务建设与管理专项资金”的问题，不再作为专项资金管理，调整后纳入专项转移支付和一般性转移支付管理，整合后的“广州市水务建设与管理专项资金”相比整合前减少了13737.24万元。

3. 业务标准调整类

市交通委员会（以下简称“市交委”）“2017年广州市公共交通财政

补贴”项目评价报告指出，该项目存在“公交从业人员收入偏低，工作压力较大，补贴资金分配细则与实际操作仍需进一步完善”的问题，并提出“调整人员结构，合理提高公交从业人员薪酬福利水平；进一步优化补贴资金分配细则，建议将原定3%补贴资金按企业综合考评结果分配的分配模式进行优化，适当提高补贴额度与服务质量考评的关联性”的建议。市交委根据评价报告指出的问题和建议，牵头制定了《广州市交通委员会广州市发展和改革委员会广州市财政局关于印发广州市公交行业2017年至2018年政策性财政补贴方案的通知》（穗交函〔2018〕3378号）。新修订办法：①加大了对公交的补贴力度，本轮补贴总额比上一轮增加了10%。②保障司机工资稳步适度增长，按照近三年广州市社平工资增幅，切块安排资金，专项补贴司机工资增长。③加大对公交安全及服务考核的力度，考核挂钩的补贴比例从原3%提高至10%。优化后的补贴细则加大了对公交和司机的补贴力度，减轻了公交企业的成本压力，调动了公交司机的积极性，为推进广州城市公共交通健康发展起到了重要的推动作用；在加大对公交和司机补贴力度的同时，也相应压缩了其他方面的开支，项目支出结构得到明显改善和优化，据此2019年项目预算资金安排430000万元，相对于被评价年度（2017年）的458452万元，减少了28452万元。

市发改委“总部企业奖励补贴”项目评价报告指出，该项目存在“在实际执行中，企业对如何发放总部企业奖励补贴资金给高管依然不清晰；三年连续获得世界500强，或中国企业500强，或中国服务业企业500强，奖励政策是否滚动采用不清晰”的问题。市发改委根据评价报告指出的问题，制定了《广州市人民政府办公厅关于印发广州市促进总部经济发展暂行办法的通知》（穗府办规〔2018〕9号），对比之前的管理办法，新修订办法的主要调整内容有：新引进的总部企业的奖励根据产业分类、经济贡献情况、落户年限、注册资本等不同情况，“认定当年给予一次性资金补助（分三年按 40%、30%、30% 比例发放），给予 100 万元、300 万元、500 万元、800 万元的补助”调整为“连续 3 年每年给予 500 万元、1000 万元、2000 万元、5000 万元等不同档次的奖励”。调整后的总部企业奖励补贴细则加大了对总部企业的奖励力度，进一步优化了广州市总部经济发展环境，对加快推进广州市总部经济发展、培育具有核心竞争力的企业集群起到了明显的促进作用。据此 2017 年项目预算资金安排 25274 万元，相对于被评价年度（2015 年）的 24500 万元，增加了 774 万元，加强对广州市总部经济发展的保障支持。

市住保办“公共租赁住房租赁补贴”项目评价报告指出，该项目存在“全市平均补贴力度偏低，未能有效解决住房困难问题”的问题。市住保办根据评价报告指出的问题，制定了《广州市人民政府办公厅关于进一步加强户籍家庭住房保障工作的通知》（穗府办规〔2018〕24 号）。对比之前的管理办法，新修订办法的主要调整内容有：“补贴标准调整为建筑面积每平方米 30 元，并将越秀区、海珠区、荔湾区、天河区的区域补贴系数调整为 1.2。”2018 年项目预算资金安排 9768 万元，相对于被评价年度（2016 年）的 9300 万元，增加了 468 万元。项目预算金额、补贴标准和补贴系数的提高，有效改善了低收入家庭和租金较高的中心城区家庭住房困难问题，满足不同层次住房困难家庭的租赁需求。

市教育局“学前教育专项经费”项目评价报告提出“优化学前教育专项的支持方向、内容、目标，使专项资金发挥更大的效益；进一步明确学前资助的导向，使对困难群体的资助和普惠性的资助区分开，使专项资金发挥更大的效益”的建议，市教育局根据评价报告建议，制定了《广州市幼儿园生均定额补助实施办法（修订）》（穗教发〔2018〕27 号），对比之前的管理办法，新修订办法的主要调整内容有：一是提高了幼儿园生均定额补助标准，其中集体办园补助标准从 1000 元 / 生 / 年提高到 3555 元 / 生 / 年，国有企、事业单位办园和普惠性民办幼儿园补助标准从 700 元 / 生 / 年提高到 1700 元 / 生 / 年；二是扩大生均公用经费使用范围，增加用于幼儿园教职工（公办幼儿园在编教职工除外）人员经费补助。2017 年项目预算资金安排 41706.82 万元，相对于被评价年度（2015 年）的 34000.00 万元，增加了 7706.82 万元，项目预算资金和办园补助标准的提高，特别是对民办幼儿园补助标准的提高，在补助资金上向困难群体相对倾斜，有效解决了他们入学难的问题，保证了专项资金的投入实效。

4. 完善管理和实施细则类

市民政局“广州市困难群众医疗救助金”项目评价报告指出，谈项目存在“工作经费欠缺，影响项目实施”的问题。市民政局根据评价报告指出的问题，制定了《广州市人民政府办公厅关于修订广州市医疗救助办法的通知》（穗府办规〔2018〕14 号），新修订的办法将第二十六条调整为“1. 市医疗救助基金每年总计筹资 2.75 亿元，其中市财政安排 1.5 亿元，各区财政共安排 1.25 万元。其中，区财政分担的资金以各区低保对象、低收入困难家庭成员、重度残疾人三类困难群众数量和区财力状况为权重因素，按 5 ：5 权重比例计算。2. 基本医疗救助金每年根据本市户籍最低生活保障对象、低收入困难家庭成员、孤儿、特困人员、享受抚恤补助的优抚对象、残疾人和计划生育特殊困难家庭成员的总数，按年低保标准 14% 的比例筹集。其中，市财政负担城镇基本医疗救助金的 40% 和农村基本医疗救助金的 40%，其余部分由区财政分担。”通过完善医疗救助办法细则，进一步明确市、区财政资金安排比例和每年筹资金额，从制度上保障了广州市医疗救助工作经费投入。2017 年项目预算资金安排相对于被评价年度（2015 年）大幅增加了 8162.01 万元，资金增长比例高达 42.43%，有效解决了项目工作经费欠缺问题，提升了广州市困难群众的医疗救助服务水平。

市交委“现代物流发展资金”项目评价报告指出，谈项目存在“扶持面虽广但容易造成“僧多粥少”的局面，削弱了专项资金的扶持力度和吸引力”问题。市交委根据评价报告指出的问题，制定了《广州市现代物流发展专项资金管理办法》（穗交〔2016〕292号），明确“经项目申报、评审后确定扶持项目，专项资金采用无偿补助方式安排使用，每个项目补助金额不超过项目总投资的10%，且不超过400万元。”修订后的物流发展专项管理办法，改变了以往扶持资金分配过于分散的做法，集中资金使用，重点支持和扶持具有良好的自主创新势头及自主品牌、产品市场占有率高且影响力大的企业。通过扶持重点企业，不仅可以争取培育形成一批有较强竞争力的外贸企业，也节约了财政资金。2017年项目预算资金安排相对于被评价年度（2015年）减少了350万元，提升了财政资金使用效益。

市质监局“质量发展与标准化战略专项资金”项目评价报告指出，项目存在“专项资金管理有待完善：一是下达专项资金使用不清晰；二是每类标准资助金额在单位申请资助时并不明确。”的问题。市质监局制定了《质量发展与标准战略专项资金管理办法》（穗质监函〔2017〕400号），对专项资金管理进行明确：“用款支出必须严格控制在批准的范围及开支标准内，严格执行财政资金使用票据销账制度，严谨用“白头单”入账或套取现金。”修订后的专项资金管理办法细化了专项资金管理细则，明确了专项资金用途和标准，对专项资金管理进行了严格规范。

市残联“残疾人康复资助经费”项目评价报告提出：“为严格执行康复资助补贴资金实行分级负担，市与各区、县级市财政按1：1比例负担的相关规定。应进一步加强康复资助资金市、区两级按比例配套的管理工作。”的建议。市残联制定的《广州市残疾人康复资助工作管理办法》（穗残联〔2016〕11号），明确将“康复资助经费市与各区财政按1：1比例负担”，调整为“康复资助经费实行市、区两级财政按专项资金配套比例分级负担，纳入市、区财政年度预算。”修订后的残疾人康复资助工作管理办法调整了康复资助经费市、区两级财政配套负担比例，改变了以往固定的资助经费配套比例，2017 年项目预算资金安排相对于被评价年度（2015 年）大幅增加了 3408.30 万元，对康复资助经费的统筹使用更加合理。

市民政局对“社会组织公益创投”项目的管理办法重新修订，拟对项目资金构成以及资助项目类型比例予以明确，以及修订各单位职能。

二、典型案例

（一）广州市花城广场综合管养项目

广州市财政局针对“广州市新中轴线公益性项目花城广场综合管养项目”委托第三方机构实施了第三方绩效评价，形成了客观公正的评价报告。项目由广州市城市建设投资集团有限公司根据《市长办公会议纪要》（穗市长会纪〔2010〕57 号）等文件实施，通过招投标方式，遴选 2 家现场养护单位，共同开展具体工作。此项目的主要内容是，对广州市花城广场进行综合养护，具体包括：环卫保洁、绿化管养、土建维护、公用设施设备运维、公共秩序维护、综合服务等 6 个方面，维持花城广场的市容面貌，保障公共安全和设施的平稳运行。本次评价工作采取书面评价、现场评价及满意度调查等方法，围绕广州市花城广场综合管养项目的安排、管理、产出和效益等方面开展评价，最终项目绩效评价等级为“良”。

通过此次绩效评价，发现存在如下问题：一是项目事前规划缺乏充分性。具体为预算绩效申报指标选取的代表性不足和前期论证准备工作不充分。二是项目管理规范性有待提高。具体为五点内容：①缺乏针对该日常综合养护项目所建立的专项资金管理办法；②未实行项目专款核算；③部分日常综合养护项目与花城广场其他专项实施内容的界定不清；

④项目执行期内两轮招标时间衔接不及时；⑤对养护工作的监督考核缺乏精细化管理，缺乏对扣分区域、扣分事由的详细记录和对年度工作的考核。三是部分养护工作效果有待完善。

针对反馈问题，形成以下整改建议。

一是重视前期规划管理与方案评估论证。主要为：①重视绩效目标申报，强化项目前期工作管理，提升项目决策质量和管控水平。结合日常考核情况，选取合理可量化的评价指标，定期总结绩效目标完成情况，分析影响目标完成的各项因素，并及时掌握养护需求的变化，作出相应调整。②重视前期管养方案的评估论证，有效保障养护工作安排的科学性、合理性。定期收集并更新各方面的养护需求，及时调整养护工作方案，并委托第三方专业机构进行评估论证，报送有关上级部门审批。

二是进一步规范项目的实施管理。主要有五点内容：①设立专项资金管理制度，对项目的前期立项、实施内容、相关主体单位责任、资金分配使用、监督检查方式等内容作出明确的规定，以规范财政资金的使用和管理。②建立项目专款专账，独立核算，保证项目资金专款专用，直观明确地反映资金支出的去向和用途。定期开展专项审计工作，规范财政资金的使用和管理。③强化区分花城广场各类维养项目的工作内容和资金支出，规范各类维养项目的管理。由于花城广场维护工作较为繁杂，包括日常综合养护工作以及临时性的专项养护工作。建议项目主管单位重视区分日常综合管养项目和其他维养专项在项目内容界定、项目管理和资金支出的区别，在项目申报文件、项目方案、服务合同、专项资金管理办法等有关文件中进行明确界定说明，以规范财政资金的使用，有助于明确考核各类项目资金发挥的实际效果。④加强项目招标工作的及时性。项目主管单位在合同到期前，提早准备开展招标工作，保障项目规范运行的可延续性，避免对市政维养工作的正常运营造成潜在风险。⑤完善考核表设计，细化对各区域及各项养护工作情况的记录。项目主管单位应对考核结果，包括扣分事由及其具体地点等信息进行详细充分的记录，并增加对上个月度扣分事由整改情况的跟踪记录。完善以季度、年度为单位的考核表，避免遗漏对部分养护工作执行情况的监督核查。

三是加强监督检查，不断提高养护实施效果。在日常养护工作中，从“量”和“质”两方面，严格监督养护工作是否按合同要求完成、工作效果是否到位，保证财政资金发挥预期效益。对定期核查所发现的问题及时整改，加强后期跟踪检查的力度，保障并提升财政资金的使用效益。

（二）广州市旅游宣传促销与市场推广项目

广州市财政局针对广州市旅游局（以下简称市旅游局）“2015 ~ 2017 年度旅游宣传促销与市场推广项目”，委托第三方机构实施了第三方绩效评价，形成了客观公正的评价报告。此项目由广州市旅游局市场推广处依据《广州市旅游局主要职责内设机构和人员编制规定》（穗府办〔2010〕13 号）等文件组织实施。项目旨在开展广州旅游整体形象的宣传推广工作、组织和协调重大旅游宣传推广活动、根据旅游市场开发的需要建立境内外旅游宣传网点等。本次评价采取书面评价、现场评价及满意度调查等方法，围绕项目安排、管理、产出、效益、可持续发展等方面实施评价，最终项目绩效评价等级为“良”。

通过此次绩效评价，发现存在如下问题：①绩效目标管理意识有待加强。个别绩效指标设置低于或高于历史发展水平，目标设置的适宜性有待提升。年度目标与委外业务合同衔接欠紧密，不利于绩效目标考核测量。指标跟踪监控欠严谨。②合同管理有待精细化。合同的严谨性有待加强，个别合同没有填写签约日期，条款内容与实际操作内容不一致。个别合同缺少关键约定的质量要求，对后续财政支出绩效评价带来难度。③资源信息共享度有待提升。广州市旅游局未定期组织服务商召开宣传推广成果的研讨会，资源信息共享度不够。④资料及信息管理还需规范。广州市旅游局每年均会开展对失效宣传资料的更正工作，但由于工作量较大且单位或企业信息常处于动态变化之中。截至评价日，对外公布的信息仍不能及时更新。

针对反馈问题，形成以下整改建议：①重视预算绩效管理，科学合理设置绩效目标。重视绩效目标的前置作用，设置符合项目特点且合理、规范、有效、易考核的绩效目标。对于资金量较大的委外业务项目，开展可行性研究和风险评估，设置适宜绩效目标，并合理设置阶段目标。②强化风险意识，规范合同管理行为。从制度上完善合同管理要求，规避由于个人行为造成的失误风险。对合同文本内容进行严格审核，融入全预算绩效管理的思想，明确服务质量标准和验收（监督检查）标准，清晰列明具体工作分工细项，便于合同执行期的监管和考核。③推进资源信息共享整合，使资源利用最优化。增强资源信息共享意识，制定信息共享的规定，纳入到合同约定或作为内部信息告知，并及时公布年度委外服务成果。④加强动态管理，借鉴经验，探索精准营销。从源头做出限定，增加信息准确性的约定内容，通过法律条款，约束服务商的行为。加强动态管理，加大对各中标服务商的监督管理，发现问题及时纠偏。借鉴国外旅游城市营销经验，探索广州旅游精准营销之路。

（三）广州市市级体彩公益金补助广州市群众体育指导中心，利用“群体通”平台开展社会体育场馆惠民开放补助项目

广州市财政局针对“2015 ~ 2017 年市级体彩公益金补助广州市群众体育指导中心，利用‘群体通’平台开展社会体育场馆惠民开放补助项目（以下简称‘社会体育场馆惠民开放补助项目’）”委托第三方机构实施了第三方绩效评价，形成了客观公正的评价报告。项目由广州市体育局按照《关于印发〈广州市市级体育彩票公益金管理办法〉的通知》

（穗体〔2016〕9号）等政策文件组织开展。2015～2017年，广州市体育局先后通过招标，与符合场地措施条件的社会场馆签约。这些签约的社会体育场馆（以下统一简称为“惠民社会场馆”）上线市体育局开发的“群体通”平台，向公众提供羽毛球、乒乓球、网球、足球、篮球、游泳、健身等主流大众化运动项目的优惠场地预订服务。市民使用“群体通”派发的电子运动优惠券，在平台预订场地时享受价格优惠，市体育局用市级体彩公益金按期对惠民社会场馆支付惠民补贴款。本次评价采取书面评价、现场评价及满意度调查等方法，围绕社会体育场馆惠民开放补助项目的项目立项、项目管理、项目产出和项目效益指标实施，最终评定绩效等级为“良”。

通过此次绩效评价，发现存在如下问题：①预算目标申报管理有待进一步加强。项目在下一阶段应采用其他更合理的核心绩效指标。相应地，按惠民社会场馆数量来测算项目预算的编制标准也要进行调整。②社会场馆惠民补贴款资金结算对接流程有待优化。由于项目初始阶段经验不足，“群体通”系统开发还不完善，虽财政资金使用规范，但系统存在资金结算对接不够科学等问题。③社会场馆惠民开放服务质量有待进一步提升。④“群体通”的运行机制还可优化。

针对反馈问题，形成以下整改建议：①强化项目绩效目标管理，提高预算管理水平。主要为：更新项目绩效核心指标；加强支出预算编制科学化、精细化管理。②优化社会场馆惠民补贴款资金结算流程，提高审核效率。主要有以下两点：一是持续优化“群体通”平台中财政补贴审核流程；二是提高财政补贴审核效率，实现按月结算惠民补贴款。③多管齐下，提升社会场馆惠民开放服务质量。具体为：一是加强大数据分析，提高第三方业务监管效率；二是建立体育从业欺诈黑名单；三是对惠民社会场馆设立绩效激励机制。④优化“群体通”运行机制，提高项目效益。具体有：一是持续优化运行机制；二是完善服务内容，构成多元的赢利模式；三是加强对惠民开放政策的宣传。

（四）广州市公共交通财政补贴项目

广州市财政局针对“2017年广州市公共交通财政补贴项目”委托第三方机构实施了第三方绩效评价，形成了客观公正的评价报告。该项目由广州市交通委员会（以下简称“市交委”）依据《广东省人民政府关于城市优先发展公共交通的实施意见》（粤府〔2013〕120号文）、《广州市公交行业政策性财政补贴方案》（穗发改〔2016〕1091号）等政策文件组织实施。项目旨在以财政补贴额度为杠杆，促使公交企业充分挖掘自身潜力，推动管理水平的提高，同时加强对公交企业服务质量的监督。本次评价采取书面评价、现场评价及满意度调查等方法，对公共交通财政补贴资金的投入、过程、产出和效益等方面实施评价，最终项目绩效评价等级为“良”。

通过此次绩效评价，发现存在如下问题：①公交补贴政策更新进度较慢；②公交从业人员收入偏低，工作压力较大；③补贴资金分配细则与实际操作仍需进一步完善；④公交补贴财政资金压力较大。

针对反馈问题，形成以下整改建议：①加快补贴政策制订进度。今后应优化制订补贴方案及实施细则的流程，提高整体编制流程的效率。建立定额补贴额度调节机制，使补贴额度科学、客观地反映公交特许经营企业的实际运营情况，并根据公交行业的最新发展情况，及时更新补贴政策。②调整人员结构，合理提高公交从业人员薪酬福利水平。一方面，科学合理安排线路运力、高低峰发车间隔，并严格按照发车间隔执行，控制车辆无效行驶里程，减少“空驶”现象。另一方面，合理确定公交企业职工人员规模，优化内部人员结构，合理配比“线上线下人员比”，从源头控制公交人力运营成本，并切实提高公交车司机的薪酬待遇水平。③进一步优化补贴资金分配细则。结合实际情况，优化分配细则，建议将原定“3% 补贴资金按企业综合考评结果分配”的分配模式进行优化，适当提高补贴额度与服务质量考评的关联性。调研最新的公交运营情况，适当调整现行的票价优惠政策，提高资源分配效率。④尝试通过政府购买服务方式，发展城区公交事业。建议广州公交补贴政策向杭州、新加坡等地区学习先进经验，转变政府购买服务的形式，发展城区公交事业。

第三节　特点

一、持续推进绩效信息公开

广州市持续推进绩效信息公开化、制度化和常态化，经市人大常委会审议的《关于2016年度市本级财政支出绩效情况的报告》、10份第三方评价报告及80项自评复核结果，以及《关于2017年度市本级财政支出绩效情况的报告》、51个自评复核项目评价结果、8个重点评价项目和2个部门整体评价的第三方评价报告，在市政府门户网站和市财政局网站同时公开；在2017年度部门决算公开中首次专门披露本部门预算绩效管理情况，细化公开绩效评价报告，以便公众详细了解财政支出的使用去向和绩效情况。

二、评价结果接受人大监督

按照市人大常委会要求，广州市将每年的重点项目绩效评价报告作为向市人大常委会报告上年财政支出绩效情况的重要组成部分，并在市人大常委会审议前抽选 2 个项目开展前期调研，了解评价组织过程、评价方式方法、指标体系构成、评价结果等情况。在市人大常委会审议时，要求有关部门就评价报告反映的问题作出说明，通过审议，督促各部门重视绩效管理工作，并对报告所反映的问题加强整改。

三、促进预算安排更加合理

从 28 个重点评价项目的结果应用情况来看，27 个项目的预算资金根据第三方评价结果削减预算，预算单位能够把绩效评价结果作为预算安排的重要依据，以绩效调预算的管理机制初见成效，绩效理念进一步牢固。

四、问题整改倒逼政策调整

28 个重点评价项目中，13 个项目依据绩效评价结果，并结合评价报告中指出的问题和建议，对项目管理办法的业务流程、业务标准、管理和实施细则、项目间整合等方面作必要的删补或修正，调整后的政策目标和细则更加完善优化，政策调整的针对性明显提升，以绩效评价结果作为调整项目政策依据的管理机制渐露雏形，绩效意识逐步增强。

第五篇

以整体绩效为核心：广州市部门整体预算绩效管理探索与创新

全面实施预算绩效管理需要从“全方位、全过程、全覆盖”三个维度共同推动。其中，提高部门和单位整体绩效水平，将政策和项目预算全面纳入绩效管理，是激活“全方位、全过程、全覆盖”三个维度的关键。广州市自2016年开始试点部门整体预算绩效管理，以绩效目标为抓手，将部门整体绩效、政策绩效与项目绩效统一为部门整体预算绩效，构建事前、事中、事后整体绩效管理全闭环系统，并覆盖部门全部资金，以整体绩效为核心，在市级层面基本构建起“全方位、全过程、全覆盖”预算绩效管理体系。

本篇全面剖析广州市部门整体预算绩效管理的探索与实践，着重分析广州市经过试点验证具有可操作性的部门整体预算全闭环绩效管理的框架与实施路径，为其他地方开展从项目预算绩效管理到部门整体绩效管理的改革推进提供参考。

推进部门整体绩效管理的必要性

第一节　部门整体预算绩效管理的必要性

一、实施部门整体预算绩效管理，是促进政府职能转变的有力抓手

政府发挥经济调节、市场监管、公共服务、社会管理等职能，需要通过各部门切实履行部门职责来实现。实施部门整体预算绩效管理，可以围绕部门职责设定绩效目标，对目标实现程度进行监控和评价，推进绩效信息公开，完整地反映部门投入资金与履职情况的关系。这有利于增强各级政府部门尽责履职意识，提高部门整体行政效率，全面提升政府效能，增强政府公信力和执行力，促进服务型政府建设。

二、实施部门整体预算绩效管理，是提高公共服务质量的必然要求

各级政府部门是服务人民群众的一线窗口，部门提供的公共服务质

量直接影响着人民群众对政府的口碑。实施部门整体预算绩效管理，一方面增强社会公众对部门预算的知晓度和参与度，另一方面使部门更好地了解公众需求，从而更加科学合理地规划预算项目，把取之于民的财政资金使用好、管理好，推动各部门提高公共服务质量和水平，使人民获得感、幸福感、安全感更加充实、更有保障、更可持续。

三、实施部门整体预算绩效管理，是推动高质量发展的重要措施

当前，广州正处于转变发展方式、优化经济结构、转换增长动力的攻坚期，科技创新、基础设施、粤港澳大湾区建设等发展任务繁重，收支矛盾十分突出，这更需要通过部门整体预算绩效管理，从更宏观的视角把握资金使用方向。围绕广州实现老城市新活力，着力在综合城市功能、城市文化综合实力、现代服务业、现代化国际化营商环境等方面出新出彩，聚焦市委市政府决策安排财政资金，把钱用到刀刃上、花出效益来。通过有效配置财政资源，推动实现高质量发展，为广州勇当“四个走在全国前列”和“两个重要窗口”排头兵提供财力保障。

四、实施部门整体预算绩效管理，是全面实施绩效管理的关键环节

部门整体预算绩效管理，是连接政府预算绩效管理和项目预算绩效管理的关键枢纽，抓好这个“牛鼻子”，可以理顺政府、部门、项目的绩效管理层次，有利于形成全方位预算绩效管理格局，是全面实施绩效管理的关键。部门整体绩效管理通过对部门整体实施绩效目标管理、绩效运行监控和绩效评价，建立更高层次的全过程绩效管理流程，有利于规

范全过程绩效管理机制。部门整体全过程绩效管理通过将部门全部收支纳入预算绩效管理，包括基本支出及政府性基金、国有资本经营等预算资金，有利于实现预算绩效管理全覆盖。

五、实施部门整体预算绩效管理，是提升部门管理水平的有效途径

预算部门是实施部门整体预算绩效管理的主体，为此充分调动部门积极性，让部门意识到预算绩效管理的好处至关重要。从近年来的实践探索看，预算绩效管理具有任务明、责任清、可测量的特点，是推动部门日常管理的有力工具。通过将整体绩效目标分解为各个部门的工作目标，作为考核各部门各岗位工作业绩的主要依据及准绳，将预算绩效和个人考核、职务晋升等有机结合起来，充分调动干部职工的积极性，用绩效管理推动业务管理，带动单位整体管理水平的提升。

第二节　部门整体预算绩效管理与项目预算绩效管理的关系

一、项目预算绩效是部门整体绩效的重要组成部分

项目预算绩效是部门整体绩效管理中不可或缺的重要组成部分，是部门整体绩效管理的基础。部门整体绩效管理实质是“部门整体 + 重点项目”的绩效管理体系，是在“部门职责—工作任务—支出项目”框架下开展的绩效管理活动。不仅关注部门整体支出绩效情况，尤其要重视

重点、重要项目的绩效情况及重大政策的实施效果，为预算绩效管理提质增效。

项目支出预算是为了实现特定职能而安排的支出，是在保障政府基本职能之外，为提高政府职能作用而作出定向性安排的支出预算，项目支出在部门预算中占比一般都会较高。通过针对项目的绩效管理，设计有针对性的绩效目标、评价指标体系，评价项目实施取得的成效。同时总结经验，查找问题，分析原因，提出有针对性的意见和建议，为完善相关政策、加强项目管理、提高资金使用效益提供重要的决策依据。在提高项目预算资金使用效益的同时，可极大地促进部门整体预算绩效管理。因此，推动部门整体绩效管理与项目预算绩效管理的融合是十分必要的。

二、项目预算绩效管理为部门预算绩效管理提供基础

我国自 2003 年开始推行预算绩效评价改革，改革起步阶段即是从项目入手推进的。经过十几年的改革，从中央到地方都已经积累了丰富的项目预算绩效管理经验。全国已基本建立完整的项目预算绩效管理体系，多数地方也已实现项目预算绩效管理全覆盖。项目预算绩效管理领域积累的丰富经验，是部门预算绩效管理开展的基础和重要支撑。

三、部门预算绩效管理统领项目预算绩效管理

部门整体绩效管理的对象是部门预算。各预算部门根据部门工作职责和相关规定，统筹编制本部门中期财政规划和年度预算，而对应部门预算的部门整体绩效管理，则要求将部门工作职责与预算资金分配紧密结合，充分发挥预算部门的能动性，将有限的财政资金根据部门每年开

展工作实际情况，通过切块的工作任务（工作活动）分配到各个项目中，切实保障中央、省和市部署的重大改革、重要政策和重点项目的资金需求。部门整体绩效管理是对部门所有预算资金进行绩效管理，重点强调部门整体支出的综合绩效，预算部门在部门整体绩效管理模式下可以结合自身情况，构建更加完善的绩效评价指标体系，探索更有效的综合绩效评价方法，强化对部门预算整体支出的跟踪和监督，逐渐提高部门整体财政支出的绩效水平，对项目预算绩效管理发挥着统领的作用。

四、财政资金统筹协调配置，需部门整体与项目绩效管理协同运作

部门整体支出根据宏观经济形势、经济增长情况、财政调控政策等因素而制定年度财政收支计划。从更深层次讲，是对政府下一年工作计划的宏观展望，是政府各个职能部门下年活动的缩影，是对未来一定时期政府活动的详细规划，体现了履行政府职能的活动范围和方向。项目支出是为了完成其特定的行政工作任务或事业发展而安排的支出预算，突出一定时期内政府工作的重点和难点。所以项目预算绩效管理与部门整体预算绩效管理的协同推进，既能保证整体财政资金绩效的实现，又能凸显特定阶段特定目标的重要性，可以实现财政资金的统筹协调配置，支撑政府职能履行，满足财政预算绩效管理的要求。

绩效目标管理

第一节　做法

一、目标框架的设计

广州市财政局以预算部门履行职能为绩效目标设置的出发点，确立了“部门职责—部门绩效目标—部门预算”的逻辑路径，并根据部门工作业务开展向下分解，建立“部门职责—工作任务—支出项目”的三级目标体系，每个层级均设置绩效目标和指标（见图 2–1）。

（1）“部门职责”绩效目标，是部门根据市委、市政府的决策部署、部门的事业发展规划和“三定”方案（定职能、定机构、定编制），以及年度工作计划确定，突出部门宏观整体的工作目标。

（2）“工作任务”绩效目标，是为落实部门职责绩效目标，对部门职责绩效目标进行分解，确定年度重要工作任务及相关的绩效目标。

（3）“支出项目”绩效目标，是对每项工作任务进一步进行分解，确定预算项目及项目的绩效目标，反映财政支出的具体内容。

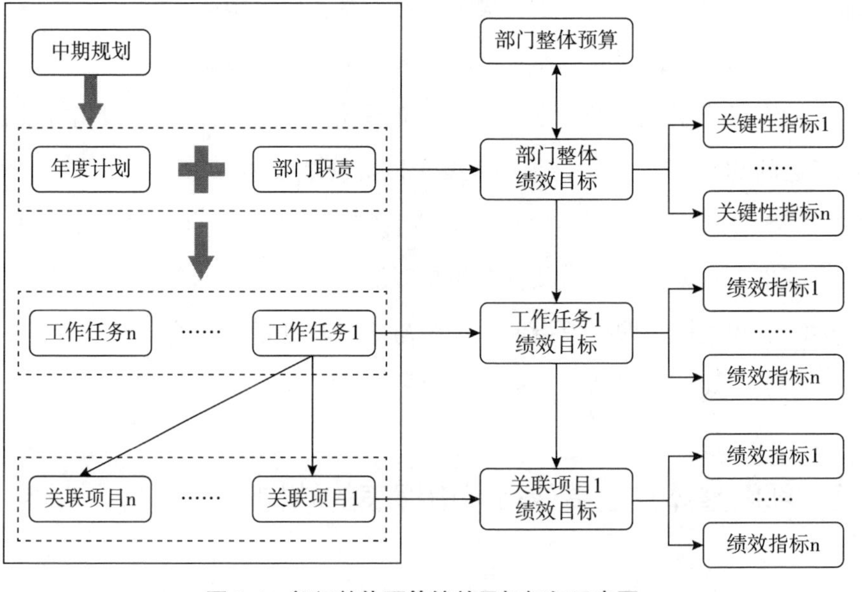

图 2-1　部门整体预算绩效目标框架示意图

通过三级财政支出绩效目标体系，对部门整体支出绩效目标逐层分解到具体项目绩效目标，并根据项目绩效目标落实项目的预算资金，以保证整体支出绩效目标得以落实。广州市财政局通过强化绩效目标审核，从源头上改进预算资金的配置效率与运行效率，为下一步做好部门整体绩效监控和绩效评价提供依据。

在绩效目标的具体做法上，《广州市财政局关于开展 2018 年度部门全过程预算绩效管理工作的通知》中要求：预算部门要根据国民经济和社会发展规划及相关专项规划、部门职责，编制本部门年度总体目标。根据总体目标编制年度预算，并按要求编报科学、合理、清晰、量化的部门整体支出绩效目标和项目支出绩效目标。

二、绩效指标的设置

广州市财政局要求部门在绩效目标下设绩效指标，用以评价部门整体预算绩效完成情况。要求三级绩效指标具备以下特征。

（1）明确性，即避免那些可能带来不确定性的模糊指标。

（2）可衡量性，即有明显、可靠的量化数据作支撑，定量指标要占总指标的 50% 以上，定性指标也要予以准确地表述。

（3）可实现性，即绩效指标的预期实现值设定符合客观实际，既不宜过高也不宜太低，要与预算金额相匹配。

（4）相关性，即绩效指标的选择与部门职责紧密相关。

（5）时效性，即绩效指标有明确的截止时间。

三、部门整体支出绩效目标申报表的结构

绩效目标管理是部门整体预算绩效管理的基础。广州市财政局通过强化绩效目标对部门整体预算资金分配的硬约束，使“说清楚目标”成为部门预算资金分配的前置条件。每年编制部门预算的同时建立部门整体支出绩效目标体系，既可以以此约束部门的行为，强化部门的责任，又利于开展年中监控和提高事后评价的客观性。

广州市部门整体支出绩效目标申报表内容分为三大部分：部门职能、本年财政收支安排及绩效目标申报、三年期财政支出安排及绩效目标申报。

该表的逻辑为：依据部门职能结合年度工作计划和三年期规划，提出年度部门整体支出目标，并申请与该目标相匹配的预算资金。在年度目标下对应做出年度主要工作任务，并相应设置每一工作任务的绩效目标、关键性绩效指标（包括产出、效益、公众满意度等方面）、指标解释及预期实现值等（如表 2–1 所示），以及对应的关联项目。其中，部门整体支出目标的关键性指标来源于部门工作职责或各个任务的关键性指标、甚至重点项目的关键性指标，工作任务的关键性指标主要来源于与之关联的大项目绩效指标的关键性指标。

表2-1 广州市部门整体支出绩效目标申报表

部门名称：					
部门职能概述：					
本年	本年度部门预算收入	总额（万元）			
		其中：财政拨款收入（公共预算和政府性基金）			
		财政专户管理资金			
		其他收入			
	年度目标	部门整体支出目标	关键指标		预期实现值
			指标 1（具体指标名称）		
			指标 2（具体指标名称）		
			指标 3（具体指标名称）		
			……		
		其中：部门年度整体预算完成率：______%	……		
	年度主要支出计划（对应任务）	任务的绩效目标	任务关键性指标（产出、效益、公众满意度方面）	绩效标准（指标解释及预期实现值）	主要实施项目（项目名称）
	任务 1		指标 1（具体指标名称）		项目 1、项目 2、项目 3……
			指标 2（具体指标名称）		
			指标 3（具体指标名称）		
			……		
	任务……		指标 1（具体指标名称）		项目 1、项目 2、项目 3……
			指标 2（具体指标名称）		
			指标 3（具体指标名称）		
			……		

续表

部门名称：					
部门职能概述：					
三年期	三年期目标	部门整体支出目标	关键指标	预期实现值	
			指标 1（具体指标名称）		
			指标 2（具体指标名称）		
			指标 3（具体指标名称）		
			……		
	三年期主要支出计划（对应任务）	任务的绩效目标	任务关键性指标（产出、效益、公众满意度方面）	绩效标准（指标解释及预期实现值）	主要实施项目（项目名称）
	任务 1		指标 1（具体指标名称）		项目 1、项目 2、项目 3……
			指标 2（具体指标名称）		
			指标 3（具体指标名称）		
			……		
	任务……		指标 1（具体指标名称）		项目 1、项目 2、项目 3……
			指标 2（具体指标名称）		
			指标 3（具体指标名称）		
			……		
其他需要说明的情况					

第二节　典型案例分析

2017年，广州市商务委作为部门整体预算绩效管理的12个试点单位之一，制定2018年度部门整体绩效目标与项目绩效目标的基本流程为：①商务委成立领导小组，由各个部门领导任组员；②工作小组，具体由办公室负责；③预算标准参照财政部门的文件，广州市财政局每年印发《部门预算编制实用手册》；④绩效目标由职能处室根据项目工作内容、资金规模、往年绩效目标完成情况等确定；⑤项目绩效目标是部门绩效目标编制的基础，部门绩效目标是依据主要项目绩效目标来确定的。

制定绩效目标时，主要依据为：①政府“十三五规划与本部门相关的目标和任务”；②财政部门给予的预算资金规模；③主要项目的工作内容；④上年类似项目工作绩效目标和指标完成情况；⑤突出重点，抓住关键性指标，如社会消费品零售总额增长率等；⑥绩效考核指标要真实且合理，不能泛泛而谈，也不能夸夸其谈，既能促进具体工作实施，又有可实现性。

围绕该委的主要工作职能，商务委设定了2018年度部门整体绩效目标为：“支持我市建设国际商贸中心、构建开放型经济新体制和完成市政府下达商务目标任务。”该委直接根据部门的关键任务设置了3个关键性指标，分别是：社会消费品零售总额增长率7.5%左右，商品出口值增长率5%左右，实际使用外资金额增长率5%左右。

该委围绕部门整体绩效目标设定了2018年5项工作任务，分别是：促进商贸流通创新发展、促进外贸转型升级、促进服务贸易创新发展、营造良好商务环境和促进全球高端要素配置，共计23个关键性指标。这

5 项工作任务绩效目标的关键性指标主要来源于与之关联的大项目绩效指标的关键性指标。例如，第 1 个工作任务“促进商贸流通创新发展”的绩效目标为：“发展融资租赁等新业态，壮大会展产业链，促进消费结构升级和发展民生商业，创新发展商贸流通业”，其关键性指标包括“限额以上批发和零售业网上零售额”“新增线上餐饮零售企业数量”“年度会展行业展览规模”“培育全市性商贸行业公共服务平台”“融资租赁行业新增投放资金”。

第三节 特点及成效

一、特点

广州市部门整体绩效目标管理体现出以下特点。

（1）紧扣部门职责。围绕部门落实中央、省、市的核心任务，设置关键性绩效指标，探索“仪表盘”式目标管理，体现部门事权与财政支出的匹配性。

（2）目标层次分明。建立“部门职责—工作任务—支出项目”的三级目标体系，确保绩效目标层层递进、有效传导。

（3）加大公开力度。试点部门绩效目标及指标实现全公开，以公开促进部门绩效目标质量提升。

（4）逐步拓展范围。采取“试点—拓展—推广”的模式，稳步推进、注重实效，在 2019 年将该模式推广至全市所有市直部门。

二、成效

经过两年试点，部门绩效目标编审水平明显提高。

（一）建立部门职责与整体绩效目标的对应关系

充分体现以“政”领“财”，将部门职责分解为较为具体的绩效目标，为衡量部门整体职责的完成情况提供依据，同时也为下一步做好部门整体绩效监控和绩效评价提供依据。

（二）提升部门绩效目标及指标的设置水平

经第三方机构绩效目标评审，试点部门的绩效指标设置水平较以往年度有明显提升，所有关联项目的绩效指标个数均在 3 个以上，且基本达到量化要求（最多一个项目达 18 个指标），为后续开展预算项目执行和评价提供标尺。

（三）部门绩效意识明显增强

2018 年，12 个试点部门在公开一般公共预算项目绩效目标的基础上，一并公开项目绩效指标。12 个部门共公开一般公共预算项目绩效目标及指标 2147 项，占市本级一般公共预算项目总数的 26.54%，推动绩效目标公开更加具体量化。通过这种项目绩效目标及指标全公开，主动接受社会监督，各部门在预算编制中普遍树立了“要钱有目标”的理念，申报预算更加谨慎合理。

绩效运行监控

第一节　做法

一、绩效运行监控体系的构建

经过两年试点，广州市财政局基本构建了对照部门年初设定的部门整体支出绩效目标，以部门监控为基础、紧盯重点项目的“1+1+X”的部门整体监控体系。其中，第一个“1”是监控部门整体支出绩效运行情况；第二个“1”是监控人大重点审议项目绩效运行情况；“X”是监控关联项目绩效运行情况，围绕部门整体绩效目标中各个任务所对应的关联项目开展监控。

广州市部门整体监控包括部门自行监控和财政部门重点监控两部分。其中，预算部门对本部门绩效运行实施全方位监控，全程监控部门整体支出情况及绩效目标实现程度，对偏离绩效目标的情况及时采取纠偏措施；财政部门委托第三方机构通过数据信息收集、整理、审核、综合分析等方式，对预算部门自行监控的情况进行汇总、核实，对发现的问题和风险，督促预算部门及时采取措施予以纠正。

两年试点部门整体监控时点均为当年 6 月 30 日。部门整体监控的监控内容主要包括两部分内容。

一是部门整体支出进度。预算部门报告本部门 1 ~ 6 月份的整体支出情况，包括部门整体支出金额、整体支出进度比例等。第三方机构根据序时进度考核要求，对部门 1 ~ 6 月份的整体支出情况进行核定得分。

二是部门主要任务实施情况。预算部门报告部门监控期整体绩效运行情况、主要任务的开展情况及各个任务关键性绩效指标的实施情况。第三方机构从部门年度绩效目标的实现程度、部门年度主要支出计划的完成情况等方面，对部门 1 ~ 6 月份整体绩效运行、主要任务绩效实施情况进行核定得分。

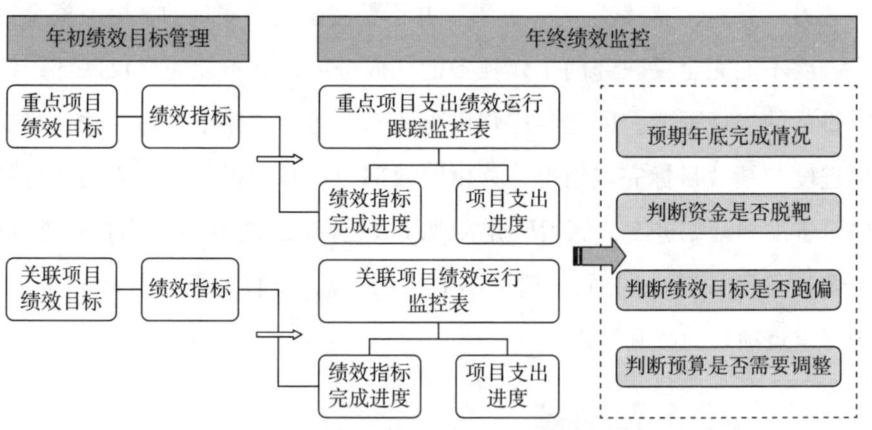

图 3-1　部门整体预算绩效监控框架示意图

二、运行监控中支出进度与绩效目标实现程度的关系

预算执行既是钱的安排，也是事的安排，是两者的有机统一，任何形式的脱节都会影响部门整体绩效的实现，不是导致资金不足或低效而使部门任务不能落实到位，就是导致资金超出实际需求而造成浪费。“办事”要分解到各个项目来落实完成，而“钱”则需要统一在预算资金管

理。运行监控不仅需要分别对“办事”和“花钱”进度合理性分析，还需要分析两者之间联系的合理性。

一方面，财政资金支出进度的合理性，能够反映部门对资金使用的计划性和均衡性，并对后续工作产生较大的影响。因此，在预算金额确定后，预算部门就各项工作任务安排预算，应实施严格的预算资金管理，合理安排和把控资金支出时序及进度，将资金更均衡、合理地分布在年中各个时间节点两侧和计划支出的各内容板块上，减少财政资金超支或不足情况。特别是对于重要项目的使用进度，应定期进行跟踪监督，减少资金使用进度缓慢或按进度超支的情况发生，以保障部门绩效目标的实现有充足的财政资金作为保障。

另一方面，“花钱”与“办事”并不是完全同步实现的，财政资金支出进度不能完全反映部门工作任务的完成进度，更不能完全反映部门绩效目标的实现程度。因此，广州市财政局在运行监控中同时关注项目支出进度与绩效目标完成情况，并由财政部门按月通报各项目支出执行的序时进度和计划进度，探索研究实现绩效运行跟踪监控与支出执行进度、均衡性等同预警、同通报、同反馈、同提高，督促部门加快项目进度，确保重点项目的顺利推进。

三、绩效运行监控的实施流程

每年6月，广州市财政局委托第三方机构对监控部门进行重点监控。第三方机构与监控部门开展对接，熟悉部门整体监控的有关情况，做好部门整体监控的前期准备工作。

7月的第一周，监控部门根据自行监控，全面申报原则，向市财政局报送《广州市部门整体支出绩效目标年中监控情况表》和《重点项目支出绩效运行跟踪监控表》。

表3-1　　广州市部门整体支出绩效目标年中监控情况表

<table>
<tr><td colspan="5">部门年初整体支出目标</td><td colspan="5">机构年中监控情况</td></tr>
<tr><td colspan="2">部门名称：</td><td colspan="3"></td><td>部门自行监控</td><td>机构监控情况</td><td>机构评分方法</td><td>分数</td><td>权重</td></tr>
<tr><td colspan="2">部门职能概述：</td><td colspan="3"></td><td>部门介绍整体工作开展情况</td><td>机构描述该部门整体工作实施情况</td><td>根据整体支出进度、各任务实施情况的得分等，进行综合加权平均计算总得分</td><td></td><td>—</td></tr>
<tr><td rowspan="10">本年</td><td rowspan="4">本年度部预算收入</td><td colspan="3">总额（万元）</td><td rowspan="4">介绍本部门1～6月份的整体支出情况，包括部门整体支出金额、整体支出进度比例等</td><td rowspan="4">机构监控部门1～6月的整体支出（支出总额、支出进度比例等）</td><td rowspan="4">结合整体支出进度比例以及序时进度计算得分</td><td rowspan="4"></td><td rowspan="4">40%</td></tr>
<tr><td colspan="3">其中：财政拨款收入（公共预算和政府性基金）</td></tr>
<tr><td colspan="3">财政专户管理资金</td></tr>
<tr><td colspan="3">其他收入</td></tr>
<tr><td rowspan="6">年度目标</td><td rowspan="5">部门整体支出目标</td><td>关键指标</td><td>预期实现值</td><td>部门介绍各关键指标的开展情况</td><td>机构评价各关键指标实施情况描述</td><td rowspan="6">—</td><td rowspan="6">—</td><td rowspan="6">—</td></tr>
<tr><td>指标1（具体指标名称）</td><td></td><td></td><td></td></tr>
<tr><td>指标2（具体指标名称）</td><td></td><td></td><td></td></tr>
<tr><td>指标3（具体指标名称）</td><td></td><td></td><td></td></tr>
<tr><td>……</td><td></td><td></td><td></td></tr>
<tr><td>其中：部门年度整体预算完成率：________%</td><td>……</td><td></td><td></td><td>部门整体支出进度%</td></tr>
</table>

续表

部门年初整体支出目标					机构年中监控情况				
部门名称：					部门自行监控	机构监控情况	机构评分方法	分数	权重
本年	年度主要支出计划（对应任务）	任务的绩效目标	任务关键性指标（产出、效益、公众满意度方面）	绩效标准（指标解释及预期实现值）	部门介绍该任务的开展情况及各个指标实施情况	机构监控该任务的开展情况及各个指标实施情况	机构对该任务的综合评分		60%
	任务 1		指标 1（具体指标名称）						
			指标 2（具体指标名称）						
			指标 3（具体指标名称）						
			……						
	任务 2		指标 1（具体指标名称）						
			指标 2（具体指标名称）						
			指标 3（具体指标名称）						
			……						
	……								

表3-2　　重点项目支出绩效运行跟踪监控表

<table>
<tr><td rowspan="12">预算部门负责填列</td><td rowspan="5">项目基本情况</td><td>主管部门（盖章）</td><td colspan="3"></td><td>项目单位</td><td colspan="2"></td></tr>
<tr><td>项目名称</td><td colspan="2"></td><td>项目类型</td><td></td><td>项目属性</td><td></td></tr>
<tr><td>项目内容</td><td colspan="6"></td></tr>
<tr><td>项目往年绩效情况</td><td colspan="6"></td></tr>
<tr><td>项目年度绩效目标</td><td colspan="6"></td></tr>
<tr><td rowspan="7">项目资金上半年使用情况及下半年预期情况</td><td colspan="2">部门年初预算数</td><td>调整数（截至6月30日）</td><td>已下指标数（截至6月30日）</td><td>实际支出数（截至6月30日）</td><td colspan="2">支出进度（截至6月30日）</td></tr>
<tr><td>总数</td><td></td><td></td><td></td><td></td><td></td><td></td></tr>
<tr><td>其中：一般公共预算数</td><td></td><td></td><td></td><td></td><td></td><td></td></tr>
<tr><td>其中：政府性基金</td><td></td><td></td><td></td><td></td><td></td><td></td></tr>
<tr><td>其中：其他资金</td><td></td><td></td><td></td><td></td><td></td><td></td></tr>
<tr><td>项目上半年资金支出较慢原因</td><td colspan="6">（注：由支出进度低于40%的项目填写）</td></tr>
<tr><td>项目资金预期年底能否完成支付</td><td>否</td><td>不能完成支付的原因</td><td colspan="4">（注：由资金不能完成支付的项目填写）</td></tr>
</table>

续表

第三方机构核查填列	项目上半年绩效完成情况及下半年预期情况	绩效指标进展情况及预算	项目主要绩效目标	年度指标值	已实现情况（截至6月30日）	实现情况说明	年底绩效指标完成可能性	预期情况说明
			1.×××			（注：对指标进展情况进行说明）	（1.确定能；2.有可能）	（注：由绩效指标预期“有可能填写”）
			2.×××			（注：对指标进展情况进行说明）	（1.确定能；2.有可能）	（注：由绩效指标预期“有可能填写”）
			……			（注：对指标进展情况进行说明）	（1.确定能；2.有可能）	（注：由绩效指标预期“有可能填写”）
		判断项目年度绩效目标是否跑偏、资金是否脱靶						
		年底绩效目标预期能否实现	1.已实现；2.预期能实现；3.预期基本能实现；4.预期不能实现	预期不能实现的原因	（注：由绩效目标预期无法实现的项目填写）			
	对后续预算安排的建议	1.不调整项目预算	调整金额	（注：由调减项目预算中止项目、结转项目预算或追加项目预算的情况填写）	相关补充说明			
	总体监控意见							

7 月的第二周前，第三方机构对这些部门自行监控情况进行审核，分析相关监控数据和材料，出具监控意见和建议，同时，从部门年初整体支出绩效目标表对应每个任务中选取 1 ～ 2 个关联项目实施跟踪监控，并根据监控的数据和材料分析填制《关联项目绩效运行监控表》（表 3–3）。

表3-3　关联项目绩效运行监控表

年度主要支出计划（对应任务名称）	关联项目名称	关联项目年度预算（万元）	关联项目 1 ～ 6 月实际支出（万元）	关联项目支出进度（%）	关联项目绩效实施情况描述	关联项目绩效实施存在问题	关联项目绩效实施建议
任务 1							
任务 2							
……							

7 月的第三周，第三方机构在前期重点监控的基础上，形成部门整体监控报告和重点项目支出监控报告，连同《广州市部门整体支出绩效目标年中监控情况表》《重点项目支出绩效运行跟踪监控表》《关联项目绩效运行监控表》一并报送市财政局。

7 月的第四周，财政部门将部门整体监控结果反馈预算部门，对监控中发现的部门管理漏洞和绩效目标偏差，及时进行预警，要求预算部门分析原因并采取相应措施予以纠正，优化绩效目标实现路径，促进绩效目标如期实现；同时，督促其针对监控过程中发现的问题，制定切实可行的整改措施（图 3–2）。

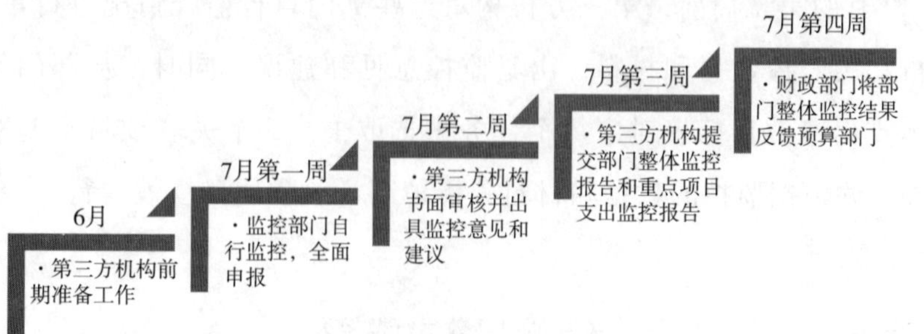

图 3-2 广州市部门整体支出绩效监控流程图

第二节 典型案例分析

2018 年市商务委开展部门整体监控时段为 2018 年 1 ~ 6 月，商务委部门整体支出进度比例为 59.37%，达到 50% 的年中支付进度要求。

对照年初部门整体绩效目标，该委部门 2018 年 1 ~ 6 月部门整体绩效指标和 5 项工作任务 23 个关键指标完成情况如表 3–4 所示。

通过第三方重点监控，得出 2018 年上半年商务委整体支出绩效监控情况如下。

（1）在支出方面，根据商务委下半年的工作计划和资金安排，剩余项目资金预期能在年度完成支付，资金未存在脱靶现象。

（2）在部门整体绩效目标方面，该委所设年度目标的 3 个关键指标中，只有 1 项指标按照年度计划完成了上半年的工作，因受中美贸易战的影响，另外两个关键指标（“商品出口值增长率”和“实际使用外资金额增长率”）上半年未达到预期值。根据趋势判断，预计中美贸易战还将持续和深入，这两项指标全年完成的可能性不大，而“社会消费品零售总额增长率”指标年底能达到年初目标。

表3-4　**2018年广州市商务委整体支出绩效监控情况一览**

（一）	部门整体绩效指标年中监控情况			
序号	关键指标	预期实现值	1 ~ 6 月完成情况	预计年度目标完成情况
1	社会消费品零售总额增长率	7.50%	同比增长 8%，达到	预计能完成
2	商品出口值增长率	5%	同比下降 16.30% 未达到	预计不能完成
3	实际使用外资金额增长率	5%	同比增长 3.01%，未达到	预计不能完成
（二）	年度主要支出计划（任务）绩效指标年中监控情况			
任务名称	任务关键指标名称	预期值	1 ~ 6 月完成情况	预计年度目标完成情况
促进商贸流通创新发展	1. 限额以上批发和零售业网上零售额	大于 800 亿元	436.33 亿元	预计能完成
	2. 新增限上餐饮零售企业数量	不少于 185 家	超过 200 家	已完成
	3. 年度会展行业展览规模	不少于 850 万平方米	486.4 万平方米	预计能完成
	4. 培育全市性商贸行业公共服务平台	不少于 1 个	1 个	已完成
	5. 融资租赁行业新增投放资金	不少于 120 亿元	不少于 120 亿元	已完成
促进外贸转型升级	6. 市场采购企业数量	不少于 50 家	177 家	已完成
	7. 市场采购出口增长率	不低于 10%	同比增加 5.4 倍	预计能完成
	8. 中欧班列运行线路数量	不少于 2 条	3 条	已完成
促进外贸转型升级	9. 中欧班列出口货值增长率	不低于 5%	增长 23%	已完成
	10. 跨境电商进出口额	不少于 220 亿元	111.3 亿元	存在不确定性
	11. 南沙口岸汽车进口到港数量增长率	增长率大于 0	同比增幅 11.96%	已完成
	12. 出口信用保险渗透率	不低于 10%	由于企业出口数据目前无法获取，正在申请修改绩效指标	
促进服务贸易创新发展	13. 服务贸易占对外贸易比重	不低于 18%	25.2%	已完成
	14. 服务外包合同登记大学生就业人数	不少于 2 万人	9500 人	预计能完成
	15. 全国邮轮母港排名名次	排名前 5 位	全国前三位	已完成

续表

<table>
<tr><td>（二）</td><td colspan="4">年度主要支出计划（任务）绩效指标年中监控情况</td></tr>
<tr><td rowspan="4">营造良好商务环境</td><td>16. 贸易摩擦企业应诉案件胜诉率</td><td>不低于 80%</td><td>胜诉率 100%</td><td>已完成</td></tr>
<tr><td>17. 商务诚信与追溯节点的平台建设</td><td>不低于 50%</td><td>已建成</td><td>已完成</td></tr>
<tr><td>18. 高级重要商品年均轮换次数</td><td>肉、食糖、农药、化肥、食盐储备年均轮换次数分别不少于 3 次 / 年、10 次 / 年、3 次 / 年、2 次 / 年</td><td>各承储企业的轮换次数等绩效指标均达到或超过规定要求</td><td>已完成</td></tr>
<tr><td>19. 高级重要商品储备完成率</td><td>全年储备量完成政府储备计划数量 100%，每月不低于 70%</td><td>各承储企业的储备数量等绩效指标均达到或超过规定要求</td><td>已完成</td></tr>
<tr><td rowspan="4">促进全球高端要素配置</td><td>20. 境内外招商推介活动数量</td><td>不少于 12 场</td><td>6 场</td><td>预计能完成</td></tr>
<tr><td>21. 境内外招商推介活动参与人次</td><td>不少于 1200 人次</td><td>超过 3000 人次</td><td>已完成</td></tr>
<tr><td>22. 境外投资额增长数</td><td>增长大于 0</td><td>增加 52.83 亿美元</td><td>已完成</td></tr>
<tr><td>23. 企业境外投资项目增量</td><td>增长大于 0</td><td>新增 263 个</td><td>已完成</td></tr>
<tr><td>（三）</td><td colspan="4">关联项目绩效指标年中监控情况</td></tr>
<tr><td>对应任务</td><td>关联项目名称</td><td colspan="2">支出进度</td><td>绩效目标完成情况</td></tr>
<tr><td rowspan="2">促进商贸流通创新发展</td><td>商务发展专项资金零售与生活服务事项</td><td colspan="2">80%，达到 50% 的要求</td><td>达到相关目标要求</td></tr>
<tr><td>商务发展专项资金商业网点规划建设事项</td><td colspan="2">83.3%，达到 50% 的要求</td><td>达到相关目标要求</td></tr>
<tr><td>促进外贸转型升级</td><td>外贸稳增长财政补助项目</td><td colspan="2">0，未达到 50% 的要求</td><td>未达到相关目标要求</td></tr>
<tr><td>促进服务贸易创新发展</td><td>商务发展专项资金服务贸易和服务外包事项</td><td colspan="2">100%，已完成</td><td>达到相关目标要求</td></tr>
<tr><td rowspan="2">营造良好商务环境</td><td>高级重要商品储备财政补助项目</td><td colspan="2">74.95%，达到 50%</td><td>达到相关目标要求</td></tr>
<tr><td>市级重要商品储备（食盐）财政补贴项目</td><td colspan="2">0，未达到 50% 的要求</td><td>未达到相关目标要求</td></tr>
<tr><td rowspan="2">促进全球高端要素配置</td><td>商务发展专项资金“走出去”事项</td><td colspan="2">90.82%，达到 50%</td><td>达到相关目标要求</td></tr>
<tr><td>中国广州国际投资年会专项工作经费</td><td colspan="2">91.75%，达到 50%</td><td>达到相关目标要求</td></tr>
</table>

（3）在工作任务绩效目标方面，该委5大任务所设23项指标中有22项指标按照计划较好地进行实施，只有1项指标（“跨境电商进出口额”）因同样受到国际形势的影响，上半年完成情况相对于计划有滞后，而且该项指标的全年目标实现存在不确定性。预计部门所设的其他22项指标可能在年底完成年初目标。

（5）在关联项目绩效指标方面，除两个项目的支出进度较慢，未达到50%的要求以外，所有项目的绩效均达到相关目标要求。

总体来说，绩效目标未跑偏，无需进行大额资金的调整预算（部分结余资金将在下半年退回财政）。

第三节　特点及成效

一、特点

广州市部门整体绩效监控体现出以下特点。

（一）部门整体与项目相结合，构建部门整体监控体系

建立以部门监控为基础、紧盯重点项目的监控机制，对部门整体支出和重点项目支出同时实施监控，提高绩效监控的针对性和有效性。

（二）支出进度与任务相结合，细化部门整体监控内容

通过对绩效目标实现程度和支出进度实行双监控，防止绩效目标跑偏、预算资金脱靶，确保绩效目标顺利实现。

（三）预算部门与机构相结合，形成部门整体监控合力

采取预算部门自行监控和财政部门重点监控相结合的方式，财政部门重点监控委托第三方机构实施。

（四）预算调整与预警相结合，强化整体监控结果应用

对监控中发现的部门管理漏洞和绩效目标偏差，及时进行预警，确实无法实现绩效目标的，督促部门及时调整预算，避免资金沉淀，切实提高财政资金使用效益。

二、成效

通过“1+1+X”部门整体绩效运行监控，实现对部门整体、重点项目、关联项目的全面监控，将单一的支出进度管理转变为预算执行、绩效目标双维度管理，通过监控提升了部门在预算执行中的绩效意识，有关部门将绩效监控作为检查预算执行的利器，以监控促落实，防止目标跑偏、资金脱靶，确保绩效目标顺利实现；以监控促效率，发现确实无法实现绩效目标的，及时申请调整预算，避免资金沉淀，切实提高财政资金使用效益。

第四章

绩效评价实施

第一节　做法

一、绩效评价框架的构建

广州市部门整体支出绩效评价将预算部门的所有资金均纳入绩效管理范围，包括基本支出、项目支出和专项资金，综合反映部门整体支出绩效情况。

为满足对部门整体支出绩效客观、科学的研究与评价，在指标体系框架设计前，广州市财政局征集各方意见，在“Plan（计划）— Do（实施）— Check（查核）— Action（处置、改进）”全过程控制理论基础上，确定部门整体评价包括部门履职用财情况评价和满意度调查评价两部分。

以往的财政支出绩效评价一般涵盖资金投入、过程管理、目标实现和社会满意四个基本维度，其中社会满意对应公共财政的利益相关或无关群体，一般通过民意调查方式取得，作为整体评价结果一部分。但这四个维度并非简单平行，社会满意蕴含了预算绩效管理的价值导向和终极标准。一方面，人民满意指向政府和公民的本质关系，构成民主财政的价值依归。另一方面，从预算绩效管理追求的经济性、效率性、有效性与公平性目标看，有效性和公平性与公共财政之“公共性”相对，作为区别一般市场行为的“本源价值”，而有效性、公平性（往往难以量化）即主要通过社会满意度来表达。因此广州市部门整体支出评价将满意度调查单列出来进行评价，而将部门资金使用、绩效管理以及绩效目标实现等包含在部门履职用财情况进行评价。

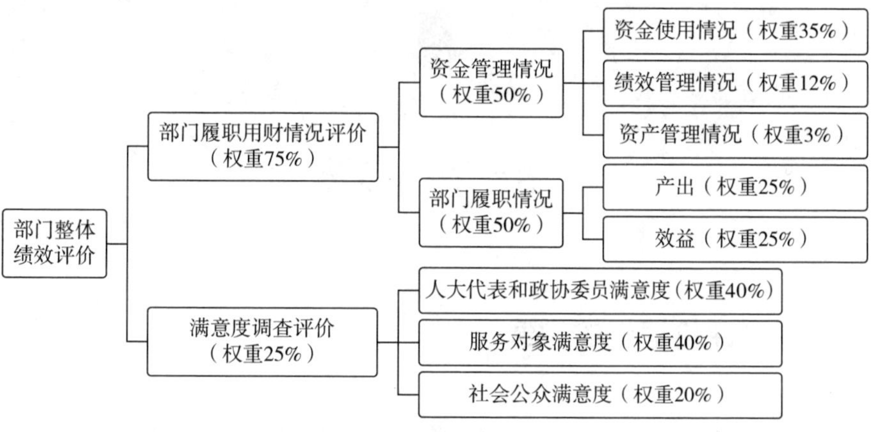

图 4-1 部门整体预算绩效评价框架示意图

二、部门履职用财指标体系的设计

部门履职用财关注部门整体支出预算管理的全过程，以对部门整体支出预算绩效管理的有效性进行事后的检验性评判为目的，按全过程绩效管理逻辑设计出指标体系，作为对整体绩效目标与结果的差异性进行量化分析的工具。依据部门整体绩效目标，对部门预算完成情况、财政资金管理情况、绩效目标实现情况、部门主要履职情况进行全面评价，综合反映部门整体支出绩效情况。

“部门履职用财情况”下设“资金管理情况”和“部门履职情况”2个二级指标，其中，“资金管理情况”由市财政局制定共性指标；“部门履职情况”由部门结合部门整体绩效目标，细化部门履职情况自行确定产出和效益个性指标，详见表 4–1。

表4-1　广州市部门履职用财指标体系

一级指标	二级指标	三级指标	四级指标
部门履职用财情况评价	资金管理情况	预算资金管理	预算完成率
			预算调整率
			财政拨款收入预决算差异率
			部门预算资金支出均衡性
			结转结余率
			政府采购执行率
			基本预算控制率
		绩效管理情况	绩效目标明确性
			绩效指标有效性
			项目绩效运行监控开展情况
			项目支出绩效自评情况
		资产管理	资产管理安全性
			固定资产利用率
	部门履职情况	产出	重点工作完成指标
			年度任务完成指标
		效益	社会效益
			经济效益

“资金管理情况”下设 3 个三级指标、13 个四级指标，这些指标涉及的内容都与财政管理职能相关，体现财政管理的要求。将部门整体支出评价聚焦财政管理职能，优化了评价内容，减少了评价组织过程的阻力。同时，13 个四级指标中有 8 个指标是以部门决算报表数据为基础，可以通过运算自动生成，减少了单位的工作量，提高了评价数据的可用性。

三、满意度指标体系的设计

为衡量部门财政支出实现的公共利益，反映公共产品和公共服务的质量和效率，广州市部门整体支出绩效评价指标体系优化了“社会满意度”指标，对部门的工作职责、年度工作任务、预算安排、资金使用效果等内容，从知晓度、认同度、参与度、获得感、满意度和服务评价等六个维度，对人大代表和政协委员、服务对象、普通公众等三个群体进行抽样调查，详见表 4–2。

其中，知晓度主要分析公众对部门工作职责和年度工作任务的知晓情况；认同度是指公众对部门年度工作任务和财政资金支出规模的共同认识与评价程度；参与度是指公众在部门决策、政策制定、工作管理、相关活动等工作的参与程度；获得感是衡量公众对部门年度工作成果效果的感受是否强烈；满意度是衡量公众需求被满足后的愉悦感，即公众对部门工作的期望和对实际工作的总体感知和印象的评价。服务评价仅适用于服务对象对部门服务的评价，分别从三个角度开展，即需求的满足度、服务质量的满意度和服务效果的满意度。

表4-2　　广州市部门整体满意度评价指标结构表

评价维度	人大代表和政协委员（权重 40%）	服务对象（权重 40%）	普通公众（权重 20%）
知晓度	· 部门工作职责 · 部门工作任务 · 部门预算公开情况	· 部门工作内容	· 部门工作内容
认同度	· 部门财政资金支出规模 · 部门工作任务	· 部门财政资金支出规模	· 部门财政资金支出规模
参与度	· 参与度	· 参与度	· 参与度
获得感	· 获得感	· 获得感	· 获得感
满意度	· 目标完成效果 · 总体评价	· 总体评价	· 总体评价
服务评价	· /	· 对需求的满足程度 · 对服务质量的满意度 · 对服务效果的满意度	· /

四、评价标准的确定

（一）赋予合理的权重

广州市财政局为使整体评价更具系统性，对共性指标统一采用权重分值。首先，按“75 ∶ 25”权重对部门履职用财情况和满意度情况进行整体安排。然后，在满意度调查评价中，按照“40 ∶ 40 ∶ 20”分别赋予人大代表和政协委员、部门服务对象和社会公众不同的分值。最后在部门履职用财评价中，按照“50 ∶ 50”平衡式权重分别赋予管理过程和管理绩效相同的分值。同时，考虑到各个部门任务不同，绩效目标不同，对部门的整体产出和效益指标权重仅作原则性规定，具体的四级指标及权重由各部门根据年初设定的部门整体绩效目标自行确定。各层指标权重分值环环相扣，逻辑性较强，基本满足科学评定部门整体支出绩效的要求。

（二）明确具体的评价标准

为使评价工作具有系统性，广州市财政局按部门整体绩效的共性规律和个性特点，在部门履职用财评价中确定了具体的层级评价标准。如：“结转结余率”指标，广州市财政局按“①结转结余率≤ 10% 的得 3 分；② 10% ＜结转结余率≤ 20% 的得 2 分；③ 20% ＜结转结余率≤ 30% 的得 1 分；④结转结余率＞ 30% 的得 0 分”四个层级明确评分标准，且清晰规定等级评定要求与分值。无论对部门自评还是第三方评价均能起到清晰的指引作用。

最后，统一调查满意度。为了保证满意度调查评价工作具有系统性，评价结果具有可比性，广州市财政局委托独立的第三方专门从事各试点部门满意度调查，与部门履职用财评价方相区别。

第二节　典型案例分析

在编报 2017 年度部门预算时，知识产权局作为部门整体预算绩效管理的两个试点单位之一，围绕该局的主要工作职能：专利创造、运用、保护、服务和管理等五方面制定了 2017 年部门整体绩效目标与五大工作任务绩效目标，填报了 2017 年度《部门整体支出绩效目标申报表》，其中设置了 5 方面工作任务的年度绩效目标和 22 个指标，其中产出指标 18 个、效益指标 4 个。

2018 年，广州市财政局组织对广州市知识产权局进行 2017 年度的部门整体绩效评价，围绕部门履职用财情况和满意度调查实施绩效综合评价，包括对该部门 2017 年度所有市本级财政支出项目预算绩效管理情况进行自评复核、对关联项目（经市级国库拨付的非市本级财政预算项目）预算绩效管理情况进行分析。

一、部门履职用财情况评价

综合考虑部门职能、事业发展规划、年度支出计划任务与绩效目标，通过梳理市知识产权局 2017 年度部门实际支出（以部门预算支出的功能科目分类为依据）与履职情况发现：根据预算资金使用功能，该部门整体支出预算实际投入到履职过程的资金，即部门履职支出由用于部门行政性管理工作与职能性专项工作两大部分的财政资金构成。根据实际支出的资金功能，履职支出具体构成见表 4–3。

投入到行政性管理工作的资金主要用于保障机构正常运转及部门一般行政事务、事业运行事项的正常开展。这部分资金包括部门基本支出（含人员经费、日常办公经费）、一般性行政事务项目支出以及事业运行项目支出，占部门实际履职支出的 17.86%；其使用绩效主要体现在部门内部管理、一般性行政事务项目及事业运行项目的履职支出和效果。

表4-3　广州市知识产权局2017年度履职支出构成

年度履职支出功能模块			支出偏离率[①]（%）	履职支出占比（%）
（一）行政性管理工作	基本支出	人员经费	51.76	14.43
		日常办公经费	–7.57	1.78
	项目支出	一般行政管理事务	1.92	1.30
		事业运行	0.00	0.36
	小计		36.75	17.86
（二）职能性专项工作	专利创造		–1.01	40.71
	专利运用		–14.80	18.76
	专利保护		–23.90	7.21
	专利管理		95.04	10.68
	知识产权公共服务		–15.82	4.78
	小计		–2.25	82.14
合计			3.00	100.00

投入到职能性专项工作的资金主要用于部门特定职能任务的履行。根据该部门事业发展“十三五”规划的目标部署，至 2020 年，广州市知识产权事业要基本实现知识产权创造活跃、运用高效、保护严格、管理科学、服务优良、人才集聚。以此总规划目标为导向，2017 年度，市知识产权局围绕专利创造、运用、保护、服务和管理等五方面部署、统筹与协调全市知识产权事业发展，用于这五方面职能性专项工作的支出约占部门履职支出 82.14%；其中，资金投入最多的三方面职能性专项工作是专利创造、专利运用以及专利管理（图 4–2）。

① 支出偏离率是实际支出与年初预算差额与年初预算之间的比值，反映实际支出规模与年初预算规模之间的差异程度，差异率绝对值越大，两者之间的差异程度越高。偏离率为正，反映年初预算规模较实际支出规模小；偏离率为负，反映年初预算规模较实际支出规模大。

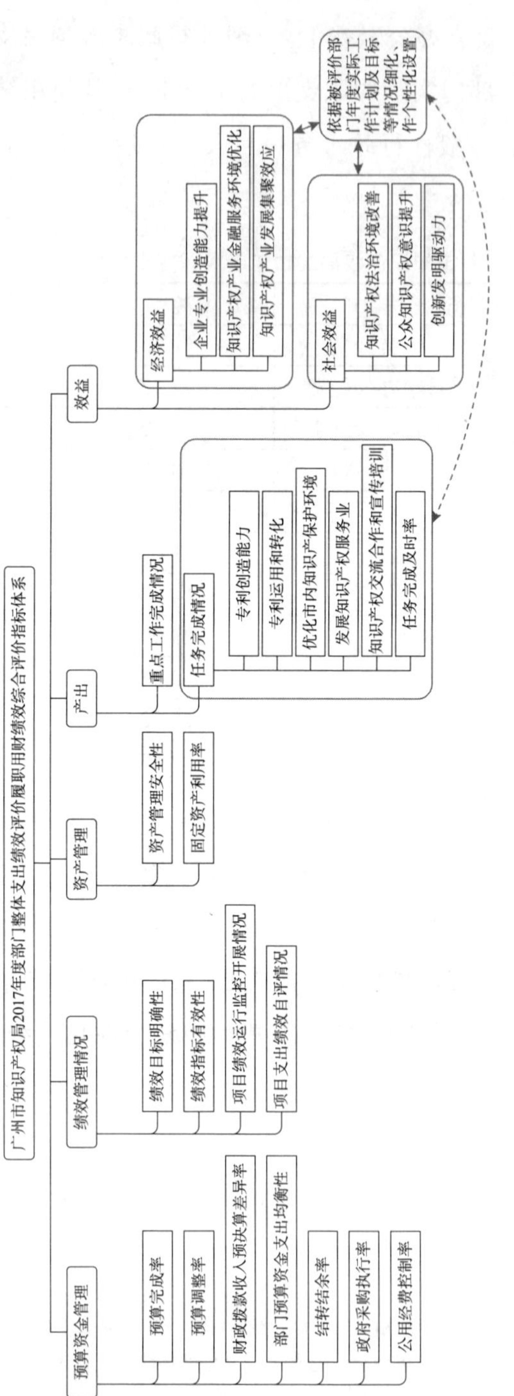

图 4-2 广州市知识产权局 2017 年度部门整体支出评价指标体系框架

市知识产权局 2017 年度履职支出的主要绩效见表 4–4。

表4-4　广州市知识产权局2017年度履职支出绩效

履职支出功能模块		履职绩效
（一）行政性管理工作	统筹协调	推动市知识产权工作走向全国前列
	制度建设	部门内部管理制度不断健全
	人员队伍建设	组织人事工作严格规范
		党风廉政建设见成效
	成本控制	工作人员规模控制适度
		行政经费开支适度
	行政效率	政务公开工作到位
		专利工作对外窗口服务质量得到新提升
（二）职能性专项工作	专利创造	着重运用政策性奖励及资助，全市专利创造潜力得到激发
	专利运用	创新专利运用推动方式，全市知识产权运营业态初步形成
	专利保护	专利保护资金使用高效，全市多元知识产权保护体系见雏形
	专利管理	知识产权综合管理改革试点稳步推进
	知识产权公共服务	扶持知识产权服务业，业界服务能力得到提高

从绩效目标设置情况看，第三方机构根据市知识产权局填报的 2017 年度《部门整体支出绩效目标申报表》中的指标，结合该局全部 21 项市本级财政支出项目的绩效申报情况，共设置履职用财绩效指标 92 个，其中产出指标 65 个、效益指标 27 个，基本做到个性化、细化、可衡量，指标量化率 82.60%，有效率 90.22%。表 4–5 是简化后的绩效指标及完成情况。

从绩效目标完成情况看，市知识产权局 2017 年度绩效目标共涉及五项支出计划任务、21 项财政支出项目，各项任务基本能按时完成，任务完成及时率 95.24%。在年度部门整体绩效目标的框架下，22 个绩效指标中有 18 个达到预期，达成率 81.82%；另有 4 个因项目实施进度缓慢或管理工作不到位等原因，年内未达预期。

表4-5　广州市知识产权局2017年度绩效指标及完成情况

一级指标	二级指标	三级指标	指标细化	指标值（%）	实际完成率（%）
产出	任务完成情况	专利创造能力	专利申请量件数	≥ 7.6 万件	100
			通过贯标认证单位数量	≥ 60 家 / 年	100
		专利运用和转化	支持专利技术产业化项目数量	≥ 100 项	100
			风险补偿基金贷款企业库	1 个	100
		优化市内知识产权保护环境	查处专利纠纷案件同比增长率	≥ 20%	100
			查处专利纠结案件结案率	≥ 95%	100
			查处专利假冒案件同比增长率	≥ 20%	100
			查处专利假冒案件结案率	≥ 95%	100
			建立知识产权保护机制的电子商务园区、电子商务企业新增数量	≥ 5 家	100
			建立知识产权保护机制的会展主办单位新增数量	≥ 5 家	100
			市级知识产权示范单位新增数量	≥ 5 家	100
		发展知识产权服务业	开展重点进出口产品专利预警分析项目数量	≥ 5 项 / 年	20
			培育知识产权试点学校数量	≥ 3 所 / 年	80
			支持园区数量	≥ 5 个 / 年	100
			支持区域数量	≥ 12 个 / 年	60
			支持科技创新活动场数	≥ 9 场 / 年	83
		知识产权交流合作和宣传培训	开展培训场数	≥ 12 场 / 年	56
			宣传资料派发量	≥ 5000 份 / 年	83
			知识产权企业培训人次	≥ 500 人次 / 年	100
			全年开展知识产权新闻宣传及专题宣传次数	在国家级媒体报道不少于 30 次；在省级媒体报道不少于 40 次；在市级媒体、相关专业报刊杂志及网络媒体报告不少于 1 次	100

续表

一级指标	二级指标	三级指标	指标细化	指标值（%）	实际完成率（%）
产出	任务完成情况	任务完成及时率	逾期项目占比	0	100
效益	经济效益	企业专业创造能力	市内企业专利申请量同比增长率	≥ 20	100
			市内发明专利申请量同比增长率	≥ 22	100
			通过贯标认证企业数量同比增长率	≥ 20	100
		知识产权产业金融服务环境优化	全市专利质押融资金额年增长率	≥ 20	100
			全市专利保险投保金额年增长率	≥ 50	100
		知识产权产业发展集聚效应	知识产权服务业集聚示范区知识产权服务企业同比增长率	≥ 21	100
			新增知识产权服务业集聚区数量	≥ 2 家	100
			知识产权联盟新增数量	≥ 2 个	100
	社会效益	知识产权法治环境改造	中国（广东）知识产权保护中心落户广州	达成	100
			出台专利政策及规范文件数量	≥ 3 件	100
			开展知识产权纠纷人民调解工作案件数量同比增长率	≥ 10	100
		公众知识产权意识提升	专利数据库浏览量增长率	≥ 20	100
			官方微博、微信关注同比增长率	≥ 20	100
			12345 政府服务热线（知识产权范畴咨询、投诉案例）年增长率	≥ 20	100
		创新发明驱动力	万人发明专利拥有量（全市专利密度）同比增长率	≥ 10	100

二、满意度调查评价

对该局的满意度调查采用了电话调查和网络问卷等方式进行调查。为确保评价结果的有效性，要求针对被访对象的年龄、户籍、居住条件等设置限制条件，确保评价工作质量，详见表4–6。

表4-6 满意度调查方法及样本情况

群体	调查方式	有效样本	样本限制条件
人大代表及政协委员	网络问卷	104个	广州市人大代表或政协委员
服务对象	电话调查	300个	在2017年接受过市知识产权局的服务
普通公众	网络问卷	310个	①年龄在18～60岁 ②2017年在广州居住半年以上 ③2017年未接受过市知识产权局的服务
合计		714个	/

市知识产权局部门整体支出绩效评价的“公众满意度”调查共完成有效样本714个，通过对问卷调查结果数据的整理，归纳整理出了部门在绩效方面存在的问题，并有针对性地提出意见与建议。

第三节　特点及成效

一、特点

广州市部门整体绩效评价体现出以下特点。

（一）突出人民满意的绩效理念

通过满意度调查评价，反映各方人群对部门履职用财能力的满意度，为建设人民满意型政府提供路径。

（二）突出绩效指标客观性

在资金管理 13 个四级指标中有 9 个指标为客观可量化指标，占比近 70%，其中有 8 个指标均为能从财政执行进度、部门决算等方面直接获取的可量化指标，另一个“绩效运行监控开展情况”指标可以从部门年中整体监控得分计算获取。

（三）突出绩效全过程管理

专设绩效管理情况指标，对目标管理、运行监控、绩效评价等绩效管理各环节开展评价，反映部门绩效管理全过程情况。

（四）突出任务针对性

紧盯关注中央、省、及市委市政府布置重点工作完成情况，对照年初绩效目标开展评价，全面反映部门整体支出绩效。

二、成效

部门整体评价覆盖部门所有财政资金，通过部门的投入产出比衡量公共产品供给成本与产出之间联系，全面反映部门整体绩效情况，有效解决了项目评价零散化、碎片化的问题。同时，推行部门整体评价并不意味着放弃项目评价，而是要求项目评价更加关注重点项目，也就是涉及部门履职的重大政策和核心项目，从而形成点面结合、重点突出的评价格局。

第五章

部门整体绩效管理的综合应用

广州市财政局从 2016 年启动部门整体预算绩效管理，不仅构建了“部门职责—工作任务—支出项目”的整体目标管理框架，以及“部门整体绩效 + 重点项目绩效 + 关联项目绩效”的绩效运行监控和评价机制，而且还特别注重将部门整体绩效目标评审、整体运行监控和整体评价结果在实际预算管理工作的运用，切实将部门整体绩效管理与事前、事中、事后的部门预算管理结合在一起，收到良好的提质增效的作用。

第一节　部门整体绩效目标评审在部门预算编制工作的应用

每年广州市人大都会选取 11 个部门作为人大专题审议预算的部门，并在这些部门的预算中选取 1 ～ 2 个重点项目同步审议。广州市财政局每年均结合年度预算编制的预算绩效评审工作，对这些部门进行部门预算和重点项目预算绩效评审，现以编制 2019 年度部门预算为例，介绍广州市对部门整体绩效目标评审结果的运用。

在2019年度部门预算编审时，广州市财政局组织专家对11个人大专题审议部门的整体支出和重点项目的绩效目标及指标情况进行绩效评审，再根据专家的绩效评审意见，综合多方因素后，对部门预算资金进行核定、完善绩效目标设置。

一、资金情况

11个部门年初申报预算283.89亿元，根据专家对部门整体绩效评审的结果，实际安排预算254.07亿元，核减预算资金29.82亿元，核减率达10.5%。其中部门预算核减率较大的有：市城管委核减53.77%，金融局核减20.47%，交委核减11.46%。

二、绩效情况

11个部门均按市财政局的要求，设置了部门整体绩效目标及指标，其中定性绩效指标占36.43%，定量绩效指标占比63.57%。在评审过程中，各相关部门根据专家评审小组的绩效评审意见，对本部门整体绩效目标及相关指标及时修正，具体内容有以下几点。

（一）绩效目标修改情况

1. 目标设置较为准确

市港务局、市交委、市卫计委、市政务办、市住保办及市住房公积金中心等6个部门专家评审后认为“部门整体绩效目标设置准确合理”。

2. 目标概括更加精准

城市更新局根据专家意见：“整体绩效目标只是职能目标的简单重复，没有体现年度支出的工作重点，更没有体现出年度支出的绩效”，对绩效目标进行了重新概括，总结为："深入贯彻落实习近平总书记考察荔湾区永庆坊微改造项目时作出的重要指示精神，把抓好"三旧"改造工作作为践行"两个维护"的具体行动、推动高质量发展的重要抓手和改善民生的重要内容，加强城市更新政策创新，系统推进差异化的城市更新，为建设国际大都市拓展新空间、增添新活力。"同时，市港务局、市卫计委等部门也对绩效目标进行了概括凝练。

3. 目标表述更加合理

市金融局根据专家意见："部门整体支出目标中，'强化产融对接'指标不合适，这是属于市场行为，所以'广州市银行业金融机构贷款余额年均增速达到10%以上'作为绩效目标不合理。"将绩效目标修改为："金融改革创新深化，粤港澳大湾区金融建设加快推进，营商环境优化提升，金融风险防控进一步加强，广州金融业保持高质量发展，国际影响力不断提升。"同时，"金融发展专项资金""白云机场第二高速公路项目资金""妇幼健康服务项目财政补助经费""公共租赁住房租赁财政补贴项目"等4个项目，也对绩效目标的表述进行了修改。

（二）绩效指标修改情况

1. 指标名称更加规范

市城管委根据专家建议，将入库时不规范的指标名称："指标1（创建投入）、指标2（建设投入）、指标3（监督检查）"等修改为："城镇生活垃圾无害化处理率、燃气覆盖率、新改建环卫、旅游、乡村及其他各类公厕数量"等规范表述。

市住房公积金中心重点项目"法律事务费（含管理部）工作经费"，根据专家建议将入库时不规范的指标名称："时效指标、质量指标、成本指标"等，修改为"降低逾期率、催收函数量、案件审核准确率"等规范表述。

市交委重点项目"白云机场第二高速公路项目资金"，将不规范的指标名称："项目管理、项目绩效、资金分配"等，修改为"土地征收完成率、年度投资总量、工程质量检验评定合格率"等规范表述。

2. 指标设置更加合理

市城市管理委员会重点项目"创建容貌示范社区奖励和工作经费"，根据专家意见将不具操作性的指标"日常督导督办、年终检查验收、创建社区环境面貌得到改观"等指标，修改为"基础数据普查面积、规划成果数量、科学合理性"等更具合理性的指标。同时，市城市更新局、市港务局、市金融工作局、市政务办、市住房公积金管理中心等部门（项目），也对绩效指标做了修改，使其更符合资金用途。

第二节　部门整体绩效监控在部门预算执行中发挥的作用

以 2018 年年中部门整体绩效运行监控为例。2018 年 7 月份，广州市财政局委托第三方机构，对 12 个部门整体预算绩效管理的试点部门开展了部门整体绩效监控，监控的时间节点是 2018 年 6 月 30 日，监控的内容是对各部门 1 ~ 6 月份部门整体绩效目标的实现程度和支出进度进行双监控，并按部门出具整体监控报告。

一、预算完成率情况

部门整体预算完成率：12 个监控部门中，11 个部门的支出完成年度预算 50% 以上，只有市环保局的支出进度为 47.19%，尚未达到 50% 的年中支出进度要求。

二、绩效目标实施情况

（一）实施总体情况

部门整体绩效目标实施情况良好，各部门关键性指标完成率达到68.42%，实现时间过半部门总体工作职责完成过半。其中，市发改委、市农业局等2个部门的年度关键性绩效指标，全部达到年中监控要求，阶段性完成上半年绩效目标。

各部门工作的任务绩效目标的指标完成率达到68.17%，与部门总体工作职责同步。其中，市发改委年度主要支出计划下设6个任务的33个绩效指标，全部达到年中监控要求，阶段性完成上半年绩效目标。

（二）监控报告指出的存在问题

通过监控，将年初制定的绩效指标与现实执行情况对比，发现各部门普遍存在着绩效指标编制不完善的问题。一是部分绩效指标没有量化细化。市文广新局“开展地方戏曲剧种普查，继续举办穗港澳粤剧日、曲艺花会等活动”，没有设置具体的指标值，难以对其绩效目标实施情况进行监控考核。二是部分指标值设置偏低。市人社局2017年“广州市全年城镇实际新增就业人数”约为33.35万人，2018年该项指标设置的指标值为20万人；2018年“开展公务员网络培训”指标值为5万人次以上，上半年实际完成值为20.77万人次。三是部分绩效指标无法考核。市环保局的“二氧化硫排放量下降比例”“挥发性有机物排放量削减任务”等部分绩效指标的预期值为省环保厅下达的任务，但截至监控时点6月30日，省环保厅尚未下达相关目标任务，故无法监控该项目的绩效目标实现程度。四是部分绩效指标佐证材料不足。对于“残疾人服务人员培训完成率”“新购置设备正常运作率”“运营服务场所管理覆盖率”等年度关键指标，市残联仅提供完成进度情况的相关说明，缺少具体的完成值及相应的佐证材料，指标完成情况的总体佐证力度不足。

（三）监控报告给出的相关对策及建议情况

一是提高预算编制的准确性。改进和完善预算管理，严格项目申报立项论证，严格控制年中追加和预算调整，进一步推进项目库管理改革。二是强化预算执行的刚性约束。严格按照预算、项目进度和程序审批、拨付财政资金，保证资金及时到位使用，避免闲置沉淀。三是加强预算执行管理。加强对部门单位分配资金的管理和监督，加快项目支出进度，完善预算执行动态监控机制，提高财政资金使用绩效。四是抓好绩效目标源头管理。部门编制预算时，应建立“部门职责—工作任务—支出项目”的绩效目标体系，设置部门整体、工作任务、项目绩效目标，体现产出、结果、成本、效益等绩效信息，进一步增强绩效指标的科学性和合理性，合理匹配预算资金。五是强化绩效运行监控管理。建立以部门监控为基础、紧盯重点项目的绩效监控体系，监控中发现确实无法实现绩效目标的，及时调整预算，防止目标跑偏、资金脱靶，确保绩效目标顺利实现。六是抓好监控成果应用。推动部门整体绩效监控成果的运用，健全监控反馈纠偏机制，将部门整体绩效监控成果与部门预算安排、政策调整等相挂钩。

三、监控结果应用情况

（一）根据监控结果调整部门预算

市农业局根据监控报告指出的，“按政策规定及本部门的发展规划，透彻理解部门和岗位的职责，明确工作任务，按工作任务来编制预算。工作任务越明确，预算编制越准确，执行中越不容易发生偏差”建议，在保障部门主要工作任务完成的情况下，将部门年初预算 53416.00 万元压减到 49708.08 万元。

（二）根据监控结果调整绩效目标指标

根据监控报告指出的“断面水质达标率≥国家、省下达的年度考核目标（达标比例 %）”指标，涉及水务局等多个部门的多个项目实施情况，用来衡量市环保局的工作推进情况欠严谨；“化学需氧量、氨氮、二氧化硫和氮氧化物总量减排≥当年度省下达的年度目标任务（减排量）”指标，主要是依据省下达给各地市年度主要污染物总量减排目标任务，均按照化学需氧量、氨氮、二氧化硫、氮氧化物排放量下降比例的形式下达，而非“减排量”的形式。据此，市环保局对上述两个指标作出调整：将部门整体绩效指标“断面水质达标率”删除，将“化学需氧量、氨氮、二氧化硫和氮氧化物总量减排”指标预测实现值修改为“≥当年度省下达的年度目标任务”。调整后的部门整体绩效指标更加科学合理，全面准确反映市环保局 2018 年部门整体支出绩效目标的实现情况。

又如：市文广新局根据监控报告指出的“少数工作任务绩效目标表述比较笼统，个别涉及定性绩效的指标还需要进一步量化”问题，对部分工作任务的绩效指标进一步量化细化，其中：将“培养戏剧观众”修改为“戏剧观众增长率”，并设定比上年增长 5% 的指标值；将“加强文化遗产保护”修改为“文化遗产保护宣传力度”，并设定比上年增加 8% 和文化遗产保护经费比上年增加 3% 的指标值；将“促进文化产业跨界融合发展”修改为“认定文化产业示范园区”，并设定 10 个产业示范区的指标值，提供 10 个文化产业与其他多领域融合的基础平台；将“提升广州城市影响力”修改为“媒体对广州城市文化的关注度增长率”，并设定增长 10% 的指标值。修改后的绩效指标能够清晰反映工作任务的预期产出和效果，提升了绩效指标设置的合理性。

第三节　部门整体绩效评价结果应用

一、应用方式

部门整体绩效评价结果应用是全过程预算绩效管理的落脚点。财政部门应通过多种形式充分利用绩效评价结果，并将其转化为提高预算资金使用绩效的具体行为。广州市财政局将部门整体绩效评价结果应用与项目评价结果应用紧密连在一起，形成独具广州特色的结果应用方式，主要包括结果反馈与整改、预算安排与调整、结果公开等。

（一）向预算部门反馈

将部门整体绩效评价结果反馈给预算部门，督促其针对监控或评价过程中发现的问题，制定切实可行的整改措施。

（二）建立报告制度

每年将绩效管理情况、项目自评复核结果、重点项目和部门整体第三方评价报告，向市人大、市政府报告，并通过人大预算监督联网系统，实时向市人大报送预算绩效管理的相关信息，实施预算绩效动态监督管理。

（三）向社会公开

加大绩效信息公开力度，经市人大常委会审议的部门整体绩效评价报告，在市政府门户网站和市财政局网站同时公开。在部门决算公开范本中细化部门整体预算绩效管理的内容，增强财政资金使用绩效的透明度。

（四）预算安排参考依据

部门整体绩效评价结果作为安排预算部门下一年度预算的重要参考依据。建立挂钩机制，在编制下年度预算时，对当年 10 月前支出进度低于 80%、50% 的经常性项目（含专项资金），分别按当年预算额的 90%、60% 审核安排下年度预算；对业务工作经费类项目年中调减或达不到规定进度的，调减或压减下年度预算控制数。

二、决算公开注重绩效信息

自 2016 年 7 月广州市财政局开始试行部门全过程预算绩效管理以来，到 2018 年 10 月正好完成一轮试点。财政局主要采用了上述四种应用方式进行结果运用，特别是在 2018 年的部门决算公开范本单列“部门整体绩效管理情况”内容，在部门决算中突出绩效管理元素，以公开推进预决算和绩效管理一体化，主要特点如下。

（一）披露部门全过程绩效管理

2018 年，广州市在部门决算公开中要求各部门从绩效目标管理、运行监控、绩效评价等方面，详细说明本部门预算绩效全过程管理工作的开展情况。在绩效目标管理方面，公开目标申报率、目标公开率；在运行监控方面，公开 500 万元以上支出项目的监控覆盖率；在绩效评价方面，公开项目自评覆盖率，全面反映部门预算绩效管理工作情况。通过公开压实部门绩效管理主体责任，督促部门重视绩效、落实绩效、做好绩效。

（二）公开部门项目绩效自评报告

按照财政部的要求，所有财政资金项目均需由资金使用部门组织开展绩效自评。广州市将绩效评价作为提高资金使用效益的重要手段，建立“全面自评、部分复核、重点评价”的绩效评价机制。在各部门开展绩效自评的基础上，市财政局选取部分项目委托第三方机构对部门绩效自评进行复核。部门决算公开要求各部门公开项目绩效自评情况和第三方机构复核意见，推动部门决算公开由资金执行向资金绩效拓展。

（1）公开部门自评情况及项目自评报告。各部门介绍绩效自评总体管理情况，并从2017年度所有自评项目中选取至少一个项目公开自评报告。

（2）公开第三方机构复核意见。相关部门公开所有由第三方机构对项目绩效自评的复核意见。

部门自评情况及第三方机构复核意见均从项目概况、绩效目标、目标完成情况、存在问题、相关建议等方面介绍项目绩效情况，有助于社会公众详细了解财政支出项目的具体使用去向和绩效情况。

（三）反映部门整体支出绩效情况

如前所述，广州市已初步建立“部门职责—工作任务—支出项目”的部门整体绩效目标体系，并以此为基础，实施了部门整体绩效全闭环管理，对部门整体使用财政资金的效果进行绩效评价。通过要求各部门公开反映部门整体支出和重点任务绩效，督促部门紧扣职责，合理匹配预算资金，推动提高部门和单位整体绩效管理水平。

（1）公开部门整体支出绩效。以预算资金管理为主线，列表说明本部门整体绩效目标和重点工作的完成情况，并结合工作自身特点，使用尽可能量化的指标加以说明。

（2）公开重点任务绩效。根据本部门的职责，对部门2017年度重点任务（尤其是中央、省和市委市政府布置的重要事项）完成情况进行说明，需体现财政支出与落实相关政策的对应关系。

第四节　综合应用的特点

一、紧扣部门主责，突出绩效元素

专家对部门的整体绩效目标及指标情况进行评审，明确“部门职责—工作任务—项目目标”三级绩效目标，财政部门再围绕部门绩效目标，综合考量部门预算的总体安排。这种以部门整体绩效目标的评审结果核定部门预算，使部门预算安排紧扣部门主要职责，突出绩效元素。

二、以监控促预算，提高资金效益

监控案例的 12 个部门中，市教育局等 9 个部门根据绩效监控结果反馈的情况，不同程度地对部门整体、工作任务、重点项目的绩效目标及其指标作出了调整，调整比例达到 75%。市农业局、科创委、商务委、知识产权局等多个部门，根据绩效运行跟踪监控的结果，对部门预算、重点项目预算进行了年度预算的调整。实现绩效运行跟踪监控与预算执行进度、均衡性等同预警、同通报、同反馈、同提高，达到了绩效监控与预算执行双监控的效果。

三、强化绩效优先，突出结果导向

经过对部门整体绩效评价结果与部门决算有效融合、人大实时监督以及全面公开绩效信息等重要举措，预算单位对绩效管理的要求都有了一定了解，绩效管理意识明显增强，预算单位不再简单地争预算盘子，用款讲效益、绩效优先、结果导向的理念不断深化，“花钱要看效果”逐渐成为共识，绩效理念在预算管理中得到体现。

四、巩固绩效理念，提升管理水平

随着预算绩效管理实践的不断深入，部门绩效理念已逐步转化为绩效管理水平的提升，评审案例的 11 个部门中有 6 个部门的整体绩效目标设置，得到了专家的肯定及认可，预算单位的绩效目标设置水平明显提高。

第六篇

“全方位、全过程、全覆盖、全公开”：广州市预算绩效管理经验总结

广州市自2004年开始推进预算绩效管理改革，其十几年的改革路径是我国地方政府探索预算绩效管理改革的典型代表。广州市的实践与经验，也是地方政府结合自身实际在中央统一推动的改革之下积极探索创新的典型样板。

广州市十几年来在市级层面已经逐渐构建起“全方位、全过程、全覆盖”预算绩效管理体系，是走在全国前列的改革先进城市。同时，广州还积极探索以公开为抓手，着力推进预算公开，进而使预算公开与预算绩效管理形成相互促进的双螺旋式改革上升模式，从而构建起具有广州特色的“全方位、全过程、全覆盖、全公开”预算绩效管理模式。

本篇对前面麻雀解剖式分析广州市预算绩效管理的实践进行总结，并提炼出广州市十几年改革过程中积累的具有可操作性、可复制性的改革经验。

绩效理念引领预算绩效管理改革

第一节　财政部门不断提升绩效管理理念

理念是行动的先导。绩效管理是一种全新的、有效的管理工具，实施绩效管理对于转变政府职能、提高行政效能具有重要意义。随着社会经济的发展，国家治理能力的现代化要求对广州财政体制改革提出了更高的要求，广州市在预算绩效管理的改革和实践中不断探索发展新的绩效理念，以此推动改革的深化。

一、微观：基于“花钱必问效”的绩效理念

基于“花钱必问效”的理念，广州市从花钱目标的计划性、花钱过程的可控性、花完钱后的效率性等方面入手，开始了从事后绩效评价到事前预算评审、绩效目标管理、事中绩效监控等一系列的改革探索和实践。直至2014年印发《广州市预算绩效管理办法》，建立“预算编制有目标、预算执行有监控、预算完成有评价、评价结果有反馈、反馈结果有应用”的全过程预算绩效管理机制，标志着广州市预算绩效管理工作

的框架基本构建完毕。

预算绩效管理是改革政府财政预算管理的重要方式，特别是《中华人民共和国预算法》中首次以法律的形式规定了财政预算绩效管理的地位和要求，广州市在预算绩效管理工作中注重将绩效管理理念引入预算编制、执行和监督全过程。广州市全过程预算绩效管理机制结合预算编制、执行和完成的全过程，立足以预算管理为突破口，通过绩效目标管理，提高财政资金的预算分配绩效；通过绩效监控，进行事中预警、纠偏提高财政资金的执行绩效；通过绩效评价结合结果反馈应用，提高财政资金的使用绩效，形成了统一闭合的管理模式。因这一时期的改革实践主要立足于项目预算绩效管理，将预算绩效看作针对原有预算流程的优化提升。因此，这一时期广州市的绩效管理理念基本上还是基于“预算管理”的微观绩效管理模式。

二、中观：基于“财政管理”的绩效理念

绩效管理改革之初，普遍认为预算绩效管理仅是属于预算管理的配套措施之一，与部门预算改革、国库集中支付改革等财政改革工作相并立，不会全方位触及财政管理各个领域的改革工作。虽然全过程预算绩效管理机制在推动广州市财政由重分配轻管理、重支出轻效益，向以结果为导向、注重财政资金使用效益方向转型的过程中，起到了积极的促进作用，但是仍显得单兵突进，没有形成改革合力，依然存在着一些问题：如预算和绩效“两张皮”，改革工作并未取得实质突破；财政内部协调不够顺畅，绩效管理犹如“隔靴搔痒”；绩效管理工作与财政其他工作尚未良好融合等问题。因此，广州市开始探索由传统的微观绩效管理理念向以“财政管理”为基础的中观预算绩效管理理念推进。

中观绩效管理理念比起微观绩效管理理念是一种继承和进步，是从

“财政管理”这个更加开阔的视野来改革预算绩效管理工作。广州市将财政管理工作视为一个统一的整体，认为预算绩效管理是包含了财政工作中一切能够提高财政资金使用绩效的管理活动，包括部门预算改革、国库集中支付改革、政府采购改革、投资评审机制改革以及预算标准的科学细化和财政信息的公开等各项工作，都是提高财政资金绩效的手段，都属于预算绩效管理改革工作的一部分。因此广州市尝试从预算管理“单兵突进”，发展为财政管理“综合配套”，从提高财政管理效益的角度深化部门预算改革、加强预算公开透明、提升人大的预算监督能力，将所有影响财政资金使用效益的财政管理纳入预算绩效管理的范畴之中，致力于将原先预算绩效管理单独于其他财政管理工作的“两张皮”变成“一张皮”，将财政管理形成一个有机整体进行统筹规划。

三、宏观：基于“政府治理”的绩效理念

从广州的实践经验来看，虽然从微观的绩效管理理念成功地提升到中观绩效管理理念，但是，这两种绩效观仍存在一定的缺憾：既无法改变政府其他部门欠缺改革热情、财政部门单兵突进的困境，也没有从根本上改变政府部门重分配轻结果的老问题。可见，仅仅将预算绩效管理的范围扩展到财政在各个领域的分配，并没有真正涵盖财政资金在各个领域最终的使用结果。所以，广州市认为必须进一步更新理念，朝着以政府绩效为基础的宏观绩效观发展。

宏观绩效管理是一种基于“政府治理”的绩效管理模式，将预算绩效管理作为政府绩效管理的重要手段，从财政资金的角度，评价政府管理的最终结果。它的覆盖范围最广，既包含了原有的预算管理和财政管理的范围，同时延伸到预算部门，涵盖了财政支出的最终结果。它将预算绩效管理上升到政府的宏观平台角度，能够有效解决重投入轻产出的

问题，促进预算绩效管理从注重过程、对工作进行考核，转向注重结果、对实际效果进行评判。

宏观绩效管理理念能够有效解决目前预算绩效管理“越位”和“缺位”同时存在的问题。因为该理念立足于政府治理，将财政资金作为实现政府职能的资源投入，将部门履职完成公共服务视为与财政投入相对应的产出，从而按照成本收益的经济学原理，判断投入产出是否具有效益。这明晰了财政部门与预算部门的责权。就财政资金而言，财政部门是财政资金的组织者，负责“大蛋糕切割”分配；预算部门作为财政资金具体支配方和使用者，有责任和义务将财政资金管理和使用好，达到其最优的效果。这就避免了财政部门在预算绩效管理中越过部门开展评价，或者设置绩效目标却又难以获得满意结果的“越位”管理问题和过去无法真正追究问责部门财政资金使用效果的“缺位”问题，要求预算部门作为财政资金具体使用者，必须按照政府意图和社会公共服务需要，管理和使用好财政资金。财政作为国家治理的基础和重要支柱，有责任站在政府治理的高度把握全局，对各预算部门的资金使用效益合理评价。

因此，一方面广州市财政局进行试点部门整体预算绩效管理，另一方面各预算部门也纷纷主动实施预算绩效管理。

第二节　绩效管理理念融入部门管理

一、绩效理念初步转化为绩效行为

广州市各级财政部门在开展全过程预算绩效管理工作的同时，注重绩效理念的宣传，每年为预算部门举办相关培训，以提高部门预算绩效管理人员的技能，增强绩效管理的意识。而且，财政部门逐年扩大预算绩效管理覆盖范围，全市各预算部门基本上都至少参与过一次绩效管理实践，对预算绩效管理有了较为直接的理解和认识。同时，通过绩效管理结果的应用，促使预算部门拓宽工作思路，堵塞管理漏洞，不断提高管理水平。因此，广州市各预算部门逐步重视预算绩效管理工作，由以往的被动参与变为主动抓好绩效管理工作。

案例1：广州市残联建立了全员参与绩效管理机制

2017 年，广州市残联以试点全过程预算绩效管理为契机，建立“领导重视、全员参与”的工作机制。领导带头，全员学习预算绩效管理理论、政策，将整体绩效目标分解为各个部门的工作目标，作为考核各部门各岗位工作业绩的主要依据及准绳，将预算绩效和个人考核、职务晋升等有机结合起来，明显提高部门履职用财能力。

1. 精简预算项目

根据业务性质分类加强项目整合，项目数量由 2016 年 143 个减少至 2017 年的 101 个项目，项目精简率达 30%。精简后市残联的部门预算更清晰、更规范、更科学，为绩效管理及以后年度预算编制打下良好的基础。

2. 以残疾人需求编制项目

该部门主动收集各类别残疾人需求，以集中度较高的需求设计预算项目，优化了资源配置，降低了无效预算，将财政资金用在最需要的地方，解决残疾群众最关心最直接最现实的利益问题。

3. 促进财政资金的绩效最大化

该部门在 2017 年总体收支同比略有下降的情况下，主要业务指标有所提升，充分体现了“少花钱、多办事”的绩效管理理念。2017 年度该部门同比上年收入减少4.38%，支出减少5.27%，但为残疾人提供的服务水平不降反升，如3.2万名残疾人获得城乡居民养老保险和城镇职工养老保险资助，比2016年的2.4万名提高了33.33%，在全国率先实现残疾人基本养老保险全覆盖。2017年实际新增残疾人就业1868人，比2016年的1593人多275人。

案例2：广州市科创委主动建立科研项目绩效评价机制

为配合科技管理制度改革，广州市科创委采用以下措施，主动推进科研项目绩效评价，实施项目预算绩效管理。

1. 建章立制

市科创委陆续出台《进一步完善市级财政科研项目资金管理等政策的实施意见》《科技创新发展专项资金管理办法》等制度文件，废除有悖于激励创新的陈规旧章。

2. 严格设定项目绩效目标

要求项目申报单位在申报项目时按照计划或专题类别，设立科学、合理、具体的项目绩效目标和适用于考核的结果指标；立项评审要求审核绩效目标、结果指标与指南要求的相符性、创新性、可行性等，为绩效评价从重过程向重结果转变提供依据。

3. 建立事后绩效评价机制

自2016年开始，市科创委每年选取2～4个科技专项或者专题，委托第三方开展绩效跟踪或评价，预计5年内形成覆盖整个市科技计划的财政资金绩效评价指标体系。在评价的过程中，更加重视科技创新活动的不确定性、绩效的滞后性和持续性等特点，努力研究有别于传统财政资金绩效评价。对于绩效存在滞后性和持续性的专项，尝试每隔2～3年开展绩效跟踪，客观反映财政资金投入对科技创新的实际贡献。

二、部门预算绩效管理能力逐渐提高

经过十多年的预算管理实践探索，广州市预算部门逐渐提高了预算管理能力，预算绩效质量也不断上升，主要表现在以下几方面。

（一）绩效目标申报更准确

目前在绩效目标申报环节，大部分单位能自觉把大项目包进行细化，分开每个子项目逐一填写绩效目标申报表和报送相关材料，相当部分项目单位预算申报金额精确到元，并能提供合理的测算依据和说明，真正做到细化预算计划和细化绩效目标。

（二）项目实施和财务管理状况良好

大部分项目单位能不断完善项目管理流程，相应制定了项目实施方案和财务管理制度。譬如“公交行业财政补贴及成效评估、审计费用”项目，该项目属于经常性项目，由番禺区交通局负责项目管理，番禺区交通管理总站负责项目具体实施。项目设立是为保障城市公交行业平稳运行，完善番禺区公交线网布局，提升公共交通的吸引力，引导市民选择公共交通出行，最大限度满足地区经济社会发展和群众出行需求。番禺区交通部门善于运用项目绩效评价结果，采取各项整改措施，不断堵塞管理漏洞、完善管理制度，项目管理水平得到有效提升。经统计，该项目 2014 ~ 2017 年度绩效评价结论分数分别为 77.5 分、75 分、82 分和 92 分，呈总体逐年上升态势，反映出部门不仅绩效管理意识逐渐增强，项目绩效管理也逐步完善。

（三）项目预算申报质量不断提高

自 2016 年以来，全市绩效评审综合核减率维持在 8% 左右，最低达到 4.65%。一般来说，综合核减率越低，预算申报质量越好，从中可以反映出各单位项目预算编制和绩效管理水平不断提升，项目预算申报越加谨慎和合理。

以规范化构建预算绩效管理机制

第一节 以项目绩效管理为基础，带动部门整体绩效管理

广州市部门整体支出预算绩效管理机制的最大特征是基于完整的全过程项目绩效管理制度体系。自 2004 年启动项目绩效评价工作以来，到 2017 年广州市逐步健全了“1+5”预算绩效管理制度体系，实现了事前、事中、事后“三位一体”的全过程预算绩效管理机制。各部门已习惯并掌握了项目绩效目标的填报方法、绩效目标完成进度的监控申报和项目自评工作的开展形式，这为推进部门整体绩效预算管理打下了坚实的基础。

一、抓源头，推进绩效目标管理

广州市财政局为促进绩效目标与预算编制的高度融合，强调“要钱有目标、无关不安排”，逐步实现所有财政资金支出项目绩效目标申报、审核、批复、公开的全覆盖。按照“谁申请资金，谁编制目标”的原则，明确要求预算单位在编制年度部门预算时同步申报项目绩效目标。

规范绩效目标申报标准，建立“三三”制评审体系，保障预算绩效目标编审质量。

（一）在项目入库、编审、封库等三个阶段开展目标评审

在项目入财政库阶段，由财政项目库管理部门实施项目绩效目标和指标总体评审；在预算编审阶段，由财政支出管理部门对项目预算金额和绩效目标、指标联合评审；在项目预算金额确定、财政预算编审封库后，由单位根据财政评审意见，修改确定项目年度绩效目标和具体指标。

（二）在年度预算编审阶段，实施项目全面标准化评审、专家复核、重点评审等三种评审方式

由财政部门按照每年制定统一的项目评审标准，对各个项目实施评审；由财政部门抽取部分社会关注度较大的项目，组织社会专家，在各个支出管理部门评审的基础上进行专家复核；由财政部门选取人大重点审议、重大民生和政府投资项目，委托第三方机构或资深绩效专家进行深度重点评审。

二、强监控，实施预算和绩效双监控

在预算执行中突出绩效管理，不仅要“及时花钱”，更要“合理花钱”。建立“全面—重大—重点”三级监控体系，对绩效目标实现程度和预算执行进度实行双监控，保障绩效运行跟踪监控与支出执行进度、均衡性等同预警、同通报、同反馈、同提高。

（一）全面监控

制定《广州市市级预算执行动态监控管理暂行办法》，建立预算执行动态监控机制，充分运用信息化手段，对所有财政资金支付清算过程进行实时动态监控，达到即反映、即通报、即预警、即采取措施，提升财政资金预算执行效率。

（二）重大项目监控

定期从支付执行端统计有关数据并进行整理，通报市本级财政集中支付支出情况、三年支出情况对比、年初预算500万元以上重大支出项目的执行情况，促进重大项目有效实施。

（三）重点监控

选取人大重点审议、重大民生和政府投资项目、社会关注度较大的重点项目，委托第三方机构实施绩效运行跟踪监控，以监控促落实，防止目标跑偏、资金脱靶，确保市委市政府重点项目的顺利推进。

三、重评价，构建多层次绩效评价体系

将绩效评价作为提高资金使用效益的重要手段，建立“全面自评、部分复核、重点评价”的绩效自评与外部评价相结合的绩效评价机制。

（一）推进绩效自评全覆盖

自2016年起，市财政局布置各预算部门组织对所有支出项目开展绩效自评，其中200万元以上项目自评情况报市财政局备案，建立统一的项目绩效自评指标体系，促进部门落实绩效管理主体责任。

（二）抽取部分自评项目复核

市财政局选取部分项目委托第三方开展自评复核，并建立机构自评复核管理机制。规范自评复核标准，创新性地设置预算完成率、资金实际支出率等核心指标为否定性指标，明确这些指标未达到相应标准，不能评为优良等次，加强对绩效自评硬约束，减少绩效自评随意性。

（三）加大重点评价力度

市财政局充分征求市人大预算工委、审计部门等机构意见，吸纳人大代表、政协委员建议，重点对一定金额以上的民生项目、市政府重点投资项目、具有重要社会影响和经济影响的项目开展第三方评价。开创性地引入社会公众参与绩效评价机制，邀请全体市人大代表和政协委员、行政服务对象及市民，对部门绩效进行问卷调查，邀请人大代表参与项目现场评价。在此基础上，市财政局密切跟踪评价全过程，严格把好重点评价的项目关、机构关、管理关、报告关，督促第三方机构客观公正开展评价，不断提升重点评价质量。

四、促运用，提升结果使用效能

（一）将绩效评价结果作为年度部门预算审核的依据

明确评价结果作为预算安排和政策调整的重要参考依据，对绩效优良的项目优先考虑，对绩效低、差的项目则减少或不再新增安排资金，坚决削减低效无效资金，提高财政资源配置效率。譬如番禺区“绿道驿站自行车经费”项目，该项目在广州亚运会期间产生了一定的社会效益。但之后该项目的自行车出租频率低、投入产出比低、单次出租成本高，专家建议财政资金退出该项目的扶持，2015 ~ 2017 年度预算绩效评审以及绩效评价结果均为低、差。最终，经番禺区政府决定，自 2018 年起取消该项目，并计划研究采用其他方式取代。

（二）加强整改落实

市财政局督促有关部门对上年度绩效评价项目及时整改，充分发挥绩效评价以评促管的效能。譬如，通过第三方绩效评价，广州市科技企业孵化器发现专项资金存在资金投入分散、项目科技含量不高、审批把关不严、监管不到位等问题。广州市科创委立即针对问题开展整改，对科技资金管理机制进行梳理、优化和重构，加强对科技资金的使用监管，实行项目承担单位和专业服务机构法人负责制，最大限度压缩自由裁量权，建立专项绩效评价指标体系。

（三）建立问责机制

对绩效评价报告弄虚作假或绩效任务完成情况与绩效目标严重背离的部门及其责任人，实施绩效问责。

（四）建立绩效评价结果公开制度

持续推进绩效评价结果公开制度化常态化，每年均公开重点评价报告和自评复核结果，增强财政资金使用绩效的透明度。

五、广覆盖，推进区级财政预算绩效管理

这些年来，广州市财政部门着力推动全过程预算绩效管理覆盖到全市各个区域，制定年度预算绩效管理方案，指导各区开展绩效管理工作，共享指标库、专家库、机构库等绩效资源，充分调动各区财政局的积极

性、主动性、创造性。各区积极响应，均开展了预算绩效管理，能够规范绩效管理四个环节，努力将预算绩效管理与预算编制、执行、监督有效衔接，实现了目标管理、运行监控、绩效评价、结果应用的全闭环绩效管理，基本构建“预算编制有目标、预算执行有监控、预算完成有评价、评价结果有应用”的预算绩效管理机制。部分区还实现了部门整体绩效管理。如图 2-1 所示，截至 2018 年底，全市 11 个区均实现了绩效目标审核及财政监控评价，10 个区实现了重点评价，9 个区实现了自评复核，8 个区实现了绩效目标预算批复公开，7 个区试行了绩效预算评审。

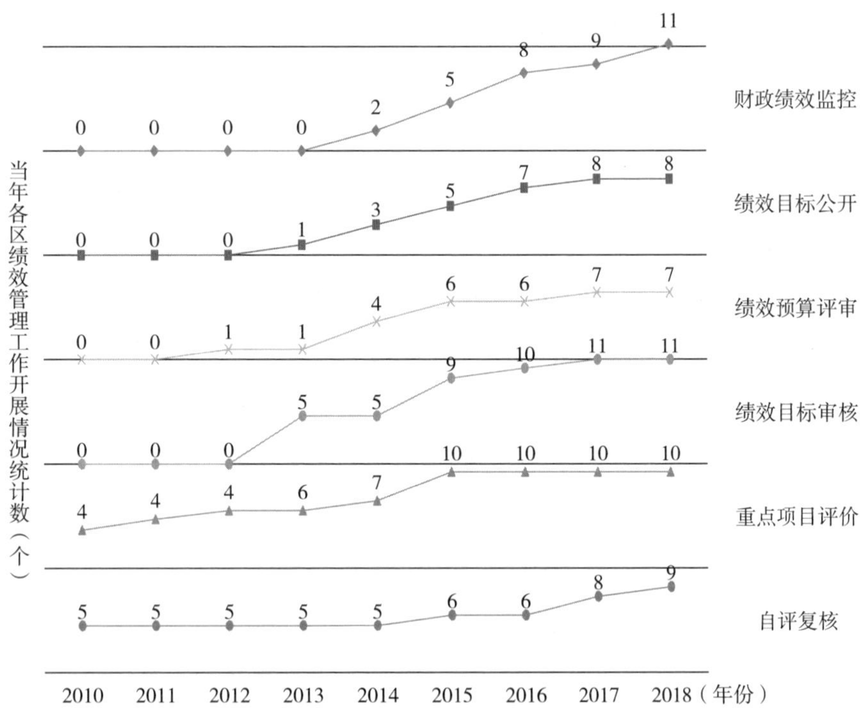

图 2-1　2010 ~ 2018 年广州市区级财政绩效预算管理开展情况趋势图

表2-1　　2010～2018年广州市区级财政绩效评价情况统计表

区域	自评复核情况				重点项目绩效评价资金情况			重点评价项目性质分布情况（%）					重点绩效评价结果分布情况（%）				
	开展工作起始时间	项目数（个）	部门数（个）	财政金额合计（亿元）	开展工作起始时间	项目数（个）	财政金额合计（亿元）	专项支出项目	财政投资基本建设项目	民生类项目	财经类项目	其他	优	良	中	低	差
越秀区	2018	14	10	0.67	2015	37	3.83	37.84	0.00	62.16	0.00	0.00	29.73	54.05	16.22	0.00	0.00
荔湾区	2017	37	27	3.01	2014	16	4.32	81.25	0.00	18.75	0.00	0.00	6.25	50.00	43.75	0.00	0.00
海珠区	迄今未开展				迄今未开展												
天河区	2010	224	153	23.90	2011	71	5.55	8.45	0.00	83.10	7.04	0.00	7.04	54.93	32.39	2.82	1.41
白云区	2010	266	124	52.43	2010	89	43.11	49.44	17.98	29.21	3.37	0.00	10.11	42.70	31.46	3.37	1.12
黄埔区	2010	160	152	7.88	2010	92	69.47	0.00	5.43	51.09	11.96	31.52	11.96	54.35	28.26	4.35	1.09
番禺区	迄今未开展				2012	381	32.75	47.24	19.95	27.82	4.20	0.79	7.87	44.88	39.37	7.35	0.52
花都区	2015	36	33	4.62	2015	39	7.22	0.00	2.56	97.44	0.00	0.00	23.08	66.67	10.26	0.00	0.00
南沙区	2017	50	37	1.74	2010	65	9.56	38.46	10.77	50.77	0.00	0.00	7.69	60.00	35.38	3.08	1.54
增城区	2010	85	72	10.56	2010	77	14.44	3.90	54.55	41.56	0.00	0.00	29.87	49.35	16.88	2.60	0.00
从化区	2010	30	30	4.25	2015	22	1.73	31.82	0.00	68.18	0.00	0.00	13.64	72.73	9.09	4.55	0.00

表2-2　2013～2018年广州市区级财政绩效目标管理和绩效监控情况统计表

区域	绩效目标审核情况		绩效目标批复公开情况		财政绩效监控评价情况			
	开展工作起始时间	项目数（个）	开展工作起始时间	绩效目标批复项目个数	开展工作起始时间	项目数（个）	部门数（个）	涉及财政金额合计（亿元）
越秀区	2015	11073	2015	131	2016	2673	180	176.16
荔湾区	2013	4147	2013	101	2017	38	27	3.46
海珠区	2017	4025	2017	28	2018	231	44	42.85
天河区	2013	13272	2018 未开展		2015	5	85	92.47
白云区	2016	8	2018 未开展		2018	14	8	0.14
黄埔区	2013	2356	2014	117	2014	117	117	32.46
番禺区	2015	2600	2014	2344	2016	161	27	16.54
花都区	2013	1013	2015	32	2015	75	73	11.30
南沙区	2015	274	2016	264	2016	单位报送运行登记表，无评价		
增城区	2013	6115	2016	128	2015	141	99	14.21
从化区	2015	605	2018 未开展		2014	50	50	5.47

第二节　引入第三方评审机制，提升绩效管理结果的公信力

为确保绩效管理的客观、中立和公正，财政部门对绩效管理结果不提倾向性意见，而引入第三方评审机制，这正是从根本上解决财政部门既是运动员又是裁判员角色冲突的有效办法。自 2012 年以来，广州市财政局着力推进财政资金第三方绩效评审工作，逐步引导并规范第三方机构参与全过程预算绩效管理，形成了广州特色的第三方绩效评价工作机制，第三方评价已成为提高广州市财政资金使用效益的重要手段。

一、严把“项目关”，不断拓宽评价领域

选好项目是做好第三方评价的基础。广州市重视第三方评价的项目选取，市财政局初步筛选项目后征求市人大常委会预算工委、市审计局意见，重点对一定金额以上的民生项目、市政府重点投资项目、或具有重要社会影响和经济影响的项目开展第三方评价。

近年来评价项目逐年增加，由每年 5 个增至每年 10 个，项目涵盖民办教育发展、困难群众医疗救助等民生领域，也包括广州港出海航道三期工程、洲头咀隧道工程等政府投资项目；评价资金范围逐步扩大，涉及财政项目资金、专项资金、一般性转移支付资金，2015 年首次将政府性债务资金纳入评价范围。

二、严把“机构关”，择优确定承办机构

承办机构是做好第三方评价的关键，广州市为此专门建立了第三方评价约束机制。

（一）公开招标优选第三方机构

每 2 ~ 3 年按政府采购程序招标 20 ~ 30 家预算绩效管理服务机构，市财政局对中标机构开展绩效管理培训。

（二）合同约束第三方行为

为提升第三方评价质量，财政局制定了详细的用户需求书，与第三方评价机构签订了服务合同，明确第三方评价机构的服务范围、责任权限、纪律约束和考评制度，委托中介机构独立开展绩效评审工作。

（三）制定《第三方绩效评价工作指引》

首次以制度形式规范第三方中介机构参与预算绩效管理相关工作的行为，强化其工作责任和纪律约束。

（四）建立中介选用量化评分机制

在确定当年评价项目后，通过“自愿申报、择优确定”的方式，邀请各家中标机构报送评价工作方案，市财政局组织专家对方案进行评审，评审分高者确定为承办机构。通过上述方式确保第三方机构选定过程公正、透明，有效防范行政风险，同时保证了承办机构对项目较为熟悉，便于评审工作的开展。

（五）重视专家团队的专业性

明确要求参与绩效评价的外聘专家，不得少于第三方机构全部参评专家的 2/3。外聘专家应根据评价项目的分类进行不同领域的匹配。分类涉及包括教育管理、医疗卫生、社会保障与就业、科技政策、农林水利渔业、各类基础设施工程、信息化建设、环境保护、财务与会计等方面。外聘专家应熟悉相关领域的政策法规，具有较为丰富的绩效评审经验，并且优先聘请具有该领域实际工作经验的行家，人数应占项目专家组 50% 以上。第三方中介机构的人员配置和专家信息，必须提交财政局同意后才能正式开展评价工作。

（六）构建机构事后考核机制

2019 年广州市财政局制定《委托第三方机构开展预算绩效管理工作考核规范》，从报告质量、过程管理、廉政纪律等方面，对第三方机构承办项目的总体质量进行考核，其中报告质量由绩效管理专家、第三方机构、市财政局等三方评审打分，分值权重占 65%；过程管理由市财政局打分，分值权重占 25%；廉洁纪律由被评单位打分，分值权重占 10%。市财政局将有关考核情况向 28 家第三方机构通报，并采用末位淘汰制，规定当年绩效评价年度排名末位的第三方机构，不再参与下一年度同类型项目绩效管理的资格。

三、严把“管理关”，全程跟踪评价过程

评价过程是做好第三方评价的保证。第三方评价启动后，市财政局派专人全程跟踪评价过程，确保评价工作有序开展。

（一）做好协调沟通工作

及时协调第三方机构与被评单位以及各区有关部门之间的关系。

（二）做好督促监管工作

督促第三方机构按进度开展评价，把握方案设计、资料收集、现场核查、报告提交等关键时间节点，监督第三方机构遵守评价纪律。

（三）做好考核验收工作

第三方评价初步完成后，组织由市财政局、第三方机构、被评单位、独立于第三方机构以外的资深绩效专家等四方参加的座谈会，充分听取各方意见，完善评价报告，完成评价后组织评价报告验收，并对第三方机构进行考核。

四、严把“报告关”，着力提升报告质量

评价报告是做好第三方评价的生命线。市财政局选取优秀评价案例

供第三方机构参考，要求评价报告坚持问题导向，反映绩效客观真实，披露问题依据充分，提出建议针对性强。在第三方机构提交评价报告初稿后，市财政局与第三方机构对报告进行反复的讨论修改，并征求被评单位、有关专家的意见。

近几年，市人大常委会将财政支出绩效情况列入每年的重点审议事项，其中第三方评价报告是其关注的重点，特别是评价报告反映的问题已成为审议和讨论的焦点，因此也对第三方评价报告的质量提出了更高的要求。

五、严把“整改关”，注重评价结果应用

结果应用是做好第三方评价的落脚点。广州市通过建立整改反馈、结果公开、延伸检查等机制，切实加强评价结果应用。

（一）加强整改落实

督促有关部门及时整改第三方评价所反映的问题，并将整改落实情况报市人大常委会。

（二）公开评价结果

在市政府门户网站及市财政局网站公开第三方评价报告，主动接受社会公众监督，媒体给予了积极关注和报道。

（三）启动延伸检查

针对第三方评价反映的问题，市财政局开展专项检查，深入查找资金使用单位违规使用资金的问题。同时，市财政局将第三方评价结果作为安排预算资金的重要依据。

第三节 规范评价标准，夯实绩效管理基础

一、规范评价指标体系，减少评价随意性

绩效评价指标是反映绩效目标完成情况的“指南针”，是衡量预算资金使用效率的重要技术手段。在系统制定绩效指标体系时，要充分考虑到系统性、科学性、客观性、经济性、层次性和可操作性的原则，结合内容、权重、标准等多维度，运用多种统计方法，逐步构建系统、完善、有效的绩效评价指标体系，推动预算绩效评价工作进程，提升预算绩效评价水平。

目前广州市财政局已建立了两套项目指标体系和一套部门整体绩效管理指标体系。

（一）预算绩效评审指标体系

该体系服务于项目立项和预算安排，侧重于项目的预期绩效评价，设定了项目必要性、项目可行性、预算合理性、项目管理水平、项目绩效目标设置和申报材料及表现六大类，每类又根据项目实际分别设计了具体评审指标。

（二）单位自评绩效指标体系

该体系侧重于项目完成后的绩效评价。广州市财政局通过近几年的实践探索，不断更新完善自评绩效指标体系，并于2017年制定印发《广州市市本级财政支出项目绩效自评工作规范》（以下简称《工作规范》）和《绩效自评第三方复核工作指引》，首次以制度形式规范了广州市绩

效自评的范围、流程、评分、复核等工作，减少绩效自评随意性，以提升绩效自评质量。《工作规范》在自评绩效指标设置方面总体呈现五个特点。

1. 突出全过程绩效管理

结合近几年全过程预算绩效管理实践，广州市自评绩效指标体系拓宽了绩效自评的内容，不仅反映评价财政支出的绩效完成情况，还将绩效目标管理、绩效运行跟踪、评价结果应用等内容纳入评价指标体系，全面反映财政支出项目预算绩效管理全过程的情况，提升评价结果应用到预算编审环节的有效性。

2. 首次设置否定性指标

《工作规范》创新指标设定方式，首次将绩效目标合理性、绩效指标明确性、预算完成率、资金实际支出率等核心指标设置为否定性指标，要求上述指标未达到相应标准则不能评定为优良等级，加强对绩效自评的硬约束，减少绩效自评的随意性。

3. 强化预算资金执行评价

为加强对财政资金执行情况的考评，《工作规范》整体调增了预算资金执行方面的分值比重，并优化各指标间的分值分配。经调整，预算完成率、预算调整率、资金实际支出率三项指标分值合计 12 分，其中新增预算调整率指标，作为预算完成率的修正指标；增加资金实际支出率的分值，客观反映项目资金实际支出情况。

4. 细化项目绩效评分要求

绩效完成情况是绩效评价的核心。为此，《工作规范》细化了项目产出、项目效益两大绩效完成情况指标的评分要求：一是上述两项指标均须下设一定数量的个性化指标，并鼓励设置量化指标；二是在项目效益指标中增设满意度指标，并规定项目效益指标得满分需有明显效益证明，如得到国家、省、市表彰等。

表2-3 **市本级财政支出项目绩效评价表**

一级指标	二级指标	三级指标	分值	评分标准	测评情况	得分
项目安排	项目立项情况	立项依据适应性	1	立项依据充分，列入规划或工作计划得分；不符合上述条件的不得分		
		前期工作充分性	1	论证、可研、风险防范等前期工作充分得 1 分，不充分不得分		
	绩效目标设置情况	绩效目标合理性	4	根据绩效目标定位是否清晰、表述是否准确打分		
		绩效指标规范性	4	绩效指标需设置产出和效益的个性化指标，不应设置预算完成率等共性指标，绩效指标个数高于 4 个、不足 6 个的，该项扣 2 分；个数不足 4 个，或量化指标占比不足 50% 的，该项不得分。每个绩效指标设置相应的指标名称、指标预期值，量化指标需明确计算方法，指标值或计算方法含糊不清的酌情扣分		
		绩效指标有效性	5	绩效指标设置需全面有效贴合反映绩效目标实现情况，绩效指标设置不全面、避重就轻或指标值不合理的酌情扣分		
项目管理	财务管理	财务管理情况	2	财务资料真实完整、按制度核算、按规定用途和标准使用资金得 2 分，财务资料不全面，部分账务处理不规范酌情扣分，有虚列、截留、挤占、挪用、超标等问题该项不得分		
		预算未完成率	14	本指标得分 =（预算支出执行率 −80%）/（100%−80%）× 14，低于 80% 不得分。开展转移支付各区使用的资金，则本指标按各区实际支付率计算，得分 =（各区实际支出率 −60%）/（100%−60%）× 14，低于 60% 不得分 项目既包括市本级支出，又包括转移支付的，按资金权重综合计分 （如项目包含中央、省、市资金，按项目整体资金支出率填报）		
		预算调整率	7	本指标得分 =（1−| 预算调整金额 / 年初预算 |）× 100% × 7		
	业务管理	项目绩效运行监控开展情况	3	开展绩效运行监控工作，及时了解项目支出进度，预警支出进度慢的项目。500 万元以上项目按要求及时通过绩效管理系统上传绩效运行监控信息表，如未及时报送信息表的，扣 2 分		
		项目过程质量控制情况	2	根据项目管理组织和人员保障是否充分，是否按规定进行招标、采购、验收等，是否制定或具有相应的项目质量要求和标准，是否采取相应的项目质量检查、验收等措施等因素评分		

续表

<table>
<tr><td rowspan="14">项目绩效</td><td rowspan="7">项目产出（合计25分）</td><td>指标名称</td><td>指标值及评分标准</td><td>分值</td><td>评分要求</td><td>测评情况</td><td>得分</td></tr>
<tr><td colspan="2">指标1:________</td><td></td><td rowspan="5">从完成预期产出或服务的数量，达到预期的质量（标准、水平、效果）和时效（及时程度、效率）等方面设备个性化指标
1. 此指标需分设3个以上的三级个性化指标，指标总分20分，分值权重自行设定，单个指标分值不超过7分。对照绩效目标申报表，逐个分析指标完成情况：完成全部预期工作，工作质量和时效均达到预期得15分 以上；完成主体工作，工作质量和时效基本达到预期得分在10 ~ 15分之间；完成部分工作，工作质量和时效得到部分体现得分在5 ~ 10分之间；明显未完成工作的，得分在5分以下。2. 需设置具体的三级指标名称，不能以“指标1”“指标2”的提法代替，否则该指标按起评分的50%计算（即：假设设定该指标分值为6分，如没有具体指标名称的，则先扣除3分）；3. 所有三级指标，须设置具体的指标值，描述该项目指标应达到的预期值，否则该指标按起评分的50%计算</td><td rowspan="5"></td><td rowspan="5"></td></tr>
<tr><td colspan="2">指标2:________</td><td></td></tr>
<tr><td colspan="2">指标3:________</td><td></td></tr>
<tr><td>……</td><td></td><td></td></tr>
<tr><td></td><td></td><td></td></tr>
<tr><td colspan="2">综合评价</td><td>5</td><td>根据项目产出绩效情况综合评判</td><td></td><td></td></tr>
<tr><td rowspan="7">项目效益（合计25分）</td><td>指标名称</td><td>指标值及评分标准</td><td>分值</td><td>评分要求</td><td>测评情况</td><td>得分</td></tr>
<tr><td colspan="2">指标1:________</td><td></td><td rowspan="5">从项目预期效益（经济效益、社会效益、文件效益、生态效益）及服务对象满意度等方面设置个性化指标。
1. 此指标需分设3个以上的三级个性化指标，指标总分20分，分值权重自行设定，单个指标分值不超过7分，其中应设未设满意度指标的扣3分。项目实现预期效益得15分以上；项目基本实现预期效益得分在10 ~ 15分之间；项目实现部分预期效益得分在5 ~ 10分之间；明显未达到预算效益的，得分在5分以下；2. 需设置具体的三级指标名称，不能以“指标1”“指标2”的提法代替，否则该指标按起评分的50%计算（即：假设设定该指标分值为6分，如没有具体指标名称的，则先扣除3分）；3. 所有三级指标，须设置具体的指标值，描述该项指标应达到的预期值，否则该指标按起评分的50%计算</td><td rowspan="5"></td><td rowspan="5"></td></tr>
<tr><td colspan="2">指标2:________</td><td></td></tr>
<tr><td colspan="2">指标3:________</td><td></td></tr>
<tr><td>……</td><td></td><td></td></tr>
<tr><td></td><td></td><td></td></tr>
<tr><td colspan="2">综合评价</td><td>5</td><td>根据项目效益绩效情况综合评判</td><td></td><td></td></tr>
</table>

续表

		指标名称	指标值及评分标准	分值	评分要求	测评情况	得分
可持续性	项目可持续性	项目可持续性		3	经常性项目反映近三年的资金情况，分析项目存在的问题，提出项目下一步发展的建议 一次性项目反映已实施年度的资金情况，分析项目存在的问题，未完工的项目提出项目下一步发展的建议 根据是否全面反映项目资金情况，分析问题是否客观准确，提出建议是否有针对性酌情评分		
	管理可持续性	自评组织工作情况		4	自评组织工作完善，及时提供自评材料，积极配合现场核查的得 4 分；自评材料提供不及时、不齐全或现场核查不配合的酌情扣 1 ~ 3 分；自评材料报送不及时、不齐全，经催办仍未补齐，未提供现场核查点的不得分		
加减分项					项目得到国家、省、市表彰的，视表彰层次加分，其中获中共中央、国务院表彰的加 10 分，获中共中央办公厅、国务院办公厅表彰的加 6 分，获省委省政府表彰的加 5 分，或国家部委表彰的加 3 分，获市委市府表彰的加 2 分，或省有关部门表彰的加 1 分。 项目存在违规违纪情况的，视程度扣 20 ~ 40 分；预算完成率低于 60%（转移支付类项目区平均实际支付率低于 40%）的，视比例扣 5 ~ 10 分；其他扣分项		
评价结果	累计得分						
	绩效等级	优（得分≥ 90），良（＞ 90 得分≥ 80），中（80 ＞得分≥ 70），低（70 ＞得分≥ 50），差（得分＜ 50）					

5. 新增项目可持续性指标

《工作规范》从项目和管理两个角度，新设可持续性指标，旨在通过综合分析项目近三年的的资金情况和绩效情况，判断项目的可替代性，提出项目下一步发展的建议。同时，督促自评单位重视自评工作，及时提供自评材料，积极配合现场核查，确保自评质量。

二、汇编绩效个性指标，突出指标适用性

绩效指标体系的个性化是广州绩效管理工作的亮点。

（一）市局汇编评价指标体系

从广州各区实际情况出发，根据不同行业、不同系统和不同项目的特点，市财政局针对市本级预算部门展开实地调研，研制具有针对性、可操作性和可衡量性的指标体系，形成并不断更新和充实的广州市财政支出绩效评价指标体系——《广州市财政支出绩效评价指标汇编》。

（二）部分区局汇编评价指标体系

天河区、黄埔区也有自己的评价指标体系。如天河区中有针对教育系统的评价指标：天河区教育局财政专项资金绩效评价指标；有针对政府购买服务行业方面的评价指标：天河区财政资金购买社区服务项目绩效评价指标体系；有针对项目特点的评价指标：天河区环卫保洁支出项目绩效评价指标。

（三）部分区局研究建立政策绩效评价指标体系

2016 年，原开发区财政局对 13 项科技发展系列政策实施政策绩效评价，结合系列科技发展政策实践，经研究初步形成具有该区特色的政

策评价指标框架体系。特别是在个性绩效指标设计方面，由于系列政策指标分解存在较大差异，准确地把握评价维度的内涵，对评价有效实施至关重要。因此，开发区根据 13 项政策，分别设计了 13 套个性化的三级指标，形成了较完整的区系列科技发展现行政策的绩效评价指标体系（见表 2-4）。

表2-4 黄埔区科技发展系列政策绩效评价指标体系

一级指标	二级指标	三级指标
政策制定（40 分）	政策制定的合法性	政策制定依据
		政策制定职能
	政策制定的合理性	满足区情政策需求
		关联部门、关联政策间协调
		新旧政策衔接
	绩效目标和指标	目标合理性
		指标明确性
	决策科学性	依照程序进行决策
		决策咨询
	决策民主性	集体决策
		民意咨询
	政策延续性	政策评估与调整
	资金预算	预算编制准确性
政策执行（20 分）	政策公开	政策宣传
		电子政务信息公开
	执行组织	组织机制
	执行过程	管理措施
	执行协调	配套资源投入
		质量与进度控制
		协调与沟通
	资金使用管理	使用合规性
	财务管理	使用效率性
		制度健全性
		监控有效性

续表

一级指标	二级指标	三级指标
政策监督（20 分）	政策反馈	民意评议和反馈机制
	执行督办	机制健全
	应急处理	应急准备
	监督管理	投诉举处理
		行政复议维持率和行政诉讼胜诉率
		监督考核
政策绩效（40 分）	政策产出	产出效果
	政策效益	实现效益
	政策效果	推广及可持续性

第四节　适时创新，拓展绩效管理广度和深度

一、采用与能力匹配的渐进式改革模式

何达基（美国堪萨斯大学公共事务与常理学院教授，2016）对发展中国家绩效预算改革的研究指出，发展中国家的改革目标设计，必须考虑自身的体制特点和实际能力，制定适度的改革目标。过去 10 年，世界银行和国际货币基金组织等国际组织，对发展中国家的帮助，越来越看重提高组织和财政管理能力，并减低对绩效预算目标的期待。也就是说，任何改革必须采取与所处阶段自身体制与绩效管理能力相匹配的改革框架与措施。广州很好地实践了这一原则，采用试点方式，由市财政局或部分有条件的区财政局探索绩效管理新办法、新领域，并按照“试点、总结、完善、推广”原则，将成功经验推广到全市，从而带动全市各级财政部门绩效管理水平持续提高。

二、创新预算评审

自2012年荔湾区财政局在全市率先开展预算绩效评审起，2013年市财政局，2014年天河区、番禺区、原广州开发区（现并入黄埔区）等财政局，2015年南沙区财政局等纷纷开展预算绩效评审。目前，项目预算评审已经成为广州市的一个特色。

（一）项目申报事前有评审

为配合预算编制工作的开展，对纳入年度评审范围的项目实施预算绩效评审工作，并将预算绩效评审结果直接用于预算安排和目标批复：对不同意立项的项目，原则不予安排预算；对同意立项的项目，在编制预算时，按照民生优先、绩效优先的原则，结合预算绩效评审结果和年度财力情况，以不超预算绩效评审建议数为原则安排年度预算。

（二）“开门编预算”

目前广州市、区两级财政预算绩效评审都是采用书面评审和现场评审（部分项目在书面评审基础上同时举办现场评审会）相结合形式进行。现场评审会一般常邀请人大、审计、监察部门或“两代表一委员”，也曾邀请新闻媒体进行监督。对此，媒体给予了正面报道。如2012年，《羊城晚报》对荔湾区首次预算评审做了专门报道：“花财政钱？先‘给我一个理由’！”；2014年，《羊城晚报》和新浪网等媒体曾争先报道：“天河区2015年度财政支出项目1/3被专家评审‘砍掉’”等新闻。

（三）不断完善评审机制和扩大评审范围

以番禺区为例，番禺区基本实现了全面铺开预算绩效评审工作：对区本级所有科技经费专项、符合绩效评审条件的200万元以上及部分涉及重点民生方面有必要评审的200万元以下的项目，进行了预算绩效评审。2014～2018年，番禺区累计对635个项目开展了预算绩效评审，涉及申报金额491094.97万元，专家累计提出意见1755条，建议1801条，同意立项并核减金额累计37162.32万元，不同意立项并核减金额累计15644.30万元。

三、创新绩效监控

（一）创新绩效监控新思路

自2014年起，荔湾区要求预算绩效评审项目单位在区人大通过财政预算后，在政府门户网站上公开项目预算绩效目标，并同时签订《财政支出绩效项目用款承诺书》。此举既提升了绩效目标的规范性和透明度，又强化了各项目单位的责任，不但能确保完成绩效目标，保证专款专用，也有利于财政部门和项目单位随时对照检查绩效目标的完成进度。

（二）创新财政联合审计跨部门开展绩效运行监控

2017年，天河区财政局联合区审计局对车陂涌、棠下涌、猎德涌3条河涌水环境治理专项资金开展绩效运行监控，涉及区环保局、区住建水务局、区农业园林局、区城管局四个部门12个项目合计8245.73万元资金的检查，重点监控专项资金在预算、拨付、管理、使用等方面的真实合法效益情况及河涌整治效果。此举是广州市首例跨部门联合实施绩效监控，同时也是首例对跨部门项目资金进行联合绩效运行跟踪监控。

四、创新绩效评价

（一）创新绩效评价新领域

按照《国务院关于深化预算管理制度改革的决定》中关于“将绩效评价重点由项目支出拓展到部门整体支出和政策等方面”的精神，原广州开发区财政局于2014年选取区科技和信息化局、区安监局和区气象局等3个部门，开展部门整体支出管理绩效第三方评价，涉及财政资金7.52亿元，占当年该局总评价资金的73.5%；于2015年选取区引进人才项目实施财政政策绩效评价，涉及财政资金1758万元。2014～2018年黄埔区（含原广州开发区）共开展部门整体支出综合评价21个、财政支出政策绩效评价4个，涉及财政资金近84亿元。

（二）创新对科技专项经费实施长效财政预算绩效管理机制

番禺区自2013年起就建立了科技专项经费绩效评估机制，每年均对全部科技专项经费实施预算绩效评审和支出绩效评价。2017年，新增对所有科技专项实施绩效运行监控。通过对科技专项资金“前、中、后”全方位的财政预算绩效管理模式，提高科技资金的使用效果，落实部门的支出责任。

（三）创新推动镇、街实施项目支出绩效评价

番禺区按照市财政局的要求，自2016年起，启动镇、街的预算绩效管理改革工作，把预算绩效管理理念推广到各镇街。2016～2018年，每个镇、街每年各抽取1个本级资金安排项目进行支出绩效评价，累计涉及财政资金9220.79万元。

五、创新政策事前绩效评估

2018年，黄埔区在广州市率先启动政策事前绩效评估工作，对“区公共交通优先发展扶持政策”进行评估。将绩效评估工作提前到政策制定环节，更有效发挥其问诊把脉及前瞻性作用，从源头上防控财政资源配置的低效无效。主要特点有以下四个。

（一）选择合适评估时点，涵盖事前事后环节

对公共属性强、社会舆论关注度高的财政支出政策，开展政策绩效评估工作非常重要。黄埔区以“区公共交通优先发展扶持政策”修订作为契机，在旧政策修订这一时点开展绩效评估工作。

（二）构建双评估指标体系，全方位问诊把脉

一是在旧政策评价层面：按照“政策制订、政策执行、政策绩效”的基本逻辑，建立政策绩效评价框架和相应的指标体系。二是在新政策评估层面：从政策制定依据充分性、前期准备工作全面性、政策审批程序规范性、政策目标科学性、扶持模式和力度合理性、事项和资金管理合规性、预期绩效可达成和可持续性等方面全方位评估新政策，推动新政策更有效发挥其提升公众满意度、促进区域经济发展、推动节能减排、减少空气污染的作用，有效提高扶持资金管理规范化水平，充分发挥扶持资金效益。

（三）突出公众参与，促进公共服务质量提升

第三方机构在分析相关资料和开展研讨基础上，组织专家参与现场调研，与政策制定主体和受益对象进行深入交流，同时通过开展问卷调查，充分了解市民对公共交通服务的满意度和现实需求，进一步提高政

策的可操作性及实用性，促进公共服务质量提升。

（四）及时反馈意见，强化绩效评估结果应用

通过专家对政策条款进行把脉，提出了量化政策目标等建议。专家相关建议被政策制定部门全部采纳，作为进一步调整完善政策条款和区政府、管委会决策的重要参考。

六、创新结果应用

（一）创新绩效激励约束机制

原广州市开发区 2011 年在全市首创绩效评价结果与部门预算人员公用经费相结合的绩效激励约束机制，根据上一年评价结果，当年对考评等级为优的单位，按人员公用经费的 2% 给予奖励；对评价结果为低、差的单位，按人员公用经费的 1% 和 2% 扣减人员公用经费。同时，在该区试点政府绩效考核时，将绩效评价结果纳入考核指标体系。目前，该政策已经执行了 7 年。

（二）首创向同级人大报告绩效情况制度

从 2008 年开始，广州市财政局每年向市人大专题报告当年度市级财政支出绩效情况，这是全国第一个向同级人大报告政府绩效情况的专题报告。

（三）创新绩效诚信备案制度

番禺区对认定在预算绩效评审、绩效目标审核和支出绩效评价过程中故意伪造申报材料、提供虚假数据、夸大项目绩效以虚高预算申报计划等的项目单位，进行登记备案和警告处理。

（四）尝试将财政绩效管理结果纳入部门廉政考核内容

2012 年，广州市财政局会同市监察局研究，将市直部门开展绩效管理情况，纳入年度“廉政广州建设”的考评内容中，有效延伸财政绩效管理环节。2013 年，市直部门的财政绩效管理情况，按照市纪委部署列入了当年“廉洁广州”测评内容。2018 年开始，广州市财政局将所有的绩效评价结果、绩效管理报告、计划等均报送纪检部门，为纪检监督提供线索，使绩效管理与纪检监督充分结合成为常态化，合力促进提升广州市政府绩效管理水平。

七、创新公众参与预算绩效管理机制

（一）公众参与绩效预算评审阶段

逐步扩大公众对预算编制的参与，邀请专家、人大代表和政协委员等参与项目支出绩效预算评审。如在 2014 ~ 2016 年的预算绩效评审中，广州市选取部分项目开展公开评审，邀请人大代表、政协委员及有关专家参与评审，主要包括项目申报单位陈述、专家现场提问、综合打分评价三个流程，通过项目单位直接解答专家提出问题的方式，提高预算绩效评审的透明度，推进阳光理财、民主理财和科学理财。

（二）公众参与预算审查阶段

组织人大代表和社会公众参与预算审查，特别是在前期调研和预审环节，组织人大代表和专家对 11 个部门开展专题审查，使人大代表能够深度细致地了解部门预算编制的设想和安排，便于人大代表提出针对性强的意见建议。通过人大代表与预算部门的良性互动提高预算编制的科学性与合理性。

（三）公众参与绩效评价阶段

在部门整体评价的满意度调查评价中，引入社会公众参与绩效评价机制，邀请全体市人大代表和政协委员、行政服务对象及市民，对部门绩效进行问卷调查；采纳人大代表提出的相关建议，将其纳入重点评价范围，并邀请人大代表参与项目现场评价。如对市第十五届人大三次会议林沛锐等代表提出的《关于进一步完善广州市公交补贴监督评价机制的建议》（第20182399号），市财政局、市交委高度重视，于2018年4月在市财政局组织专题会议，与各位人大代表面对面沟通，提出加强公共交通财政绩效监督的意见。会后，市财政局、市交委采纳了人大代表的建议，将2017年公共交通财政补贴项目列为重点绩效评价项目，委托第三方实施绩效评价审计。在绩效评价报告初稿编写阶段，为创新办理方法，市财政局并邀请人大代表参与项目现场评价，实地了解广州市公交发展及财政补贴使用的绩效情况。通过人大代表、社会公众与政策制定部门的直接沟通，直面老百姓最关心的公交出行成本问题，不断提高财政公交补贴的使用效益。林沛锐代表在接受市人大《强音》杂志采访时表示，市财政局积极作为，不但采纳建议，还邀请其参加实地调研，这是对代表建议的最好答复。又如，2019年在市第十五届人大四次会议上，王翼初等6名市人大代表联名提出《关于广州市财政资金绩效评价的几点建议》，对广州市预算绩效评价的指标设置和评价方法等提出了专业的建议。市财政局将代表建议办理与绩效评价相结合，邀请王翼初、郭凡、林绮芳等三位代表现场调研绩效评价工作，赴增城区参与市农业局“重大动物疫病强制免疫疫苗补助及运行经费”重点项目绩效评价。

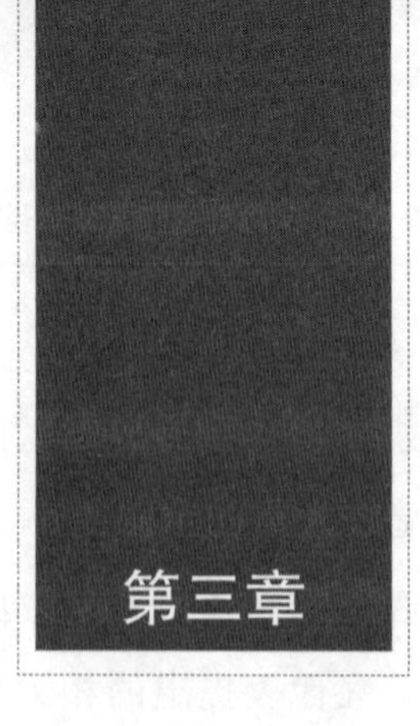

以公开化提高预算绩效管理质量

第一节 财政信息公开是提高绩效管理质量的重要手段

广州市将财政信息公开作为提升预算绩效管理的重要配套改革措施。财政信息公开有利于帮助社会公众参与绩效监督，增进预算绩效管理，从而提高社会监督效果。

一、财政信息公开，可以向社会公众展示全面实施绩效管理成果

全面实施绩效管理是建立现代财政制度的重要内容，它的核心是促进政府及其部门，合理利用有限财政资金，更好地为人民服务。公开透明是现代财政制度的基本特征，是实现预算民主和有效预算监督的重要前提，通过财政信息公开的方式，可以很好地向社会公众展示包括全面实施绩效管理的现代财政制度建设成果，进一步增加财政透明度。

二、财政信息公开可以引导社会公众参与绩效监督

财政透明是法治政府的特征之一，也是法治政府建设要实现的一个重要目标。财政信息公开并接受社会监督，使政府预算执行及其结果变得越来越透明，倒逼政府各级部门更积极地思考财政资金绩效管理问题，从而推动全面实施预算绩效管理。同时创造了条件，引导社会公众参与到国家治理中，使社会公众逐步从漠不关心财政绩效，向积极主动参与绩效监督转变。

三、财政信息公开，可以提升预算绩效管理质量

（一）两者立足点一致

财政信息公开，一方面保障了社会公众的知情权，促进了社会公平正义，有利于维护社会公众的根本利益；另一方面能够有效减少权力寻租与腐败，避免资源浪费，从而提高政府治理和财政运行的效率。而预算绩效管理，通过重点考核公共服务质量和公共支出效果，并将考核结果与预算资源配置有机联系起来，提高资源配置的科学性，保障合理的资源用在改善民生、提高人民福祉等最需要的地方，促进社会公平，同时也能有效提高政府的行政效率及相应的经济效率。可见，财政信息公开和预算绩效管理的立足点均兼顾效率与公平。

（二）两者着眼点相同

财政信息公开的内容包含了预算编制、执行、调整和决算等情况，预算绩效管理也是主要对这些内容进行评价，两者通过各自不同的运行程序和方式，最后都统一于监督。财政信息公开，使预算绩效管理成果变得越来越透明，有助于形成全方位的立体监督体系，为社会公众监督

创造了有利条件，也保障了社会公众的知情权、参与权和监督权，从而促进社会公众提高对预算绩效管理工作支持度和满意度，推进预算绩效管理正规化和常态化。财政信息公开与预算绩效管理均有助于强化监督和问责，从而提高财政资金的使用效率。

（三）两者相辅相成

预算绩效管理是财政信息公开的基础，财政信息公开是促进预算绩效管理的有效手段。财政信息公开作为一个链条，把预决算数据和绩效目标、绩效监控、绩效评价情况一起披露，使社会公众可以比较分析各类预算支出绩效，看到行政运转成本支出与公共服务的规模扩大和质量提升的关系，并深入追踪绩效不高的原因。如果信息内容不完整，不真实，就会产生错误的引导，社会公众就不可能作出正确的判断，财政信息公开就失去了应有的意义。因此，公开的预算绩效管理信息真实完整并有助于发现问题，可以让各部门体会到使用财政资金效果不好的压力，倒逼各部门加强预算绩效管理，提高理财能力，提高财政资金使用效率。

第二节 大力营造公开透明的社会监督格局

一、深入推进预决算信息全口径公开机制

（一）全国首个部门预算公开的城市

2009 年，广州市首开全国部门预算公开的先河，在部门网站上公开了市本级 114 个部门的部门预算。这是国内首次将政府预算“账本”完全“晒”出来，由此拉开了全国部门预算公开的帷幕。

（二）统一预决算公开范本、形式和内容

2012 年，实现了部门决算和“三公经费”（财政拨款支出安排的出国（境）费、车辆购置及运行费、公务接待费）决算公开，统一预决算信息公开的形式和要求，明确了部门预决算公开的责任主体，规范市直部门决算公开文本格式，实现了从预算信息公开向决算信息公开的跨越。

（三）全国首个实现市、区（县）、镇（街）三级政府“三公”经费预决算信息全面公开的城市

2013 年，市本级“三公”经费公开单位由政府部门和直属机构扩大到党委、人大、政协、审判、检察、民主党派、工商联、人民团体等非政府系列的部门（机构），公开范围从市本级扩大到全市 12 个区（县级市）、164 个街镇。

（四）公开“全口径”政府预算

2014 年，建立起“全口径”预算编报制度，将一般公共财政预算、政府性基金预算、国有资本经营预算、财政专户管理资金预算和社保基金预算等五本预算，一并提交市人民代表大会审议，实现政府所有收支预算均向同级人大报告并公开，还首度公开会议费预算。

（五）公开项目绩效目标

2015 年，进一步扩大了预决算信息公开范围，首度公开了各部门项目支出政府采购预算、政府性基金支出预算和项目绩效目标表，部门预算公开范围扩大到所有向财政部门编报部门预算的单位。

（六）公开行政性经费支出明细预算

2016 年，进一步细化了部门预算公开的内容，市直部门机关运行经

费的公开范围从原来的“三公”经费和会议费，扩大到基本支出商品和服务支出属下的12项行政性经费支出明细预算。

（七）首创绩效目标公开全覆盖

2017年出台了关于进一步推进广州市财政信息公开工作的通知，按照“五个统一”的原则，引导市直部门统一公开年度预决算，接受社会监督。首次将市人民代表大会专题审议预算的11个部门的决算提交市人大常委会审议。市直部门将全部一般公共预算支出项目绩效目标，随部门预算一并公开，在国内首创绩效目标公开全覆盖。

（八）部门决算全口径公开整体绩效管理情况

2018年的部门决算公开范本单列“部门整体绩效管理情况”内容，全口径公开部门预算绩效目标管理、运行监控、绩效评价以及部门整体绩效等绩效管理工作情况。

（九）广州市预算信息公开透明一直名列前茅

从2013年起，清华大学公共管理学院公共经济、金融与治理研究中心，根据“全口径、一站式、用户友好的中国政府财政透明度指标体系”，对全国295个地级及地级以上市政府财政透明度进行评价，连续推出《中国市级政府财政透明度研究报告》，2014年广州市排名第一，2015 ~ 2018年连续4年排名第二。

二、持续推进政府采购全过程信息公开机制

（一）推进政府采购信息全公开

加大政府采购预算、采购公告、采购文件、中标、成交结果、采购

合同等信息公开，推进采购人对政府采购活动总体情况的公开。

（二）强化政府采购监管信息公开

完善违法违规案件和投诉案件处理结果信息发布机制，公开代理机构、供应商、评审专家的严重违法失信行为信息记录，切实提高透明力度。

（三）广州市政府采购透明度排列全国首位

清华大学 2016 年度财政透明度评价中，广州市政府采购信息公开评分为满分；中国社科院发布的中国首个《政府采购透明度评估报告（2016）》中，广州市得分位列 93 个地级市第一名。

三、逐步推进财政专项资金实时在线监督

（一）打造财政专项资金管理统一平台

2015 年 5 月 1 日，广州市“财政专项资金管理统一平台”，在市政府网上办事大厅正式上线运行，向公众提供财政专项资金发布、申请、公示、查询等一站式服务。

（二）平台二期建设将实现全过程公开

通过信息公开和在线审核管理功能，逐步向社会公众提供财政专项资金信息查询、公开以及资金申报、前置审核等在线业务办理和过程监管功能。

（三）推进专项资金实时在线监督

逐步建立健全财政、审计、监察和资金使用单位互联互通、信息共

享的机制。

四、加快推进财政支出绩效信息全公开

（一）项目绩效目标全公开

2015 年首次公开项目绩效目标，逐年增加公开范围，到 2017 年实现了一般公共预算支出项目绩效目标的全公开。2018 年部门预算公开市本级全部 8089 个一般公共预算支出项目和 18 个专项资金的绩效目标。

（二）绩效评价结果全公开

2013 年市财政局首次公开第三方绩效评价报告，2016 年开始公开项目自评复核结果，2017 年开始在市政府门户网站和市财政局网站同时公开 10 份第三方评价报告和 70 项自评复核结果，目前广州市已经实现了绩效评价结果的全公开。

五、共同推进社会监督氛围形成

（一）完善绩效管理信息交互

依托市人大预算监督联网系统，广州市财政局及时向市人大报送财政资金预算绩效管理相关信息，配合市人大对预算绩效管理的日常监督，进一步推动广州市预算绩效透明管理。

（二）市人大公开财政支出绩效信息

广州市人大常委会在审议财政支出绩效情况前，举行新闻通气会回应媒体关切的热点，并将审议过程向新闻媒体公开。

（三）市审计局公开绩效审计调查结果

广州市审计局在市政府门户网站和市审计局网站同时公开重点项目的绩效审计调查结果。绩效审计突出反映了部分项目绩效指标设置不合理、资金使用效率低下、财务管理不规范等问题，并针对上述问题提出整改建议。如2013年，市审计局在中山大道快速公交（BRT）试验线工程项目建设和运营绩效情况专项审计中提出，适当扩建公交专用道，或在规划新建道路时就考虑BRT项目，以大幅降低建设成本，减少对社会车道和平行路段行车速度的干扰。该建议得到市领导高度重视，有关部门将其应用在今后的道路规划建设中。

（四）共建公开透明的社会监督氛围

通过公开预算绩效信息，主动接受社会监督，新闻媒体、社会公众对预算绩效管理的关注度和参与度不断提高。《人民日报》《中国财经报》等媒体，近年来对广州预算绩效管理工作中亮点进行了宣传介绍；《广州日报》《南方都市报》《羊城晚报》等本地媒体，常年跟进广州市预算绩效管理的动态信息，在绩效目标公开、评价结果公开等新闻报道中给予积极评价和正面引导，为广州市推动预算绩效管理营造良好的社会氛围。

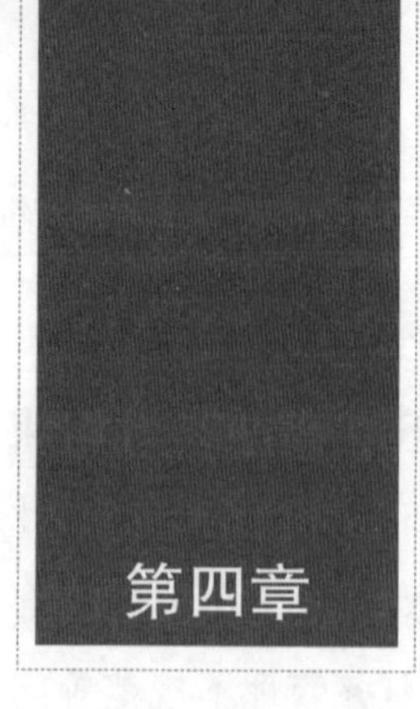

第四章

以专业化强化人大预算绩效监督功能

第一节　完善组织架构，提升绩效监督能力

为切实加强人大对政府全口径预决算的审查和监督，强化做好预算审查基础工作的组织保障，广州市人大逐步设立起专门机构负责预决算审查监督工作。

一、专设机构：首创国内人大预算委员会

2012 年 10 月出台《中共广州市委关于进一步加强和发展人大工作的意见》，广州市委决定在市人大常委会增设“预算工作委员会”；2015 年 2 月，广州市第十四届人大表决通过，设立国内第一个预算委员会。以市人大预算委员会、市人大常委会预算工委“两位一体”为核心，承担预决算审查监督的组织、协调和具体工作，督促政府做好财政资金的预算绩效管理，从根本上促进政府规范财政管理行为，提高政府预算绩效。

二、搭建“两翼”：组建专业小组和专家组

预算委员会成立后，为强化预算审查监督力量，及时组建预算和计划代表专业小组，并在原有预算审查监督专家库的基础上，重新组建预算委员会专家组，目前选聘专家25人，涵盖财政预算、教育、科技、文化、农业等方面的专家学者和经验丰富的实务工作者。

三、功能强化：由程序性监督转为实质性监督

预算委员会及其“两翼”的设立不仅保证了人大集中时间和人力投入预算审查监督工作，而且打破了原先财经工委和预算工委职权不明晰的困境，提高了工作的效率和质量，从实际上强化了人大对政府预算的监督权。预算委员会的成立运作，实现了人大对财政部门从程序性监督到实质性监督的转变，成为全国多地仿效设立人大预算委的开端。

第二节　创新协同监督机制，充实绩效监督力量

一、预算“三审”制：形成人大监督合力

充分发挥市人大其他各专门委员会、常委会其他各工委熟悉对口单位和相关领域业务的优势，根据市人大常委会主任会议的决定，由预算工委牵头组织，共同参与预算“三审”，形成人大监督合力。

二、专题审查制度：市区两级人大联动

专题审查制度是在代表大会期间每个代表团专题审查1个部门预算和1个政府投资项目计划。市人大常委会与各区人大常委会上下联动，有计划地安排各区人大常委会相关工委参与市人大常委会组织开展的预算审查和有关专题审查活动，指导和带动各区人大常委会提高预决算审查监督水平。

三、持续优化流程：扩大代表参与度

预算三审和专题审查工作是广州人大预算审查监督工作的一大特色和品牌。自2014年实施以来，持续优化流程，扩大代表参与度，实践证明该机制对发挥人代会审查批准预算职能，保障代表履职，提升草案编制质量，促进部门绩效预算管理意识加强，效果明显。目前，对预算专题三审的流程包括以下五个步骤。

（一）组织召开预算、计划编制情况通报会

这是广州市人大建立的预算审查前听取代表和社会各界意见建议机制。通过召开通报会，使市人大各专门委员会组成人员和联组代表、预算委员会咨询专家较早了解当年预算、计划执行和下一年度预算、计划草案编制情况，为下阶段的审查工作打下基础。

（二）组织前期调研

按照对口联系的原则，由1个市人大常委会工委会同1个区人大常委会，组织联组代表提前介入，组织相关专委会委员、专业小组代表、专家组成员以及区代表联组的全体代表，共同对若干部门预算和政府投

资项目计划进行前期调研，调研情况交预算工委汇总，并由预算工委及时将意见建议反馈给市财政、发改委等部门。

（三）一审：召开预审会议

由市人大常委会预算工委会同各区人大常委会，组织联组代表对总预算草案、11 个部门预算草案编制情况进行预先审查。通过召开预审会议，广泛征求市人大代表及各区人大常委会财经工委对预算编制的意见建议，并将有关意见建议整理后交市财政局研究处理。

（四）二审：进行初步审查

市人大预算委员会召开全体会议，结合预先审查的情况以及市财政局的研究处理情况，对预算草案初步方案、计划草案进行初步审查，在初审会议召开前组织预算委员会咨询专家座谈会，听取专家意见建议。

（五）三审：代表大会审查

代表大会期间，各代表团结合全面审查总预算草案，根据会议安排专题审查部门预算草案。市人大预算委员会根据各代表团意见对总预算草案作进一步审查，并将专题审查情况向大会主席团书面报告。

第三节
完善财政支出绩效监督方式，增强绩效监督实效

近几年来，广州市人大突出对财政支出绩效的监督，把绩效要求贯穿于预算编制审查、预算执行监督、决算审查的全过程，将绩效理念融

入预算管理的每个环节，促进政府及各部门提高预算执行率和财政资金使用效益。

一、预决算审查重点聚焦财政支出绩效

通过预算“三审”和专题审查，引导代表围绕市委重大决策部署，重点审查国家、省、市有关支出政策在政府工作报告和预算草案中的落实情况和绩效目标设置情况，提高大会审查预算工作质量，从而加强预算绩效监督。

（一）人大专题审查的对象也是下一年度财政预算绩效监控对象

审查内容包括总预算和部门预算，其中每个部门除提交部门预算草案以外，还需同时汇报该部门的一个重点项目预算及预算目标情况。部门预算同人大审计的重点项目也将是下一年度市财政局实施部门整体支出绩效监控的对象。

（二）人大审查重点聚焦绩效

市人大预算委员会专门印发《工作指引》，指导代表审查预算重点。对总预算和部门预算的审查重点，主要是依据预算法、中央关于人大预算审查监督重点向支出预算和政策拓展、全面实施绩效管理的文件精神，以及市人代会审查批准监督预算办法来确定的，特别强调预算安排与重大政策的衔接，以及绩效目标的设定和实现等。以《广州市第十五届人民代表大会第四次会议专题审查部门预算和政府投资项目工作指引》为例，预算审查重点包括以下 9 项。

（1）2018 年部门预算执行情况是否达到设立的绩效目标，审计查出问题是否整改落实等。

（2）2019年预算安排是否符合预算法及有关法律法规规定。

（3）2019年预算安排是否贯彻党中央、省委、市委确定的重大方针政策和决策部署要求，是否符合本市年度经济社会发展目标、国民经济和社会发展相关规划、中期财政规划，是否切实可行。

（4）2019年收入预算和支出预算编制是否完整、细化、规范。

（5）2019年部门预算安排与支出政策是否衔接，绩效目标设定是否合理以及评价结果应用情况。

（6）重大民生和基本公共服务支出是否得到保障。

（7）对下级政府的转移支付预算是否规范、适当。

（8）为实现预算拟采取的措施是否合法可行。

（9）其他与预算有关的重要事项。

二、优化决算审查机制，实现从预算到决算全过程闭环监督

督促政府及有关部门全面落实决算草案与预算相对应的要求，进一步细化决算草案编制。要求在部门决算报告中详细说明年初工作目标和年底实际完成情况，提交常委会的部门决算报表与向社会公开的报表相一致。完善部门决算审查机制，首次将上一年度市人代会专题审查11个部门的决算纳入常委会审查重点，实现从预算到决算全过程闭环监督。

三、推动政府进一步加强绩效管理

（一）推动市财政局完善市级财政支出绩效情况报告

推动市财政局从2013年起对政府部分重点和民生项目的专项资金委托第三方进行绩效评价并提交市人大常委会审议。

（二）强化对财政专项资金绩效管理的监督

以 2016 年为例，广州市人大常委会对广州市财政专项资金绩效开展了专题调研监督，并首次委托第三方机构对两项涉及面广、社会关注度较高的专项资金进行了绩效评价，形成了 1 个主报告、2 个子报告、2 个第三方绩效评价报告的“1 + 4”调研成果，受到常委会组成人员的普遍好评。该调研成果连同常委会审议意见一并印送市政府研究处理，主报告并以市人大党组名义报市委，供领导决策参考。

（三）强化对财政支出政策绩效的监督

2018 年，广州市人大预算委员会对广州市财政科技资金绩效评价方法进行专题研究，委托第三方对广州市财政科技资金绩效进行全面评价，并形成调研报告。

第四节　开发预算监督系统，拓展绩效监督深度

一、创新思路，打通人大与政府预算之间的数据通道

建立健全人大预算联网监督系统，就是打通人大与政府预算之间的数据通道，实现财政资金管理信息共享，打造人大监督平台和抓手。预算监督系统建设是广州市人大预算审查监督工作创新的一次有益探索。

2017 年 1 月，时任全国人大常委会预算工委主任刘昆率队到广州市人大调研，对市人大预算联网监督系统建设工作给予充分肯定，并提出具体指导意见，为相关工作的深入推进指明了方向。2017 年 7 月 4 日至 5 日，全国人大财经委、全国人大常委会预算工委、财政部在广东召开

推进地方人大预算联网监督工作座谈会，广州市预算联网监督工作成为全国示范城市。

二、搭建平台，提高代表绩效监督的针对性和有效性

预算监督系统为广州市人大代表及其常委会依法行使预算审查监督职权提供了综合性信息平台。该系统利用现代化的数据采集与网络信息技术，实现政府预算监督数据采集传送电子化，通过对重点数据的关联分析应用，加强和改进人大预算审查监督，提高人大监督的针对性和有效性。

2017 年，预算监督系统已开始向市人大常委会各工委和市人大代表开放，并在部门预算执行预警、转移支付资金跟踪监督、规范预算调整等方面进行了有效应用，近一年的实践中产生了以下效果。

（1）实现了线上查询与线下监督相结合，方便代表在任何时候进行查询，拓展了人大预算绩效监督的广度和深度。

（2）向代表公开市本级部门预算和项目预算及相关绩效信息，有利于推进预算的公开透明，强化预算的约束性，倒逼部门将绩效目标设置与预算编制有机结合，预算编制更合理、预算执行更规范，从而提高财政资金使用绩效。

（3）改进预算绩效监督工作方式，有利于推进依法理财、依法行政，增进人大代表对财政绩效预算管理工作的认知度和满意度。

三、横向连通，逐步实现绩效监督实时便捷化

成立广州市人大预算联网监督工作领导小组，由市人大常委会主任担任组长，常委会副主任担任副组长，市人大常委会办公厅、预算工委，

市财政局、市发展改革委、市人社局、市国资委、市工信委、市国规委、市审计局、市国税局、市地税局、市金融工作局、市统计局，各区人大常委会为成员单位，以加强预算联网监督工作的组织领导和相关政府部门的沟通协调。

截至2018年底，广州预算监督系统已经实现了与财政、发改委、国资、人社、国税、地税、审计、国规等部门的数据定期推送和实时在线联通，初步构建了一个横向联通、海量数据、功能丰富、直观可视的综合性信息平台，逐步实现横向连通的预算联网监督。

四、纵向贯通，尝试市区级预算监督信息共享

在推动市级系统建设的同时，市人大常委会还组织开展了区级系统试点工作，开展市区上下级人大之间纵向信息传输应用工作。天河、增城区等两个试点单位的系统已于2017年6月底上线试运行，通过及时总结区级系统试点工作经验，对区级系统进行调整优化和完善，在全市各区全面铺开区级系统建设。到2018年底，已实现全市区级系统建设全覆盖。

第七篇

面向国家治理现代化全面实施预算绩效管理的思考与展望

全面实施预算绩效管理是一项长期的系统性工程，是政府治理方式的深刻变革。预算是政府活动和宏观政策的集中反映，也是规范政府行为的有效手段。预算绩效是衡量政府绩效的主要指标之一，本质上反映的是各级政府、各部门的工作绩效。全面实施预算绩效管理，着重解决财政资源配置和使用中的低效无效问题，有利于夯实各地区各部门各单位绩效主体责任，推动政府效能提升，加快实现国家治理体系和治理能力现代化。

面向国家治理现代化，全面预算绩效管理还有很长的路要走。本篇从国家治理现代化语境出发，剖析当前全面预算绩效管理的难点，并立足实际，提出面向国家治理现代化的全面预算绩效管理优化及提升建议。

第一章

当前推进预算绩效管理面临的难点

第一节 绩效理念尚未推广到全社会

一、预算部门绩效管理动力不足

推进预算绩效管理，首先要转变思想观念，培育绩效文化。但从当前我国预算绩效管理实践来看，目前政府部门在各个预算环节仍受到传统预算观的影响，即重点关注“投入”配置本身的科学性，而相对忽略预算资金的使用效果，也不重视对预算投入之后的产出和效果进行计算和考核。在这种模式下，部门只需保证公共资源使用合法合规，而容易忽视对公共资源的使用结果，只考虑“做事”，不考虑“成本”，更无对“做事”的最终效果与“成本”进行对照分析。因此，预算部门的绩效管理动力不足，对预算绩效管理的重要性和必要性重视程度较低，在预算工作中绩效管理的意识较为淡薄，绩效评价工作也主要是在上级部门的要求下被动展开。由于许多部门对预算绩效管理和评价工作还没形成全面、清晰的认识，尤其是对“效”的理解不够，目前仍然没有完全将工作重点从投入转移到效益和效果方面，存在重投入轻管理、重支出轻绩效的现象。

二、基层人员负担较重

基层人员负担较重是广州市乃至全国实施预算绩效管理的一大阻力，其原因有以下几个方面。

（一）预算绩效管理对工作人员专业要求高

预算绩效管理要求政府用更少的资金成本，通过提高效率和改善资源配置，不断改进服务水平和质量，向社会公众提供更多、更好的公共产品和公共服务。这就要求财政根据部门整体绩效配置预算资源，聚焦预算编制和预算监管，负责组织总预算执行，不直接参与具体项目审批等事务。部门全面负责本部门预算的编制和执行，对资金支出进度、绩效、安全性和规范性等负责。因此部门为了实现整体绩效目标，必须促使基层预算单位学习如何更科学地配置资源，提高财政资金的使用效益，减少甚至杜绝低效浪费的现象。因此，预算绩效管理对基层预算单位在项目预算和资金使用方面提出了更高的要求，一定程度上增加了基层人员工作负担。

（二）绩效目标由部门自己制定，作为一项新开展的工作，如果结果评价不好，部门要被问责，行政管理人员也承担着很大的责任

在政府职能尚未根本转变、激励机制不健全的情况下，容易产生抵触心理，导致改革难以推进。部分预算部门反馈，由于预算绩效目标管理是新增加的工作，有些业务部门有一定抵触情绪。虽然经财政部门培训后有一定缓解，但实际工作中仍然缺乏足够的动力维持高质量的绩效目标管理。

第二节　绩效管理尚未与预算管理完全融合

一、预算绩效管理范围尚未实现区域全覆盖

绩效管理应当覆盖所有财政资金、所有层级。目前广州市本级已基本实现了一般公共预算、政府性基金、国有资本经营预算、社会保险基金预算、财政专户资金等五本预算的预算绩效管理。然而各区、镇预算绩效管理工作开展不均衡、不协调、不同步，大部分区的工作力度和工作水平均有待提高，镇（街道）一级的预算绩效管理刚刚起步。

二、绩效目标管理与预算编制尚未充分结合

绩效目标管理在全过程绩效预算管理中起着“龙头”作用，目前广州市在绩效目标管理时仍存在着一些操作中的难点，未做到绩效目标管理与预算编制的充分结合。

（一）绩效目标填报不到位

目前广州市参与绩效目标填报人员较为单一，大部分部门主要由财务人员负责绩效目标制定，而相关的业务人员、部门主要负责人则较少参与目标填报。由于填报人员对项目内容及指标内容理解不统一，科学合理确定绩效目标存在困难，有的单位为防止完不成目标，故意减少指标设置数量或将目标指标值设得过低。这样，预算绩效目标填报就会流于形式。

（二）绩效目标审核难度大

对于部门提交上来的绩效目标，财政部门必须从绩效目标与部门职能的相关性、绩效指标设置的科学性以及实现绩效目标所需资金的合理性方面进行认真审核。目前广州市本级纳入绩效目标管理的项目大大小小近 30000 项，要对这些项目进行及时有效审核，相当棘手。一是项目专业性较强。绩效目标申报所涉及的项目涉及各行各业，对项目进行实质性审核，缺乏全面的专业知识。二是审核人员少。广州市各级财政部门专门从事绩效管理的工作人员都不多，要审核这些项目，就算对业务相当熟悉也很难完成。三是审核时间紧。绩效目标管理工作要真正做到位，一般都应该与预算编制“二下一上”相结合（广州市已经从 2010 年开始实施“二下一上”的预算编制管理模式），要将各绩效目标全部评审后与“二下”一同下达，时间上相当紧。

（三）预算编制标准依据未统一

绩效目标与预算之间有着紧密的逻辑关系，绩效目标某种程度上是部门预算的重要依据之一，预算编制粗糙未细化就会导致无法准确判断绩效目标设置的准确性。当前部分预算部门依然以老观念老办法编制预算，在既定的预算额度内随意填报绩效目标，反正不会影响自己的部门预算总额。在这种想法驱动下，预算部门尤其是基层预算单位，在编制预算时不落实三级编制的要求，特别是第三级上数量和单价未进行细化，预算编制粗糙模糊。预算未细化的项目，其实施的合理性、可行性、充分性存在诸多的欠缺，也会最终影响其绩效目标的实现。

三、绩效运行监控与预算执行尚未高度统一

实施绩效预算管理以来，广州市绩效运行监控管理得到很大的发

展，尤其是在 2017 年制定的《广州市本级预算绩效运行跟踪管理暂行办法》，明确了绩效监控对象、监控内容和监控方式等以后，绩效监控取得长足进展，极大地提高了财政资源的利用效率。但目前仍存在着一些问题的制约，与预算执行融合度不高。

（一）预算绩效运行监控反馈不及时

目前广州市主要采取自行监控和市财政局重点监控两种方式。预算执行具有时效性，应当通过定期分析和预测绩效运行趋势，根据各部门项目绩效目标和预算经费支出的进度，及时发现并纠正偏差，确保绩效目标如期保质保量完成。然而部门自行监控时，往往由于前期绩效目标设置马虎、部门绩效管理动力不足和工作人员因为抵触情绪而敷衍搪塞等问题，不能及时传达警示，从而不能及时采取相关措施予以纠正、整改。

（二）现有绩效信息系统建设还不完善，无法支撑起预算执行中绩效运行监控的有效运作

绩效监控的实施应该包括收集绩效运行数据信息、分析绩效运行数据信息以及形成绩效监控报告三个环节，而这三个环节只有全部通过现代化智能管理信息系统来运作，实现公众与部门、部门与财政、部门与部门、业务与财务、业务与业务的信息互通，并充分发挥大数据收集、归类、整理、审核、分析等功能，才能真正发挥出绩效运行及时监控、及时预警的作用。然而，目前广州市绩效预算系统最为缺乏大数据分析绩效数据信息这一环节。

（三）追加项目预算绩效管理亟须纳入全过程系统

每年预算部门都面临一些预算支出中的不可预测因素，特别是年中、

年底前中央与省级政府转移支付的资金，在预算编制时难以预测，因此每年预算编制与决算不一致。追加预算如何进行绩效目标的管理，如何在支出进度考核和目标监控中予以考虑目前尚不明确，预算部门开展预算绩效管理工作时也存在困惑。

四、绩效评价尚未有效融入到决算监督

将绩效评价融入到财政决算中，进行财政绩效评价分析，找到预决算差异点，从而提高财政资源利用效率，合理配置财政资源，可以有效地提高财政管理水平，有助于解决财政收支紧张问题。但是目前广州市绩效评价尚未有效融入部门决算之中，制约着部门整体预算绩效管理改革的推进。

（一）部门整体绩效评价能力尚需整固提升

虽然大部分部门在单个的项目绩效评价指标方面设置得较好，绩效评价可以较好地反映项目实施情况，但是在对部门整体进行绩效评价时，则发现存在较为普遍的指标设置不合理、不科学的情况。广州市应当加快将绩效评价重点由项目支出拓展到部门整体支出和政策等方面的步伐，尤其是将部门整体绩效管理普及到各区、镇（街）的预算部门，促进各部门从整体上提升预算绩效管理水平，更好地发挥决算监督的作用。

（二）财政职能定位有待进一步厘清

部门整体支出绩效评价本质上是预算部门的整体履职效果与财政资金的支出数量的对比分析，因此整体支出绩效评价势必将“财”与“政”联系起来，需要评价部门整体履职、工作任务等行政绩效完成情况。评价实施过程中，财政部门需要对预算部门行政履职情况进行考核（包括

确定考核标准、收集履职情况信息以及实施评价）以及应用评价结果等。但是，在现行的行政管理体制下，财政部门并不直接承担国家行政事务管理职能，不具备对同级部门进行行政履职考核的职能。因此，实施部门整体支出绩效评价过程中，在确立评价考核标准、收集部门履职情况的数据、实施绩效评价及应用评价结果等环节难免遇到一定的阻力，其权威性不断遭受质疑，从而削弱了财政决算的监督作用。

（三）预算部门的绩效自评人员专业素养不过硬

绩效评价是一项综合性工作，它不仅需要工作人员熟悉预算管理的相关知识，还要求相关人员掌握一定的信息技术、财务管理、业务管理等方面的知识。但目前很多部门单位的绩效自评人员专业素养欠缺，因此人力资源配置问题是预算部门预算绩效自我评价面临的重大难题。

第三节　绩效指标体系尚未实现标准、科学

一、绩效指标的多元性增加了指标标准设置的难度

财政支出的评价对象涉及行业多，项目之间差异性大。目前虽然市财政局已经制定了项目自评指标体系和部门整体支出绩效评价指标体系，并建立了指标库，但由于项目（或部门）在不同时期的实施会受到时效、环境、工作变量、项目实施条件、资金投入等主客观因素影响，使得绩效指标难以确定，导致评价内容不够全面，难以满足不同层面和不同性质的绩效评价需求。

从已开展部门整体绩效管理的情况看，部门整体支出绩效指标设定

的相关性和完整性不足，与部门职能、发展规划和工作计划的联系不够紧密，存在部门整体支出绩效目标与部门职能、规划、计划“两张皮”的现象，部门整体支出绩效指标不能完全覆盖部门职能。如市残联部门整体支出绩效目标就缺少了“残疾人家庭人均可支配收入年均增速”等反映部门职能的重要评价指标，影响了评价的准确性。

二、绩效指标的标准值缺乏大数据管理模型的支撑

当前，广州市虽然建立了绩效指标库，制定了绩效评价指标体系，但受以上第一点分析的影响，各绩效指标值的设置上存在的最大问题是缺乏标准值，基本上是由各部门自行设定。而绩效指标的标准值需要建立在大数据管理模型的基础上，通过对同一项目不同年度进行纵向的历史数据积累，以及不同项目之间、不同单位之间、不同区域之间的横向数据收集，再运用大数据的归类、整理、审核、分析，研判得出项目在本次实施期内科学合理的标准值，才能使得绩效目标的编制与审核都有依据。

第四节　绩效结果应用尚未充分体现约束激励机制

一、绩效评价结果应用不足

实行预算绩效管理的目的是将绩效评价结果运用到新的财政年度预算当中，以加强财政资金的支出管理，提高资金使用效率和公共资源配置效率，使财政资金真正做到“取之于民，用之于民”。然而就广州市目

前的实践情况来看，人们更注重评价等级，而忽略了评价报告里的内容，使得绩效评价结果应用上略显不足，主要体现在以下两方面。

（一）缺少对绩效管理结果应用的检验

预算绩效管理结果应用是绩效管理中的最后环节，结果应用决定了绩效管理最终的实效，所以应当在财政监督中增加绩效管理结果应用的专项检查工作。检查预算部门（单位）是否已将预算绩效管理结果进行应用，包括事前、事中、事后各环节实施的绩效管理结果，对未进行结果应用的部门（单位）进行通报。财政部门也应将绩效管理结果应用检查，列入财政监督的常规工作，作为贯彻全面实施绩效管理的长效机制。

（二）各区绩效评价结果运用发展不均衡

部分做得较好的区在逐步落实完善结果反馈机制和预算结合机制，强化绩效评价结果的运用，极大地提高了绩效评价约束力，优化财政资源额配置。而相对绩效评价结果应用发展落后的区，开展绩效评价工作基础仍较薄弱，促进预算管理水平提高的作用无法体现。这种地区间发展的差距将影响广州市部门整体绩效预算管理改革的进一步深入。

二、绩效问责机制薄弱

预算绩效管理强调以结果为导向的管理模式，但作为财政支出绩效管理承担责任方式的绩效问责机制却尤为薄弱，主要体现在三个方面。

（一）法律制度设计不健全

在现行的法律法规中仅仅规定了上级政府对下级政府的问责，而从顶层设计到地方管理，对各预算部门履行绩效主体责任方面的具体规定是相对空白的。显然，对绩效主体范围的规定过窄，不利于对政府资金支出进行监督和问责。

（二）管理机制不利于绩效问责工作的实施

绩效问责制度缺乏统筹力度和行之有效的问责机制或措施。有关部门开展绩效管理工作特别是绩效评价工作时，对愿意提供详细管理信息资料的单位，部门职能、管理机制、项目绩效等方面因材料翔实反而得出较多负面评价结论。而对消极抵触不提供资料的单位反倒无从考量、无法评价，也无法追责。

（三）绩效问责缺乏激励约束机制

当前问责机制偏重约束，激励不够，激励机制缺乏系统设计，且稳定性、连续性不够。对于支出项目执行的成效、问题及相关责任并没有直接的制度约束，导致绩效评价结果仅仅停留在工作层面本身，政府部门和相关人员的责任意识得不到强化和提升，这一定程度上影响了预算绩效管理工作的进一步开展和深入，推进预算绩效管理的实际成效大打折扣。因此，为完善我国的预算绩效管理工作，使预算绩效目标更好地服务于预算绩效工作的全面实施，关键是在绩效问责机制中增加激励约束机制，考虑将预算绩效管理与政府绩效考核有机结合，激发预算部门对预算绩效管理的工作积极性，主动重视预算绩效管理，真正把预算绩效目标落到实处。

第二章

面向国家治理现代化
全面实施预算绩效管理的总体思路

第一节　推进全面预算绩效管理的总体思路

全面实施预算绩效管理是政府治理方式的深刻变革，是国家治理体系和治理能力现代化建设的内在要求。全面实施预算绩效管理，解决财政资源配置和使用中的低效无效问题，提升公共服务质量，推动政府治理能力提升是当前改革的重点。下一步，广州市将坚持以人民为中心的发展思想，遵循预算绩效管理改革规律与中国国情特点，推动广州市预算绩效管理改革向纵深发展。一是建立“部门整体 + 重点项目”的绩效管理体系，以部门整体预算绩效管理为抓手，完善部门整体预算绩效全闭环管理机制；二是构建多层次绩效管理格局，实现预算绩效管理覆盖所有财政资金，实现部门整体全闭环绩效管理，实现绩效管理信息全公开，构建有特色的“全方位、全过程、全覆盖、全公开”预算绩效管理体系。

第二节　推进全面预算绩效管理的基本原则

一、全面规划，有序推进

加强顶层设计，统筹规划广州市全面实施预算绩效管理工作，配合市委、市政府各时期决策部署、改革任务和政策需求，平稳有序推进部门全过程预算绩效管理规范化、整体化、公开化建设，推动全市预算绩效管理改革向纵深发展。

二、全面规范，标准科学

规范绩效目标管理、运行监控、绩效评价、结果应用等预算绩效管理流程，以制度化、标准化、信息化促进绩效管理工作，协同推进预算标准体系、绩效管理标准体系、绩效指标体系建设，推动预算绩效管理标准科学、程序规范、方法合理、结果可信。

三、全面覆盖，突出重点

预算绩效管理覆盖各级预算单位和所有财政资金，延伸至政府投融资和资产管理活动，推进各地区各部门整体绩效管理，构建部门整体预算绩效全闭环管理机制，建立“部门整体＋重点项目”的绩效管理体系，关注部门整体支出和重点项目的绩效情况及重大政策的实施效果，促进预算绩效管理提质增效。

四、全面公开，强化责任

推进预算绩效信息公开制度化常态化（涉及国家安全和国家秘密的除外），增强财政资金使用绩效的透明度，主动接受人大和社会监督。强化各部门“花钱必问效”的责任意识，督促各部门切实履行预算绩效管理主体责任，体现“谁支出、谁负责”，硬化预算和绩效管理双约束。

第三节　推进全面预算绩效管理的总体目标

基于已取得的成效，力争到2022年基本建成“全方位、全过程、全覆盖、全公开”的预算绩效管理模式。2020年区级基本实现上述目标并不断完善，2021年镇级基本实现上述目标并不断完善。市财政局从2020年起，将市直各部门的实施情况纳入日常监管范围；在2022年初对各区、镇进行考核验收，确保在2022年基本建成“全方位、全过程、全覆盖、全公开”的预算绩效管理模式。持续推进预算绩效管理规范化、整体化、协同化、公开化建设，通过全面实施预算绩效管理，形成预算与绩效管理一体化管理机制，提升财政资源配置效率，提升公共政策和公共服务质量，提升政府治理能力和水平。

第三章

深化预算绩效管理 推动政府治理能力提升的改革建议

第一节 面向国家治理现代化，统筹预算绩效管理顶层设计

以贯彻落实党的十九大精神为契机，提高政治站位，充分认识全面实施预算绩效管理的必要性和紧迫性，切实转变“重拨付、轻绩效”的观念，拓展财政治国理财功能，建设服务型政府，推进国家治理体系的科学化、现代化。

近年来，广州市政府绩效管理分为两条发展路径。一是以市机关绩效考核为核心的政府行政绩效管理路径，考核的对象是市直各部门，考核的主体是市委市政府，具体组织实施者是市绩效办；从 2016 年开始，以《广州市机关绩效考核实施意见》为标志开始正式实施。二是广州市预算绩效管理的改革路径，沿着财政资金的流动链条，以加强财政资金管理、提高财政资金使用效益为着力点，推动部门行政绩效的提高，具体由广州市财政局牵头组织实施，从 2003 年开始探索实践。这两条发展路径构成了总体的广州市政府绩效管理格局，促进了广州市政府绩效的不断提升和持续改进。对比分析“广州市机关绩效考核”和“广州市部门整体支出绩效评价”，两者之间存在业务交叉、数据重叠的关系。建议加强顶层设计，实现两者之间的有机结合，有效提高政府整体绩效。

一、从政府治理能力提升层面，融合行政绩效管理与预算绩效管理

建议在党的统一领导下，加强市财政局与市绩效办的业务合作，形成工作合力，以提高部门整体绩效管理的行政层级，减少推进过程中的阻力，增强绩效评价过程和评价结果的权威性。

从政府层面整体推进预算绩效管理，缓解地方财政收支压力。弥合预算绩效管理与政府绩效管理推进过程中形成的人为分割，使预算绩效管理落实为政府绩效管理的一部分，调动各利益相关方参与推进改革的积极性。通过政府层面的统一组织，使预算支出单位自觉承担起对预算支出绩效结果负责的主体责任，财政部门更好地发挥政策落实的连接作用，有效缓解地方面临的财政收支压力。

二、面向国家治理现代化构建预算绩效治理体系

（一）建立绩效管理与中期财政规划、跨年度预算平衡机制之间的协同机制

在年度预算过程中引入中长期视角是现代预算改革的重要趋势，中期预算与绩效预算同步推进将呈现综合治理效应，有助于改革目标实现。预算绩效管理是将中长期预算目标落实为分年度绩效目标与年度绩效计划的重要途径。因此，全面实施绩效管理应致力于建立绩效管理与中期财政规划、跨年度预算平衡机制之间的协同机制，构建能够落实中期财政规划的预算绩效管理体系，使每年度产生的预算绩效信息成为跨年度

预算平衡和中期财政规划调整的依据。

（二）培育合作协商网络机制，建立共享的预算决策制度

使人民对美好生活的需要在预算资源配置中真正成为核心价值和标准，并通过公共预算决策过程的广泛参与使核心价值和标准运用成为可能。行政主导式预算配置传统的根本转变任重道远，需要不断总结和优化实践中形成的共建共享模式，既要坚定不移地推进预算信息公开，提高政府透明度，又要面向公众进行大量的预算知识培训和传播，这是一个理性建构的过程。

（三）加强协同治理，形成政府层面发动、财政部门主管、预算单位为主体、第三方、社会公众共同协作的预算绩效管理组织体系

一是整合政府内部力量，建立不同部门之间的工作协调机制，明晰职责、再造合作流程，提升行政绩效；二是深化“预算绩效管理信息系统”的建设与推广应用，同时将该系统与各地方政府的网上办事大厅、行政服务中心、公共资源交易中心、电子监察平台、对外服务窗口、行政审批等系统进行有效整合和对接，推行信息资源共享共用，形成大数据绩效管理格局；三是充分利用外部资源，积极推动公众参与。

三、实现行政绩效管理与预算绩效管理的数据共享

（一）部门整体支出绩效目标编制内容与行政效能考核的内容相衔接

部门在年初编制整体支出绩效目标时，在结合财政资金支出方向的基础上，可以参考机关绩效考核指标体系中“业绩指标”的相关考核内

容，设定年初绩效目标、绩效指标和标准，以提高部门整体支出绩效目标编制的质量，提高绩效目标编制的完整性、权威性。

（二）部门整体支出绩效评价内容与机关绩效考核的相关内容相衔接

在确定部门整体支出绩效评价内容、设置评价指标体系时，机关绩效考核中相关“业绩指标”可以作为部门整体支出绩效评价的相关内容。并在实施部门整体支出评价时，可以直接引用机关绩效考核所收集的数据，以降低数据收集成本，提高评价效率，避免重复考核。

（三）部门整体支出绩效评价的“公众满意度”调查与机关绩效考核中的“公众评议”评价相融合

两者都是评价和考核部门提供的公共产品对公共偏好的满足程度，方向基本一致。因此，部门整体支出绩效评价的“公众满意度”评价，可以直接采用机关绩效考核的“公众评议”的结果，减少重复考核。

第二节　以预算绩效为抓手，创新治理机制

做好预算绩效管理工作，不仅仅需要财政部门或单位财务部门的努力，更需要建立“全员参与”治理机制，形成改革合力。

一、加强组织，全员参与

首先，建立党委领导、政府负责、人大监督、财政牵头、部门实施、

各方共同参与的预算绩效管理组织体系。

其次，财政部门要理顺内部分工，在财政部门内部统一思想认识，加强业务协同，将绩效管理理念完全融入每项财政工作，营造“大财政、大预算、大绩效”的良好工作氛围，真正形成“绩效政府、绩效财政、绩效预算”的管理格局。

最后，各部门要建立“领导重视、全员参与”的工作机制，统筹安排内部力量，充实预算绩效管理人员，有效开展财务部门与业务部门联动，将绩效管理作为推进工作、考察干部的有力抓手，确保预算绩效管理在本部门落实到位、取得实效。

二、健全制度，夯实基础

财政部门应进一步完善目标管理、绩效监控、绩效评价、结果应用等各环节的管理机制，研究建立分级分类、实用高效、便于操作的业务指引。

完善绩效管理专家库、机构库、信息系统等基础建设，引导并规范第三方机构参与绩效管理，建立专家咨询机制；完善预算绩效管理系统，优化指标库管理，完善系统设计，通过大数据理念分析处理预算绩效管理数据，为全面实施绩效管理提供有效支撑。

三、深入培训，积极宣传

建议进一步加大预算绩效管理培训力度，将绩效理念牢固地植根于各部门工作人员心里，提高预算绩效管理业务素质，让每位工作人员理解绩效、掌握绩效、善用绩效，不断提升部门绩效管理水平。

充分利用新闻媒体、政府网络平台等载体，积极宣传全面实施预算绩效管理的目的、意义，让社会公众了解绩效、参与绩效，在全社会培育绩效文化，为推进全面实施绩效管理营造良好的思想基础和舆论环境。

第三节 完善“全过程”链条，提升财政资金配置效率

当前，事后绩效评价实施较早且流程已完善，事中监控覆盖面广且具有特色，事前绩效目标覆盖面广，但是指标设置质量不高，且政策事前评估开展不多，因此需要持续优化绩效管理的前端流程，从以下三方面进行完善。

一、加强项目整合

优化和完善部门项目框架体系，鼓励预算部门整合归并性质相同、内容相近的项目。

参考财政部的项目绩效管理模式，以及广东省印发的省级预算编制执行监督管理改革意见，优化和完善部门项目框架体系，建立立体化、多层次的项目支出体系。按照“部门职责—工作任务—支出项目”的部门整体绩效目标体系，鼓励预算部门按主要履职任务、功能支出分类科目等对支出项目进行整合，归并性质相同、内容相近的项目，实行大项目管理，构建以一级项目为统领、下设二级（甚至三级）明细项目的分级管理机制，形成项目管理规模效应。在此基础上，预算绩效管理围绕工作任务和一级项目开展目标管理、运行监控和绩效评价等，打通部门

整体和项目绩效管理的脉络，提升绩效管理的层次和效率。

二、强化目标评审

借鉴各地经验做法，在预算编制中发挥绩效的引领作用，强化绩效目标与部门职能、预算资金的匹配性。部门编制预算时，应建立“部门职责—工作任务—支出项目”的绩效目标体系，设置部门整体、工作任务、支出项目绩效目标，体现产出、结果、成本、效益等绩效信息，合理匹配预算资金。

强化绩效目标审核，采取财政审核、专家（机构）评审等方式，在项目入库、预算编审、预算封库等阶段实施绩效目标审核，将其结果作为预算安排的前置条件，保障预算绩效目标编审质量，绩效目标随部门预算一并批复、公开。

三、开展事前评估

各部门各单位要结合预算评审、项目审批等，对新出台的重大政策、项目，开展事前绩效评估，重点论证立项必要性、投入经济性、绩效目标合理性、实施方案可行性、筹资合规性等，投资主管部门要加强基建投资绩效评估，评估结果作为申请预算的必备要件。

各级财政部门要加强新增重大政策和项目预算审核，必要时可以组织第三方机构独立开展绩效评估，审核和评估结果作为预算安排的重要参考依据。

第四节 稳扎稳打“全覆盖”，推动预算绩效管理提质扩围

一、绩效管理对象覆盖所有财政资金

在政府预算层面，将绩效管理从一般公共预算拓展至政府性基金、国有资本经营预算、社会保险基金预算、财政专户资金等五本预算，积极开展政府投资基金、政府和社会资本合作（PPP）、政府采购、政府购买服务、政府债务项目绩效管理，更加关注政策实施效果和资源配置效率。

二、推进部门全过程预算绩效管理全覆盖

推进部门全过程预算绩效管理全覆盖，各部门建立全面实施预算绩效管理制度，构建“部门职责—工作任务—支出项目”的部门整体绩效目标体系，增强部门事权与财政支出的匹配性，鼓励项目整合归并，建立立体化、多层次的项目支出体系，并以此为基础，实施部门整体绩效目标管理、运行监控、绩效评价、结果应用，完善部门整体预算绩效全闭环管理机制。

三、实现市、区、镇（街）预算绩效管理同步

推进区级财政预算绩效管理，指导完善区级预算绩效管理制度体系，要求各区政府加强预算绩效管理顶层设计，出台全面实施绩效管理的规

范，明确预算绩效管理的发展目标和工作任务，加大工作力度，完善全过程预算绩效管理，做好绩效信息公开，积极推进部门整体预算绩效管理。

建立市、区、镇（街）三级联动机制，抓关键、补短板，将预算绩效管理制度、机制、管理方式等贯彻落实到各镇（街），推动全市预算绩效管理深度覆盖、不留死角，尽早实现市、区、镇（街）预算绩效管理同步发展。

第五节 创新预算绩效“全公开”，建立有效监督机制

一、持续推进绩效信息全公开

绩效目标与预算同步公开，扩大绩效目标公开范围，逐步公开政府性基金、国有资本经营预算、社会保险基金预算的绩效目标。通过绩效目标公开，督促各部门提高预算编制水平，促进预算更加精准合理。

完善绩效评价结果公开机制，逐步拓展绩效评价结果的公开范围，公开第三方重点绩效评价报告及自评复核结果，在部门预决算公开中完善、细化部门预算绩效管理情况，主动接受社会监督。

二、突出人大绩效监督

按照中共中央办公厅印发的《关于人大预算审查监督重点向支出预算和政策拓展的指导意见》，依托人大预算联网监督系统，持续优化专题

审查和预算“三审”机制，适时创新决算“三审”方式，强化对年度财政支出绩效情况的监督和审议，将审议意见反馈给各预算部门。各预算部门据此整改并将整改情况报告同级人大常委会，形成反馈、整改、提升水平的绩效管理良性循环。

三、强化审计监督

审计机关要依法对预算绩效管理情况开展审计监督，财政、审计等部门发现违纪违法问题线索，应当及时移送纪检监察机关。各级政府要将预算绩效审计结果纳入政府绩效和干部政绩考核体系，作为领导干部选拔任用、公务员考核的重要参考，充分调动各区各部门履职尽责和干事创业的积极性。对工作成效明显的地区和部门给予表彰，对工作推进不力的进行约谈并责令限期整改。

第六节
硬化绩效管理约束，促进政府治理能力提升

一、明确绩效管理责任约束

各级政府和各部门各单位是预算绩效管理的责任主体。地方各级党委和政府主要负责人对本地区预算绩效负责，部门和单位主要负责人对本部门本单位预算绩效负责，项目责任人对项目预算绩效负责，对重大项目的责任人实行绩效终身责任追究制，切实做到花钱必问效、无效必问责。

二、强化绩效管理激励约束

各级财政部门要抓紧建立绩效评价结果与预算安排和政策调整挂钩机制，将本级部门整体绩效与部门预算安排挂钩，将下级政府财政运行综合绩效与转移支付分配挂钩。对绩效好的政策和项目原则上优先保障，对绩效一般的政策和项目要督促改进，对交叉重复、碎片化的政策和项目予以调整，对低效无效资金一律削减或取消，对长期沉淀的资金一律收回，并按照有关规定统筹用于亟须支持的领域。

三、健全绩效管理标准约束

各级财政部门要建立健全定量和定性相结合的共性绩效指标框架。各行业主管部门要加快构建分行业、分领域、分层次的核心绩效指标和标准体系，实现科学合理、细化量化、可比可测、动态调整、共建共享。绩效指标和标准体系要与基本公共服务标准、部门预算项目支出标准等衔接匹配，突出结果导向，重点考核实绩。

四、提高预算绩效信息化水平

充分结合“数字政府”和“大数据”建设成果，不断提升预算绩效管理信息化水平。财政部门要将绩效管理要求内嵌入预算管理系统，推动预算绩效目标、监控、评价、应用等业务流程融入预算管理流程，加强绩效信息与预算信息联通。预算部门要加强本部门的绩效信息化管理，将预算绩效管理与业务工作、内控管理相结合，为预算绩效管理提供平台支撑。

致谢

Thank

财政是国家治理的重要基础和支柱。预算绩效管理是深化财税体制改革、建立现代财政制度的重要内容，通过加强预算绩效管理，优化财政资源配置、提升公共服务质量，是推进国家治理体系和治理能力现代化的内在要求。经过十多年的探索实践，中国已经初步形成了较为科学完整的预算管理体系，“花钱必问效，无效必问责”的预算绩效理念日益深入人心，为国家的经济社会健康可持续发展提供了有效支撑。

广州市是预算绩效管理改革先行先试、勇于探索的典型代表。自2004年起，广州市在预算绩效管理框架、绩效目标设计、部门整体预算绩效管理等领域开展了丰富而具实效的探索。2016年，在广州市主要领导的大力支持下，中国发展研究基金会（以下简称“基金会”）与广州市财政局全面深度合作，开展“深化预算绩效管理改革试点”的三年探索。从两个政府部门的试点开始，历经三年推进，取得了丰富成果。本书是这项合作的产物，是三年来课题组专家对广州市改革追踪研究和梳理总结的成果。全书通过全景式分析广州市预算绩效工作的背景和发展现状，总结了其预算绩效管理改革的探索过程和实践经验，对国家治理现代化语境下，推进预算绩效管理改革全面实施，进行了系统的思考与展望。

本书的顺利完成离不开全体课题组成员的辛勤投入以及众多单位和个人的鼎力支持。广州市一直是勇当改革排头兵的先行先试者，其在预算绩效管理改革领域的积极探索和创新是我们开展工作的基础。感谢广州市委、市政府对这项合作给予的指导和支持；感谢广州市财政局局长陈雄桥、总经济师周少卿，财政局原副局长、越秀区现副区长颜强、绩效评价处处长刘锐英、副处长杜川和柳任江等同志在课题开展过程中的全力投入，为课题组提供了翔实而准确的第一手改革素材和资料；同时，感谢广州市人大、教育局、审计局等诸多部门的大力配合与支持。

在本书的策划、撰写和讨论过程中，课题组多次召开了专家咨询会，并赴北京、河南、河北等地进行了实地调研。参与这项改革的多位专家，在理论上、知识上和技术上对课题组给予了巨大支持与帮助，这些专家包括刘世锦、吕薇、薛澜、俞樵、何达基、王善迈、王全斌、肖鹏、李燕、李金珊、郑涌、汪德华、魏建国、李凡、牛美丽、王泽彩和魏朗等。

在基金会内部，同事们为推进合作的深入开展，以及本书的编写和出版都付出了很多时间、精力和努力。副理事长卢迈作为课题组组长，全程指导课题的设计、调研与报告撰写工作。原副秘书长、现国务院发展研究中心办公厅副主任肖庆文亲自参与了项目的具体推进，包括多轮实地调研、研究论证、专题培训和年度研究报告的撰写。研究三部主任都静作为三年项目的整体协调人，和项目主任朱美丽共同完成了具体的课题组织、各项准备工作、实地调研与书稿撰写。研究三部项目主任杨沫、人力资源与科研管理部付前瑞参与了课题研究、调研和专题培训工作。

我们希望，本书是一个地方改革探索的阶段性总结和回顾，也是未来进一步深化改革的一个开始。希望这本书能为关心和研究预算绩效管理的国内外专家学者、一线改革实践者起到抛砖引玉的作用，为全面实施预算绩效管理改革进一步深入，提高财政资金聚力增效，提高公共服务供给质量方面提供有价值的参考。

值本书付梓之际，我谨代表中国发展研究基金会，对课题组全体成员以及为课题顺利完成提供帮助的单位和个人表示诚挚的感谢。

中国发展研究基金会秘书长　方　晋

2019 年 9 月 16 日